四書精華階梯（上卷）

朱高正 著

臺灣商務印書館

作者簡介

朱高正，南宋大儒朱熹二十六代孫，一九五四（甲午）年出生在臺灣省雲林縣，國立臺灣大學法律系畢業，聯邦德國波昂大學哲學博士。

朱先生對東、西方的兩座學術高峰——《易經》與康德哲學——都有極為精深的造詣。其德文有關康德的著作，被權威哲學刊物《康德研究季刊》（Kant-Studien）評為當代研究康德法權哲學（Rechtsphilosophie）四種必備著作之一。朱先生曾在北京大學講授康德哲學，並由北大出版社出版《朱高正講康德》一書。朱先生的易學著作《易經白話例解》一九九八年在大陸獲得國家圖書獎；而另一部著作《周易六十四卦通解》被《書目季刊》評為義理派三部代表作之一，與《程傳》《朱義》並列。《二十世紀易學哲學史》一書，將朱先生列為二十世紀壓軸的易學大家。朱先生曾兩度受邀在北京清華大學的「經典講座」，分別就康德哲學與《易經》做了精彩的報告。

朱先生也是一位著名的政治活動家，一九八六年在關鍵時刻，發揮臨門一腳的作用，創建民主進步黨，打破國民黨的黨禁政策。朱先生推動國會全面改選，逼使國民黨解除長達三十八年的軍管戒嚴統治，回歸民主憲政，被公認為推動臺灣民主化的頭號功臣。

朱先生當年冒著被指控「通匪」、「資匪」的危險，推動開放大陸探親，終使蔣經國下令結束兩岸隔閡三十八年的局面。朱先生自幼熱愛傳統優秀文化，堅決反對臺獨，因此在從政的道路上走得極為曲折，但卻充滿自信。他早在一九九五年就出版《現代中國的崛起》這部書，而從二零零零年到二零零九年這十年中，在全球網路上點擊率最高的就是「中國的崛起」，其點擊次數比起第二名的「伊拉克戰爭」還要多達四倍以上，由此可見朱先生的遠見。

時任臺灣中央研究院院長的吳大猷先生，在為朱先生這部《現代中國的崛起》的著作寫〈序〉時說：「朱先生十年來一直是個極具爭議性的人物，這套書的出版，應可提供大家第一手的資料。想要了解朱先生這個人，就一定要看他的書；關心國家前途的人，也非要看他的書不可。朱先生治學之勤勉，問政之純真，在在使得筆者深信他的思想一定會對二十一世紀的中國產生極大的影響。」而大陸海峽關係協會首任會長汪道涵先生則推崇朱先生是「站在兩岸矛盾之上的人」。在鄧小平先生去世以後，朱先生寫了一篇悼念文章，小平先生的親弟弟鄧墾先生讀完之後，慨嘆道：「像朱先生這麼了解我哥哥的人，就算在大陸也不多見。」

其實，朱先生一向以重建「中國文化主體意識」、實現中國全方位現代化為己任，致力弘揚傳統優秀文化不遺餘力，本身又酷愛太極拳運動，《近思錄通解》、《從康德到朱熹：白鹿洞講演錄》與《四書精華階梯》則是他最近努力的成果。

目錄

下卷目錄

四書精華高階

自序

朱高正

前年，庚寅（二零一零）年，九月十五日（陽曆十月二十二日）是先祖朱文公八百八十歲誕辰，我擔任首席顧問的「世界朱氏聯合會」所舉辦的或參與的慶祝活動，遍及海峽兩岸、日本、韓國，以及東南亞地區。隨著中國這條巨龍的崛起，朱子學也日益受到重視。事實上，從十三世紀以降，朱子學一直是包括中國、朝鮮、越南、日本等國的東亞文明圈的主流價值體系。辦完慶祝活動之後，我從前年底到去年初，花了幾個月的時間，重新細讀了先祖的代表作《四書章句集注》三次。隨後我就要求自己，每個週末的那兩天，一定要各撥出三個小時，將沒有註解的《四書》白文本（約五萬餘字）通讀一遍。如此反覆讀了十幾遍之後，我就把比較重要的章句用筆劃了下來，交代秘書把它依照《大學》《論語》《孟子》《中庸》的順序打印出來，作成十二張卡片，每張卡片約一千三百字，十二張共一萬五千多字，大概佔《四書》的三成左右。之所以先排《大學》，是因為先祖說過：「先讀《大學》，以定其規模；次讀《論語》，以立其根本；次讀《孟子》，以觀其發越；次讀《中庸》，以求古人之微妙處。」我平常沒事就拿這十二張卡片反覆玩索。我的摯友呂榮海大律師，看到我十二張版的《四書》精華，也跟我要了一套。誰知後來向我索取的人絡繹不絕，我就將它再濃縮成三張版的《四書》精華，最後濃縮成一張版的。而一張版也意味著大概佔《四書》的百分之二點五。換句話說，一張版的《四書》精華，我認爲，是當一個現代的中國人，對儒學所應有的最基本的知識。後來我就把這張卡片作爲我的名片。我想，只要能把這張卡片好好讀懂，覺得有道理的，就把它背下來。背下來之後，就把它作爲指導我們立身行事的準則。我相信，只要能依循這張卡片爲人處世，必然會精神舒暢、家庭幸福、事業有成。

去年八月，在北京郊區舉辦一個「相約一百論語」的活動，有近千人參加。這個活動是由大陸國務院下屬的一個部級單位，叫做「關心下一代工作委員會」（簡稱「關工委」）所主辦的。關工委下面有個「經典誦讀委員會」，他們跟倡導兒童讀經的王財貴教授合辦這個活動，已經是第四期了。利用暑假的空檔，撥出整整三十天，要把《論語》誦讀一百次。因爲委員會的負責人是我好朋友，他和王財貴教授一起邀請我給參加「相約一百論語」的學員們，作個報告，勉勵他們。

我去那裡作報告時，我用一張版的《四書》精華作名片，很多朋友問我：「爲什麼不把它寫出來？」同一個星期，很多台灣朋友也有提出類似的建議。我就從九月份開始動筆，先從十二張版的《四書》精華下手，花了兩個半月終於完成初稿。也就是說，把一張版的，稱爲「初階」；三張版的，稱爲「中階」；十二張版的，稱爲「高階」。

一般坊間關於《四書》的書籍，大部分是全譯本，但只譯不解，重在譯成白話文，而少有闡發義理的；另一種就是類似選讀，但隨意性又太大。我這個「高階」是讀了十幾次《四書》白文本之後，才挑出來的，把一些與當代無關的禮制、禮器名稱、人物等等，儘量把它拿掉，本書主要是以闡發義理爲主。「高階」是從《四書》白文本反覆篩選出來的，而三張版又是從十二張版精選出來的。最後，一張版又是從三張版精選出來的，都經過嚴格的篩選程序。一張版可說是《四書》精華中的精華中的精華。

我在寫這本書的時候，側重在義理的闡發，而且是以先祖的《四書章句集注》爲藍本，並參考《朱子語類》，然後再結合當代的社會形勢來闡發《四書》裡頭的義理，也就是說，讀者可以從「初階」、「中階」，而「高階」，循序漸進來讀，那就能花最少的時間，很快就掌握到《四書》的精髓了，也就是原汁原味的孔孟之道！當讀者把「高階」讀完後，就可以直接閱讀《四書章句集注》這部經典了。因爲已掌握到了義理，讀起來自能駕輕就熟。如果讀者對儒學已經有良好的基礎，我會建議，那就跳過「初階」、「中階」，直接讀「高階」。總之，像這樣來規劃讀《四書》的，好像還是個創舉。這本書，事實上就是《四書章句集注》的入門書。

四年前我花了整整一年的時間著手寫作《近思錄通解》一書，而去年則只用了三個月不到的時間完成了《四書精華階梯》。《近思錄》是先祖將北宋四子（周敦頤、程顥、程頤與張載）的格言至論，從十四本有代表性的著作中，摘錄了六百二十二條，編爲十四卷，乃是新儒學的綱領。先祖也因爲編撰《近思錄》，而成爲集理學之大成者。至於《四書》，則是先祖將《小戴禮記》中的第四十二章〈大學〉與第三十一章〈中庸〉抽出來，與《論語》《孟子》兩書合起來，那就成爲東周四聖（至聖孔子、宗聖曾子、述聖子思子、亞聖孟子）的言論選輯了。《四書章句集注》可說是先祖畢生心血的結晶。去年十月份是長子仰丘滿三十歲的生日，正値而立之年，我與次子尚志陪他到曲阜、鄒城去瞻仰孔孟故里。而我在撰寫本書的時候，仰丘也提了不少寶貴意見。前年初出版了《近思錄通解》，今年出版《四書精華階梯》，這也算是身爲先祖後人的「善繼其志、善述其事」吧！在本書即將出版之際，除了感謝臺灣商務印書館全力配合之外，我也衷心期待著儒學在進入全球化的新時代裡，仍將繼續發揮出強勁的生命力。

壬辰仲秋

序

操存一言要，為爾挈裘領。丹青著明法，今古垂焕炳。

——朱熹〈齋居感興〉二十首①

朱子一生追求的，既不是成爲競逐辭藻的文章之士，也不是訓詁名物以備顧問的博士學官，更非希冀君主榮寵的仕祿之徒。其所關注的不是當世榮辱利祿，而是天地之間的聖人偉業，以及千秋萬世的教化人心。弟子黃榦言朱子「紹道統、立人極，爲萬世宗師，則不以用舍爲加損也」②，則其成就，乃樹立以道自承的儒者典型。黃百家於《宋元學案·晦翁學案》案語言朱子以「稟穎敏之資，用辛苦之力」，成就爲「間世之鉅儒」③，所見略同。康熙甚至稱朱子「集大成而緒千百年絕傳之學，開愚蒙而立億萬世一定之規」④，推尊無以復加。可見人生於世有其超越名位、利祿、榮辱，乃至於有限生命的價值，可以不朽而存在，朱子以生命體證此一堅持，不僅重振孔、孟之儒學精神，生發無限影響，也感動後世慨然有以繼起的後人。

從幼年啓蒙，二十歲匯聚體會，三、四十歲形構體系，至最後反覆鍛鍊⑤，研讀四書最初是父親有意的安排，最終成爲自己生命體證的結果。朱子一生投注於四書的思索，其體證遠超過前賢的了解，《四書章句集注》正是朱子給予後人的無上寶典。一字一句，殫精竭慮，朱熹思之反復，用心所在，臨終前三日爲《大學》「誠意」說解費心不已⑥，更是後人熟知的事例，氣魄與毅力，令人欽服，也就無怪乎趙順孫〈四書纂疏序〉云：「子朱子《四書注釋》，其意精密，其語簡嚴，渾然猶經也。」⑦以「注」擬「經」，彰顯朱注的地位。清程逢儀於〈四書朱子大全序〉云：

> 朱子之書，廣大悉備，其學無所不通，而一生精力尤在四書。……余嘗博考朱子之書，見近世所詆朱子者，朱子早已解之；疑朱子者，朱子早已定之；辨駁朱子，自以為獨得之解者，朱子早已窮其弊而唾棄之。未嘗見朱子之全書，而肆其胸臆，攘臂叫囂，以狎侮程、朱。如是而曰吾以明聖人之道，吾不信也。⑧

朱子用心斟酌，蓄積既深，以《四書章句集注》提示一條「廣大悉備」的道路，更重要的是建構一條由四書而及六經，讓人可以掌握儒學精神的要徑，弟子黃榦〈行狀〉云：

先生教人，以《大學》、《語》、《孟》、《中庸》為入道之序，而後及諸經。以為不先乎《大學》，則無以提綱挈領而盡《論》、《孟》之精微；不參之以《論》、《孟》，則無以融會貫通而極《中庸》之旨趣。然不會其極於《中庸》，則又何以建立大本，經綸大經，而讀天下之書，論天下之事哉！⑨

四書遠比五經簡單，工夫簡捷明白，所謂「《語》、《孟》工夫少，得效多；六經工夫多，得效少」⑩、「讀書，且從易曉易解處去讀。如《大學》、《中庸》、《語》、《孟》四書，道理粲然。人只是不去看。若理會得此四書，何書不可讀！何理不可究！何事不可處！」⑪四書成爲道統的核心，成爲通究諸經的根源，於是聖人經典，乃至於天下之事，皆有循序而進的方向，「次序」與「脈絡」乃是朱子學術最具特色也最爲精彩的地方。

只是朱學立爲官學之後，挾其功令，士人應付科考，窮究字句，未必眞有感動；豪傑之士，激而橫決，不免立意抗衡。明代陽明以「心」學相爭，朱子被判爲支離；清代戴震以考據相駁，朱子被視爲違古。從理學、心學之分，漢學、宋學之爭，人人從中探取義理，得之可以成學，別出立論，也足以成家，朱學「根柢槃深，枝葉峻茂」⑫，成爲每一代學人的基礎，卻也是學者嘗試突破的典範，於是各出己見，各立其說，眾聲喧譁。尤其民國以來，西學東漸，與傳統相去更遠，學者各立標準，各有分判，於是唯心、唯物之別；「尊德性」、

「道問學」之辨；「縱貫」、「橫攝」之說；宗子、別子之分，種種論點，人云云殊，相反歧出，朱學面貌逐漸混淆，也是不爭的事實，朱學所代表之中道地位，已難有深刻的感受，對於朱子《四書章句集注》價值，也就難有眞正的了解，言者不明，讀者生畏，朱子開啓之宏規，隱沒不彰，不免令人遺憾。

朱高正博士，慨然有以奮起，以發揚先祖之念，積極捍衛，先完成《近思錄通解》，了解朱子匯聚周、張、二程學術，繼承北宋儒學之成就，遂有「集理學大成」的認知。於今又完成《四書精華階梯》，了解朱子串貫孔、曾、思、孟「道統」之用意，掌握朱子從宋而及漢、唐，又從漢、宋而及於聖人的學思進程，朱學代表文化之核心，乃中國、朝鮮、越南、日本等東亞文明圈之思想主流所在，終於燦然明白。然而《四書章句集注》注者既多，立場迴別，異說歧出，學者化解爲難，加上訓詁考據，涉及名物，讀者往往病其煩瑣。朱高正博士剔除禮制、禮器等煩瑣辨證內容，集中於經文內涵的分析，以義理闡發爲核心，以個人體證爲法門，反覆玩索，背誦淬煉，循朱學「次序」與「脈絡」原則，嘗試於四書當中，揀出三成左右的分量，又進而分出「初階」、「中階」、「高階」不同之進層，《朱子語類》載朱子自述少年爲學情況：

> 某少時為學，十六歲便好理學，十七歲便有如今學者見識。後得謝顯道《論語》，甚喜，

乃熟讀。先將朱筆抹出語意好處；又熟讀得趣，覺見朱抹太煩，再用墨抹出；又熟讀得趣，別用青筆抹出；又熟讀得要領，乃用黃筆抹出。至此，自見所得處甚約，只是一兩句上。卻日夜就此一兩句上用意玩味，胸中自是洒落。⑬

層層而進，讀書與體驗日深，聖人之道，內化於心，朱高正博士師承先祖爲學方法，以個人願力，深究四書義理之考察，由注而譯，由譯而解，心得所在，撮舉分享，遂使讀者有取徑之方，金針度人，先聖先賢的智慧，復其炳煥，個人有幸先行拜讀，於細節之中，得見精彩，撮其數端，列舉說明：

一、提供門徑：「初階」、「中階」、「高階」是指分量上的多寡，以進程而論，「初階」之錄，出於「中階」之體會；「中階」之揀選，出於「高階」之內容；而「高階」之所錄，又是融通《四書章句集注》之後的心得。所以言之爲「初」，並非簡單初始之意，而是提綱挈領，統貫全書，指引全書義理的入門之徑。拈出「絜矩之道」、爲學之方、義利之辨、從容中道的精神，辭約易操，言近旨遠，深有修養工夫的思考，確實給予研讀四書開了方便法門。

二、互證闡發：以「見龍在田」闡釋「有朋自遠方來」；以《易·復·象》曰：「不遠之復，以修身也。」言顏淵「復聖」之德；以《易·艮·象》曰：「思不出其位」，解釋曾子學行，經典互證，貫通旨趣，可見聖人精神所在。其他，以《中庸》證《論語》，以《孟子》明《大學》，四書相互印證，更是不可勝數，足見四書俱為一體，也可見作者學問的博雅通達。

三、化解歧出：《大學》「親民」作「新民」，毛奇齡《四書改錯》立意批判朱子，於此卻毫無批評，足見朱注有其依據；「學」解為從「不知」到「已知」的過程，避免「學」字內涵的爭議；「子罕言利與命與仁」一章，改句讀為「子罕言利。與命，與仁」，維持孔子贊許天命，贊許仁德的立場；「夫子之道，忠恕而已」一章，言「忠恕二字追根究底，只是一個恕字」，與「子貢問曰：『有一言而可以終身行之者乎？』子曰：『其恕乎！』」一章的說法相合。「唯女子與小人為難養也」一章，言「女子，指妻妾，但不包括秉性賢明的女性。」化解後人對孔子不尊重女性的質疑，凡此釐清義理之歧出，遂有一致的說法。

四、舉以時事：言「攻乎異端，斯害也已」，則申明「對於各種不同的文明與價值體系，應保持寬容、理解，甚至欣賞。」言中國的崛起，則言「顛覆『西方文化中心主義』，也給非西方世界帶來新的希望與選擇。」解釋「制民之產」，則言「『社會市場經濟體制』要求國家制定經濟政策必須要兼顧『經濟成長』、『物價穩定』、『充分就業』、『社會保障』四項因素的平衡。」言「行有餘力，則以學文」章，則直指「現今教育出了大問題，德、智、體、群、美五育之中，顯然太過偏重智、美兩育，而忽略德、體、群三育。」皆是關乎時局的深刻反省，饒富意義。

五、寄以情懷：言「舉直錯諸枉」，則直指「當領導的人最重要的素質是要會用人，要能明辨正邪、直枉。在歷史上，多的是以直爲枉和以枉爲直。」言及「必也狂狷乎」，則強調「狂狷的人雖易入道，卻常常與世俗不相入。如果憎惡狂狷的人，則其相與的盡皆庸俗的人，其本身豈能不庸俗！這種人如果出而爲政，就易於與小人相昵，而與君子疏離。驗之歷史，屢試不爽。」爲政須明辨邪正，爲人不能入於庸俗，磊落之志，於此可見。朱高正博士原具「橫眉冷對千夫指」的氣魄，發而爲政，扭轉習見，勇於摧破固陋，人所共知；然回歸於文化，從豪闊而入於深刻，殷切以薪傳爲念，低回不已，則是筆者所親見。言「格君心之非」，大倡「本身就須要正氣凜然，思無邪念，行無不正」；言及「民貴君輕」，則申明孟子思想早就「浸熟灌透入中華民族的靈魂深處」，乃「中華民族之所以可以自豪地矗立於世界民族之林的寶貴文化資產」；言及未來，則深致期勉「有待『聖人之徒』付出更大的努力與更堅韌的耐心」。時時刻刻，莫不以闡揚文化精華爲念。《朱子語類》載一段文字，云：

孔子曰：「不得中行而與之，必也狂狷乎！」看來這道理，須是剛硬，立得腳住，方能有所成。只觀孔子晚年方得箇曾子，曾子得子思，子思得孟子，此諸聖賢都是如此剛果決烈，方能傳得這個道理。若慈善柔弱底，終不濟事。……學聖人之道者，須是有膽志。其決烈勇猛，於世間禍福利害得喪不足以動其心，方能立得腳住。若不如此，都靠不得。況當世衰道微之時，尤用硬著脊梁，無所屈撓方得。然其工夫只在自反常直，仰不愧天，俯不怍人，則自然如此，不在他求也。⑭

「剛果決烈」根源於孔子、曾子、子思、孟子以來聖人傳道的氣魄，朱子於「世間禍福利害得喪不足以動其心」的期勉，以及《四書章句集注》蘊藏期以成學的線索，朱高正博士以「決烈勇猛」之生命情調，繼之而起，相與印合。筆者思滯筆拙，初不足以贊其幽微，然又深受其精神之感發，乃敢略申淺見，就正於高正先生及諸博雅君子焉。

政大中文系陳逢源書於指南山麓 二零一一・十二・二十五

①朱熹撰陳俊民校編《朱子文集》（臺北：德富文教基金會，二零零年二月）卷四，頁一四九。

②黃榦撰《勉齋集》（影印文淵閣《四庫全書》第一一六八冊臺北：臺灣商務印書館，一九八六年三月）卷三六〈朝奉大夫文華閣侍制贈寶謨閣直學士通議大夫謚文朱先生行狀〉，頁四二三。

③黃宗羲原著全祖望補修《宋元學案》（臺北：華世出版社，一九八七年九月）卷四八〈晦翁學案上〉，頁一五零五。

④玄燁撰，〈御製朱子全書序〉，朱熹撰《朱子全書》（古香齋《朱子全書》本臺北：廣學社印書館，一九七七年二月），頁三。

⑤拙撰〈朱熹《四書章句集注》撰作史料輯證〉，彰化師範大學主辦「國科會中文學門九〇／九四研究成果發表會」二〇〇六年十一月二十五日，後刊登於《國科會中文學門九〇／九四研究成果發表會論文集》（臺北：五南圖書公司，二〇〇七年六月）。

⑥不著撰人《兩朝綱目備要》（影印文淵閣《四庫全書》第三二九冊 臺北：臺灣商務印書館，一九八六年三月）卷六「三月甲子朱熹卒」下云：「先是庚申熹臟腑微利，……辛酉改《大學》「誠意」一章，此熹絕筆也。是日午刻暴下，自此不復出書院……。」頁七七八。蔡沈撰〈朱文公夢奠記〉云：「初六日辛酉，改《大學》「誠意」一章，令詹淳謄寫，

又改數字。……午後，大下，隨入宅堂，自是不能復出樓下書院矣。」見蔡有鵾輯 蔡重增輯《蔡氏九儒書》（《四庫全書存目叢書》集部第三四六冊 臺南縣：莊嚴文化事業公司，一九九七年六月）卷六，頁七九三。不過錢穆《朱子新學案》第二冊，依江永之說，朱熹最後所改並非《大學》「誠意」章，而是《大學》「誠意」二字最先見處之注，將經一章原本「實其心之所發，欲其一於善而無自欺也」中「一於善」改為「必自慊」。頁四二五。

⑦ 趙順孫撰〈四書纂疏序〉，《四書纂疏》（臺北，文史哲出版社 一九八四年二月），頁九。

⑧ 程逢儀撰〈四書朱子大全序〉，朱傑人等人主編《朱子全書》（上海：上海古籍出版社，合肥：安徽教育出版社，二零零二年十二月）第二七冊「序跋」，頁六八七～六八八。

⑨ 黃榦撰《勉齋集》（影印文淵閣《四庫全書》第一一六八冊臺北：臺灣商務印書館，一九八六年三月）卷三十六〈朝奉大夫文華閣待制贈寶謨閣直學士通議大夫謚文朱先生行狀〉，頁四二六。

⑩ 黎靖德編《朱子語類》（臺北：文津出版社，一九八六年十二月）卷十九「《論語》一」，頁四二八。

⑪ 黎靖德編《朱子語類》卷十四「《大學》一」，頁二四九。

⑫ 劉勰撰 范文瀾注《文心雕龍注》（臺北：學海出版社，一九八八年三月）卷一〈宗經〉，

頁二二一。

⑬ 黎靖德編《朱子語類》卷一一五「訓門人三」，頁二七八三。

⑭ 黎靖德編《朱子語類》卷五十二「《孟子》二」，頁一二四三～一二四四。

題辭

此性生而與道俱，靈源常患少人疏。楊侯一語崇經學，士子爭相讀四書。
解作時文一二篇，胸中意氣已掀然。何如剖破醯雞甕，看取人間大有天。①

這是金人張宇〈閒述〉二首。我嘗讀此詩，從「士子爭相讀四書」，到「看取人間大有天」兩句，頗有深刻感受：中國自宋金以降，由於程朱理學的影響，尤其是朱子《四書章句集注》的全面推廣，國人對《四書》的崇拜已成跨時代的風氣，而學者對理學的接受及闡述，則不斷開拓了無限寬廣的哲理思辨天地。這種空前壯闊的影響中國近千年的學術盛況之形成，無疑應當歸首功於集理學之大成的朱子。

今天，我們遠離了朱子時代，淡忘了當年「士子爭相讀」的《四書》，遺棄了本應值得世世珍惜的傳統儒學，更茫然不知流淌於華夏數千年思想血脈的聖哲道統。這是當代學術界及教育界的悲哀，是生逢今世之萬千莘莘學子的悲哀。然而，徒具悲哀情緒無濟於事，關鍵在於慨然奮起，「回朕車以復路兮，及行迷之未遠」②：趁著斯文微緒猶存，努力「尚友古人」，追攀往聖，推動吾國文化沿著「至善」的正軌繼續前行。

於是乎，我盼到了朱博士高正兄的這部具有非凡創舉的《四書精華階梯》。知者將謂，稱之「創舉」，絕非溢美之詞，必屬來日學界之公評。何以然？試列三事以證。

一事，築構「階梯」，獨出心裁。

此書分為初階、中階、高階三部分，皆輯《四書》警語，依次展開。初階七十一條，中階一百七十二條，高階四百二十二條。三級遞進，如覽勝景，如登名山，佳境奇觀，迎面而至，應接不暇。所輯諸語，披讀之下，或可震聾發聵，或可涵泳性靈，莫不令人受用終生者也。更為奇特的是，書中初階的內容均重見於中階內，中階的內容又再次包含在高階中。有人要問：這不是犯了編書複沓累贅的大忌嗎？殊不知，此恰為編者的良苦用心所在：讀聖賢書，如食「餘甘子」，愈嚼愈顯甜美，所謂學而時習、溫故知新，即喻斯理。尤其是初讀《四書》者，只要沿著這三階的次序，潛心品味，先七十一條，又一百七十二條，又四百二十二條，則儒學的絕美精華，聖人的宏偉思想，將於輕鬆愉悅的情態中沁入心田。何有於仍疊繁瑣之憾？在在乎充溢著山重水複、柳暗花明之喜矣。若此築階，豈非創舉？

二事，採錄「聖典」，獨呈體系。

歷來關於《四書》的內容，多以《大學》、《中庸》、《論語》、《孟子》爲序，朱子《四書章句集注》也是如此。但朱子又特別提到：讀《四書》，最好先讀《大學》「以定其規模」，次讀《論語》「以立其根本」，次讀《孟子》「以觀其發越」，次讀《中庸》「以求古人之微妙處」③。我曾就此程序反復思考，終於有所開悟：蓋《大學》乃聖人揭示出崇高的「世界觀」（朱子謂規模）以教天下後世，《論語》、《孟子》乃聖人對宏大世界觀的身體力行（朱子謂立本而發越之），《中庸》乃聖人總結出精深的立身處事之「方法論」（朱子謂古人之微妙處）。這是朱子強調的研讀《四書》的先後次序。高正兄全然依照此序，確立了《四書精華階梯》的內容體系，三階中各階所採《四書》的精要典語，均循《大學》、《論語》、《孟子》、《中庸》的順序排列，其目的蓋欲使讀者沿序漸進，一旦讀畢三階，切心體會，即能具備「對儒學所應有的最基本的知識」④。若此徵聖，豈非創舉？

三事，評述「精華」，獨具見地。

高正兄在《自序》中稱：此書的宗旨，「側重在義理的闡發」。一般而言，抒發經典的義理，只有旁證博引、深入淺出才能奏其效應，欲臻此程度，非具大學問、大見識者莫能爲也。高正兄學貫中西，恰恰具備這種才幹。品讀他在《四書精華階梯》中針對儒學義理的述評，猶如聽他的精彩講演一樣，使人無法不沉浸在生動的學術享受中。如《中階》錄《論語》

「天何言哉」一條，述評引《聖經・創世紀》上帝之言互爲發明，把天和上帝的形象擬喻得十分貼近；又《高階》錄《論語》「孟之反不伐」一條，引當代功利社會爭功諉過的情實，與孟氏謙遜美德相比照，古人今人之儀操，妍媸立見；又錄《孟子》「民貴君輕」一條，引歐洲五百年前「國民主權」思想爲說，稱此理念比歐洲早了一千九百年，孟子的宏浩氣度躍然於字裡行間；又錄《中庸》「孝以繼志述事」一條，引近代西方個人主義爲例，謂與我國儒家思想大異其趣，中西思想的文野雅俗之別昭然若揭。能從古老的儒家經典中，呈示出與當今時代、西方文化息息相關的義理，宜爲高正兄之所獨擅也。若此述理，豈非創舉？

以上三事，舉小喻大，似可藉以略窺高正兄此書潛心獨創之一斑。

不過，我最看重的更是此書編述者所沁發的一種難能可貴的精神：作爲朱子第二十六代孫，高正兄時時以復興中華儒學爲己任的堅忍不拔的學術理念。試看全書三階，不僅採擇精湛、釋意簡明、闡理深微，而凡所立言稱述，盡是明道宗經，處處展示著對華夏「道統」的極度尊崇和弘揚。

何謂道統？韓昌黎曰：「堯以是傳之舜，舜以是傳之禹，禹以是傳之湯，湯以是傳之文武周公，文武周公以是傳之孔子，孔子以是傳之孟軻。軻之死，不得其傳焉。」⑤這便是關於先秦時代中國優秀文化承傳之大道的最佳闡說，也是儒者「道統」之源頭。至於孟子之後，道的傳續雖衰微難繼，但孟子祖述並發展孔子思想的七篇著作畢竟仍在，則道統之接猶寄希望於後世賢哲。換言之，孟子的著述，爲中華道統留下了一抹來日復明的「曙光」。故昌黎又極贊：孟子之功「不在禹下」⑥。果然，孟子辭世一千四百多年後，宋代程朱卓爾繼起，挺身衛道，上承孔孟，下達明清，開闢了影響後世近千年的新儒學，古聖道統終於又煥發出照耀至今的燦爛暉光。無怪乎知者把歷久彌新的華夏道統，歸功於幾位最具典型的聖賢：堯舜禹湯、文周孔孟、二程朱熹。由是言之，兩宋程朱之功，允亦「不在禹下」歟？

居今之世，人們於猛醒之際，又在擔憂：優秀的「道統」是否將再次面臨「不得其傳」的厄運？有識之士在孜孜不倦地努力，在全面鼓舞著振興傳統儒學的熱潮。高正兄的《四書精華階梯》（以及前此出版的《近思錄通解》、《白鹿洞講演錄》⑦）等書，其崇高旨趣即在於此。我堅信，這類大補於世道人心、大益於闡揚道統的好書之問世，必將有效地把人們的「擔憂」轉化爲「希冀」。夫如是，則高正兄的僶勉闡述之功，又將若何評估呢？

研讀《四書》，是進而探究《五經》的最佳前奏。有志於儒學之道的朋友，倘能以高正兄的《四書精華階梯》爲「階梯」，步入《四書》的全體「殿堂」，潛研朱子的《四書章句集注》，並將之融入修身行事中，則群經之深化、學問之熔冶，宜將庶幾矣。

懷著欽敬之情，讀竟高正兄的《四書精華階梯》，我油然萌生吟詩題辭的衝動，遂步前引金人張宇〈閒述〉二首原韻，略仿其意云：

善性原來通大道，古今聖俗不乖疏。天心克享崇閩學，遺我終生四子書。

道統般般述雅篇，階梯三度義昭然。孔曾思孟程朱繼，仰企人間一柱天。

公元二零一二年歲在壬辰小暑前一日

長樂質之張善文寫於福建師範大學文學院

①元房祺編《河汾諸老詩集》卷二。張宇，字彥升，自號石泉先生，金末山西人。按，第一首「楊侯」者，蓋宋楊時中立、侯師聖仲良之合稱。第二首「醯雞甕」，謂以酒醯雞之甕，喻狹小之思想空間。

②屈原《離騷》語，詳漢王逸《楚辭章句》卷一。

③宋黎靖德編《朱子語類》卷十四：「學問須以《大學》爲先，次《論語》，次《孟子》，次《中庸》。《中庸》工夫密，規模大。」又：「某要人先讀《大學》，以定其規模；次讀《論語》，以立其根本；次讀《孟子》，以觀其發越；次讀《中庸》，以求古人之微妙處。《大學》一篇有等級次第，總作一處易曉，宜先看；《論語》卻實，但言語散見，初

看亦難；《孟子》有感激興發人心處；《中庸》亦難讀，看三書後方宜讀之。」

④ 詳書首朱高正《四書精華階梯自序》。

⑤ 韓愈《原道》語（見宋魏仲舉編《五百家注昌黎文集》卷十一）。按昌黎《送浮屠文暢師序》又有近似之語曰：「是故道莫大乎仁義，教莫正乎禮樂。刑政施之於天下，萬物得其宜；措之於其躬，體安而氣平。堯以是傳之舜，舜以是傳之禹，禹以是傳之湯，湯以是傳之文武，文武以是傳之周公。孔子書之於冊。」（詳《五百家注昌黎文集》卷二十）

⑥ 韓愈《與孟簡尚書書》云：「愈嘗推尊孟氏，以為功不在禹下。」（詳《五百家注昌黎文集》卷十八）

⑦ 按《近思錄通解》，朱高正著，二零一零年三月台北商務印書館出版，二零一零年七月上海華東師範大學出版社重版簡體本。《白鹿洞講演錄》，朱高正著，二零一零年十一月台北商務印書館出版，二零一一年九月浙江大學出版社改題《從康德到朱熹：白鹿洞講演錄》重版簡體本。此兩書，筆者皆曾獲幸為之製序。

四書精華初階

《大學》

所謂誠其意者，毋①自欺②也。如惡惡臭，如好好色③，此之謂自謙④。

① 毋：音ㄨˊ，禁辭，不要。

② 自欺：欺騙自己。

③ 如惡…好色：上一惡字，音ㄨˋ，厭惡。上一好字，音ㄏㄠˋ，喜好。厭惡難聞的氣味，喜好美好的顏色，都是發自內心的自然感受，沒有任何的人爲作做。

④ 謙：謙，音ㄑㄧㄝˋ，通「慊」，愜意。

所謂「誠其意」，就是不要欺騙自己，就像厭惡難聞的臭味，就像喜愛美好的顏色，眞誠反應自己的感受，不夾雜任何的私意作做，這叫做自足愜意。這就是說，想要修身的人，要能見善則遷，有過則改。那就要眞正用其心力，不可自欺，使他厭惡不善就如討厭惡臭一般，喜愛善德、善行，就如喜好美色一般。凡是不善的，都堅決除去；凡是美善的，都堅決求得。這樣就可以自快於己，不會苟且隨俗而遷就別人了。

是故君子有諸己，而后求諸人①。無諸己，而后非諸人。所藏乎身不恕，而能喻諸人者，未之有也。

① 有諸己…而后非諸人：諸，作「於」解。后，同「後」。

所以在位的君子要先使自己有仁德義行，而後才能要求別人有仁德義行；自己沒有惡德惡行，而後才能糾正別人的惡德惡行。自己本身沒有躬行推己及人的恕道，而能使別人行恕道的，是從來沒有的事。這裡重申儒家的基本主張，那就是凡事「反求諸己」，道德律令決不是拿來要求別人的，而是要求自己身體力行，要先有善於己，然後才可以責人行善；要先無惡於己，然後才可以正人之惡。這都是推己及人之道，也就是「己所不欲，勿施於人」的恕道。

是以君子有絜矩之道①也。

① 絜矩之道：絜，音ㄒㄧㄝˊ，作「度」解。矩，作方形的工具。指上行下效，人心所同，所以君子要以人心之所同，推以度物，使彼我之間各得其分，則上下四旁無不均齊方正，而天下可平。

所以在位的君子要躬行「絜矩之道」，要以同理心推己及人，我心之所欲，即他人之所欲，因此要以己心度人之心，使人人各得其分，則上下、前後、左右就能均齊方正，紛爭自能消弭於無形。我不希望長官對我無禮，我也以此揣度下屬的心理，因而也不能以無禮的態度來使令他們；我不希望下屬對我不忠，我也要以此揣度長官的心理，因而也不敢以不忠的態度來事奉他。至於與前後、左右的關係，無不是同樣的道理。就像左鄰侵占我兩尺地，是不矩，我會去舉告他；我若侵占右鄰兩尺地，也是不矩，合當還給右鄰。只是我方、上方、下方、左方、右方、前方、後也方，不相侵越。又如父母親在我之上，子孫在我之下。我想要子孫對我孝敬，而我卻不能對父母孝敬；我想要父母對我慈愛，而我卻不能對子孫慈愛，這樣便違反了「絜矩之道」。因此我們身體所處的上下四旁，長短、廣狹，彼此如一，無不方方正正，這就是「絜矩之道」。

仁者以財發身，不仁者以身發財①。

①仁者以財……發財：發，猶「起」。言仁者散財以得民，不仁者亡身以聚財。

有仁德的國君散盡財貨給百姓，藏富於民，而獲得德譽；沒有仁德的國君則捨棄德譽去搜刮財貨。當政的人絕不能貪財而私其所有，那麼人心自附而身自尊，這就是散財的成效。而沒有仁德的人只管聚財，而不管自身的危亡。

《論語》（沒有特別的註記，就是孔子講的話）

〈學而第一〉

學①而時習②之，不亦說③乎？有朋④自遠方來，不亦樂乎？人不知而不慍⑤，不亦君子⑥乎？

① 學：從「不知」到「已知」的過程，就是「學」。學的本義是仿效，不知的人向已知的人仿效，就是學。「學」的對象包括對「物」（泛指外在事物）的認識，與對「人」（含認識主體本身）的認識（此爲理論層次），以及內心立意與外在行爲的塑造（此爲實踐層次）。

② 習：小鳥振翅學飛爲「習」，喻一而再，再而三地學而不止。

③ 亦說：亦，語中助詞。說，音義同「悅」。

④ 朋：朋友，同輩志氣相契合的人。

⑤ 慍：音ㄩㄣˋ，不高興。

⑥ 君子：品德高尚的人。

學了新事物，還要時常去溫習它，不是很喜悅的嗎？有同道的朋友自遠方而來，互相切磋琢磨，不是很快樂的嗎？別人不知我在德行、學問上的成就，我絲毫不惱怒，不就是個品德高尚的君子嗎？其實，「學」的本義是仿效。每個人的天性雖同樣是善良的，但要明白覺醒到，我們確有這個天生的善性，則有先後之別。因此，比較慢覺醒的「後知後覺」就要效法比較早覺醒的「先知先覺」的所作所爲，如此後知後覺才能明於此善性，而回復其本然的天性。既然學會了，還要隨時溫習它，才能讓所學會的眞正純熟於己，這才是實得於己。

很多人學習只是泛泛地學，似懂非懂，其實並沒眞懂，更不必說能實得於己了。就像補習英文，上了再多名師的課，如果自己不下「人一己百，人十己千」之功，那也是白補。同樣，學鋼琴，跟了再好的老師上課，如果自己回家不下工夫苦練，那也是白上。由此可見「自學」的重要。任何的學習，都是「師父引進門，修行在個人」。老師只是引我們入門而已，是不是能學會、學熟，乃至於實得於己，則全是要靠勤勉的「自學」。《論語》開篇就是「學而時習之」，其用意之深可知！

其次，既然「有朋自遠方來」，那鄰近的朋友就更不用說了。一個人只要眞能學有所得，自然會英華發於外，同道的朋友自然不請自到。進學的方法很多，其中尤以朋友之間相觀而善，進學最快。因此，當「有朋自遠方來」時，意味著已經學有所成，且在儕輩中也小有名氣了，這是「見龍在田」的氣象，這怎不叫人快樂呢？至於有些人不知我的學養，我也毫不以爲意，這是因爲，我所在乎的是「爲己之學」，而不是「爲人之學」。求學的目的是爲了自身的德日修、業日進；絕不是爲了求知於人，更不是爲了求譽於人。因此，「人不知而不慍」正足以說明，只有成德的君子才足以當之。之所以能成就良好的德行，無不由於學得正、習得熟、悅得深，以至於不能自已，而這正是爲學的無上境界。

有子①曰：「君子務本②，本立而道生③。孝弟④也者，其爲仁之本與⑤？」

① 有子：子，古時男子的美稱。有子，姓有，名若。魯人，孔門弟子。按《論語》中，除了孔子，就只有曾子、有子二人稱「子」，不稱名。至於其餘弟子則或稱名，或稱字。因此古人以爲《論語》大概是曾子與有子的門生所記，因尊師之故而只稱他倆爲「子」。

② 務本：務，致力。本，根本。

③ 本立而道生：根本樹立起來，則大道由此而生。

④ 孝弟：善事父母爲孝，善事兄長爲弟。弟，同「悌」。

⑤ 其爲仁之本與：其，猶「彼」。爲仁，猶「行仁」。仁爲「愛之理，心之德」，乃儒家最

重視的品德。與，同「歟」，疑詞。

有子說：「有德的君子致力於鞏固根本，根本一樹立起來，大道自然由此而生。孝順父母、尊敬兄長這兩件事，大概就是行仁的根本吧！」其實，道德品目繁多，難以盡數。但道德有根本，也有枝末，本立則大道自然會充實而擴大。孝弟乃是柔順的德行，正是道德的根本。仁為「愛之理，心之德」，仁既然主於愛，而愛莫大於愛親，所以說，孝弟是為仁的根本。孝弟行於家，而後才能「仁」及於外人、「愛」及於萬物，所謂「親親而仁民，仁民而愛物」。所以「仁」以「孝弟」為本，孟子才會說：「堯舜之道，孝弟而已矣。」

巧言令色①，鮮②矣③仁。

① 巧言令色：巧，乖巧。令，美善。乖巧其言辭談吐，美善其容貌顏色。
② 鮮：音ㄒㄧㄢˇ，很少。
③ 矣：語助詞。

花言巧語，但不真誠；臉色和悅，卻是偽作。挖空心思，務必巧其言辭，善其顏色，使人所聞所見，都能順耳悅目，這種一味想討好別人的，心馳於外，是絕無仁德的。有仁德的人，言爲心聲，形色從容，絕不會刻意去討好別人。

弟子①入則孝，出則弟②，謹而信③，汎愛衆④而親仁⑤，行有餘力，則以學文⑥。

① 弟子：指爲人弟、爲人子的人。
② 弟：音ㄊㄧˋ，同「悌」，敬事長上。
③ 謹而信：謹，謹慎。信，信實。
④ 汎愛眾：廣博地親愛眾人。
⑤ 親仁：親近有仁德的人。
⑥ 文：謂詩、書六藝等書籍。

年輕的弟子在家要孝順父母，出外要尊敬長上，言語要謹慎而信實，要博愛眾人，親近有仁德的人。這五點都做到了，才利用多餘的時間去學習詩、書六藝之文。否則，這五點還沒做好，就急著去學詩、書六藝之文，那就是捨本逐末，而非「爲己之學」了。所謂「爲己之學」，就是要將上天所賦予吾人的明德善性，不斷地推擴開來，由近而遠，由親而疏，由「入則孝」「出則弟」，以至於「泛愛眾」。「謹而信」是持己之道，「親仁」則是接受仁者的薰陶。現今教育出了大問題，德、智、體、群、美五育之中，顯然太過偏重智、美兩育，而忽略了德、體、群三育。大多數的學校與家庭，只要求小孩成績出眾，拼命讓小孩學習各種才藝，而不要求小孩幫忙做家事，鍛鍊身體，以及培養合群的習性。可見「弟子入則孝，出則弟，謹而信，汎愛眾，而親仁」對當今社會仍有很強的指導意義。務必先要把根本培育好了，才「行有餘力，則以學文」。

〈爲政第二〉

《詩》三百①，一言以蔽②之，曰「思无邪③」。

① 《詩》三百：《詩經》共有三百十一篇，「三百」是舉其大數。

② 蔽：覆蓋、概括的意思。

③ 思无邪：出自《詩・魯頌・駉》篇，孔子引用來評論整部《詩經》。

《詩經》三百篇，可用一句話來概括它，那就是「思无邪」。因爲《詩經》的立教，所歌頌的皆可學習，所諷刺的皆足爲戒，既可感發人的善心，又可懲創人的逸志。其實，這三百篇的詩並不都出於性情之正：如關雎二南詩、四牡鹿鳴詩、文王大明詩，都出於性情之正；而桑中、鶉之奔奔，則不是出於性情之正。孔子刪詩，其實只是刊定而已。好的詩，便拿來吟詠，興發人的善心；不好的詩，便要啓發人的羞惡之心。讀《詩》可以使人不但行无邪，思也无邪，終能使人復歸其性情之正。

〈八佾第三〉

繪事①後素②。

① 繪事：繪畫的事。

② 後素：素，白色，質樸，不加修飾。後素，繪畫時，要先以白底粉地爲質，而後再上五彩顏色。

繪畫時，要先將粉白底子先調抹好，然後再塗繪上五彩顏色。這就像人先要有好的姿容材質，又有口輔之美；先要有忠信的素質，然後再用禮節來文飾。伊川先生說：「美質待禮以成德，猶素待繪以成絢。」這是說，素以爲質，而絢以文飾。否則徒有合乎禮節的文飾，而無忠信的素質，那與衣冠禽獸有何不同？

〈里仁第四〉

唯仁者能好①人，能惡②人。

①好：音ㄏㄠˋ，喜好。

②惡：音ㄨˋ，厭惡。

唯獨有仁德的人能夠公正無私的去喜愛好人，厭惡壞人。好善而惡惡乃天下的公理，但人往往不得其正，只因爲心有所繫念而不能克制自己。就像《大學》所言，心只要有所忿懥、恐懼、好樂、憂患，就不得其正。唯獨有仁德的人能使純潔無瑕的本心常爲此身之主，才能公正地好善惡惡。

君子無終食之間①違仁，造次②必於是，顛沛③必於是。

①終食之間：吃一頓飯的時間，喻短暫。

② 造次：急遽匆忙之際。
③ 顛沛：流離困頓之時。

君子是時時刻刻不背離仁德的，就算是吃頓飯這麼短暫的時間，也不會背離，無論如何的急遽匆忙，無論如何的流離困頓，總是不背離仁德。可見君子的求仁之道，自富貴與貧賤之間的取捨，以至於終食、造次、顛沛之際，無時無處而不用其力於修持其仁德。取捨之間分辨得愈明晰，然後其存養之功就愈綿密；存養之功愈綿密，則其取捨之間分辨得就更加明晰。

士志於道，而恥惡衣惡食①者，未足與議②也！

① 恥惡衣惡食：惡，音ㄜˋ。以不美好的衣著與食物爲羞恥。
② 未足與議：不能與他議論。

一個讀書人如果有志於求道，卻對自己的衣食不如別人，而引以爲恥，物欲如此深重，便不足與這種人論道了。像顏回簞食瓢飲，不改其樂；子路衣敝蘊袍與衣狐貉者立，而不以爲恥。

放①於利而行，多怨②。

①放：音ㄈㄤˇ，依從。

②多怨：多取怨於人。

只依從有利於自己的事去做，自然會損害到別人的利益，這就會招來許多怨恨。一個有德君子不應依從「利益」，而應依從「道義」爲準則，來與人交往，則寡怨。國與國之間的交往，如果只依「維護國家利益」爲原則，必定造成強凌弱、大欺小，結果是國際恐怖主義盛行。國際交往應回復到以「自然法」爲原則，只有在不違反「自然法」的前提下，才能去追求國家利益，這樣，才能建立一個公正而穩定的國際新秩序。

君子喻於義①，小人喻於利②。

①喻於義：喻，曉得、知道。義，義理。

② 利：私利、利欲。

君子通曉義理，而小人則唯利是圖。誰不知，一般人所想要的，沒有超過生命的；所厭惡的，沒有超過死亡的。君子之所以能捨生取義，乃因深知義理的可貴，而不會讓利害動搖他的本心。君子所擔心的就是「德之不修，學之不講，聞義不能徙，不善不能改」；而小人的關心則是股市的起伏，房價的漲跌，以及錢財的增減而已！

德不孤①，必有鄰②。

① 孤：孤單。

② 鄰：鄰居。

不論品德的好壞，都不會孤單的，一定有同類會親近他，這就和住家之旁有鄰居一樣。這就是「同聲相應，同氣相求」，好人爲善，自有好人相伴；壞人爲惡，自有壞人相伴。有怎樣的品德，必有怎樣的同類相應。

〈公治長第五〉

老者安之，朋友信之，少者懷之。

（我的志向是）老年人都能得到安養，朋友之間都能誠信往來，年幼的人都能得到撫愛。

〈雍也第六〉

不遷怒①，不貳過②。

① 不遷怒：遷，轉移。不遷怒，不把對甲的怨怒轉移到乙的身上。
② 不貳過：貳，復、再的意思。不貳過，不再犯同樣的過錯。

（孔子贊美顏回最爲好學）從不把怨怒轉移到不相干的人身上，也從不再犯同樣的過錯。

顏回克己之功做得如此綿密，可謂眞好學了。顏回的怒在物而不在己，所以不會「遷怒」。有不善未嘗不知，知之而未嘗復行，所以不會「貳過」。

仁者先難而後獲，可謂仁矣。

有仁德的人，做事不會先計功謀利，而是只要事所當爲，就算有再大的困難，也會先努力去做。至於能獲得什麼效益，則聽其自至，不會格外在意。能做到這樣，就算是有仁德了。

知者樂水①，仁者樂山②。

① 知者樂水：知，音ㄓˋ，同「智」。樂，音ㄧㄠˋ，喜好。智者遇事即能了知其理，猶水之無孔不入，故智者樂水。

② 仁者樂山：仁者樂天知命，與世無爭，故不動如山。

明智的人，通曉事理，周流無滯，像水一樣，所以喜好水。仁厚的人，安於義理，厚重不遷，像山一樣，所以喜好山。

〈述而第七〉

學而不厭，誨①人不倦。

①誨：音ㄏㄨㄟˋ，教導。

我一直努力學習，不敢自滿；教導後生，不敢倦怠。「學而不厭」，如人之爲學有些小間斷時，便是「厭」。「誨人不倦」，如以他人之事爲不切於己，便是「倦」。

德①之不修②，學之不講③，聞義不能徙④，不善不能改，是吾憂也。

①德：就是「得」，指道理實得於我心。
②修：修養、整治。
③講：講論、研究。
④徙：遷徙、遵循。

德行不努力修養，學問不用心講求，聽到義理不能遵循，有了過錯不能悔改，這四件事是我所擔憂的。格物、致知是講學，誠意、正心、修身是修德。博學、審問、愼思、明辨是講學，篤行是修德。修德是根本，爲了修德，才去講學。至於徙義、改過，則是修德的細目。徙義，是自己做這件事並不十分妥當，看到別人做得恰到好處，就把自己遷到合宜的地方。而不善，則是全然不對，須徹底改換才行。聞義，還不是有過，只是不能遷徙得更恰當罷了。至於不善，則是有過而不能改，那危害就大了。

不憤不啓①，不悱不發②。

① 不憤不啓：憤，心想求通而未得的意思。啓，啓迪、開導。人還沒「憤」，就不去「啓」他。

② 不悱不發：悱，音 ㄈㄟˇ，嘴巴想說而說不出口的樣子。發，引導。

不是他自己想求通而未得，就不要去啓迪他。不是他想講而不能表達出來，就不要去引導他。伊川說：「必待誠至而後告知。」「憤悱」便是誠意到，「憤」是心已喻而未甚信，「悱」是口欲言而未能達。如果沒等到「憤悱」的程度，就「啓發」他，那他的理解就不會很堅固。等到出現「憤悱」現象時，再去「啓發」他，他的理解就堅如磐石了。

〈泰伯第八〉

不在其位①，不謀其政②。

①位：職位。

②不謀其政：謀，謀畫。政，該職位分管的政事。

不在那個職位上，就不謀畫那個職位所掌管的政事。這是指人各有分限，如田野之人，不得謀朝廷之政。身在此間，只得守此。一不守分限，便是侵犯別人的疆界。

〈子罕第九〉

歲寒，然後知松柏之後彫①也。

①彫：同「凋」，凋落。

到了寒冷的季節，才會知道，松、柏這種樹是最後凋落的。一般人身處在治世，也能自我修整，與君子沒啥兩樣。在衰亂之世，然後才知道君子的守正不阿，所謂「士窮見節義，世亂識忠臣」。

知①者不惑，仁者不憂，勇者不懼。

①知：音ㄓˋ，同「智」。

智者明睿，足以明理，所以不會疑惑。仁者仁厚，私欲淨盡，所以沒有憂愁。勇者至剛，配道與義，所以無所畏懼。

〈顏淵第十二〉

非禮勿視，非禮勿聽，非禮勿言，非禮勿動。

（而克己復禮的細目就是）不合於禮的不看，不合於禮的不聽，不合於禮的不說，不合於禮的不做。非禮勿視、聽，是要防止不合禮的進入吾身；非禮勿言、動，是要防止不合禮的自吾身出去。工夫只在「勿」字上。才見非禮之來，就以「勿」字禁止之；才禁止，便克己；才克己便能復禮。不惟要做到，目不視邪色，耳不聽淫聲；還要做到，「視遠惟明」，才不遠，便是不明；「聽德惟聰」，才非德，便是不聰。而「非禮勿視」，便是要在視上「克己復禮」；「非禮勿聽」，便是要在聽上「克己復禮」；「非禮勿言」，便是要在言上「克己復禮」；「非禮勿動」，便是要在動上「克己復禮」。「四勿」雖然沒提到「思」，其實，「勿」就是指思，要求我們連那個念頭都不能去動。

〈子路第十三〉

君子和①而不同②，小人同而不和。

① 和：無絲毫乖戾之心為「和」。

② 同：有阿比附和之意為「同」。

君子崇尚義理，難免有不同的意見，故常和而不可以苟同。小人偏重利欲，安得而和，但卻能阿比為同。

〈憲問第十四〉

古之學者爲己①，今之學者爲人②。

①爲己：爲，音ㄨㄟˋ。爲己，欲實得於己。將自己天生具有的善性，不斷地推擴，乃至能推己及人。

②爲人：爲，音ㄨㄟˋ。爲人，欲能見知於人。不向內求索，而致力於博聞強記，想以華章麗辭來向他人炫耀。

古時的學者，一心向學，乃能明其明德，終至安百姓，平天下。現在的學者，捨本逐末，只能尋章摘句，賣弄文才，卑陋甚矣。這就是「爲己之學」與「爲人之學」的區別，孔子在闡論學者的用心得失之際從沒有如此切要！學者在「爲己」「爲人」之間要辨明，而隨時省察，這樣爲學就不會走上歧途了。

君子恥其言而過其行。

君子謹言慎行。言不敢盡，常要有餘，而以「言過其行」爲恥。

〈衛靈公第十五〉

君子固窮①，小人窮斯濫②矣。

① 固窮：固然有窮困的時候。

② 斯濫：斯，猶則。濫，氾濫，言不循正道而行。

君子固然有窮困的時候，但能處困而亨，無所怨尤。《周易》困（䷮）卦卦辭說：「困，亨，貞，大人吉，无咎，有言不信。」唯獨有大德的人才能處困而亨，固守正道。至於小人一遇到困境，爲了脫困而無所不用其極，反而困上加困。

志士仁人①，無求生以害②仁，有殺身以成③仁。

① 志士仁人：志士，有志節的人。仁人，有仁德的人。在殺身成仁這個問題上，志士與仁人的分別在於：志士是慷慨就義，仁人是從容就義。

② 害：傷害。

③ 成：成就。

志士仁人不會為了保全生命而傷害仁德，卻會為了成就仁德而犧牲生命。其實，死生乃人生一大關節。學者須是於平常，不問事之大小，都要做到即於義理之安，然後臨死生之際，才能安然處之。假如平常應事接物，義理合當如此都不能堅持，到臨大節時，沒有不可奪的！

躬自厚①而薄責於人，則遠怨矣。

① 躬自厚：躬，自身。躬自厚，厚責於自身，責了又責，積而不已的意思。

人之所以會遭別人怨咎，只因不會深自反省，卻責望於別人太多。要眞能厚於責己，而薄於責人，則身益修而人易從，因而遠離怨咎。

君子疾①沒世②而名不稱③焉。

① 疾：憂慮、擔心。
② 沒世：沒，同「歿」。沒世即去世。
③ 稱：音 ㄔㄥˋ，相稱。

君子深怕生前德業無成，死後得到的評價「名」過於「實」，「名」與「實」不能相稱。因此在有生之年一定要即時進德修業，不要將寶貴的光陰虛擲於無關緊要的事上。

君子求諸①己，小人求諸人。

① 求諸：求，干求。諸，連詞，「之於」兩字的連讀。

君子行有不得，則反求諸己；小人不知反求諸己，而是事事求諸人，故違道干譽，無所不至。

子貢問曰：「有一言①而可以終身行之者乎？」子曰：「其恕乎！己所不欲，勿施於人。」

① 一言：一個字。

子貢提問說：「可有一個字可以終身奉行不渝的嗎？」孔子說：「那大概就是『恕』字

吧？自己所不要的事，不要施加到別人身上。」平常孔子總是忠恕並舉，其實，分開來說，有忠而後有恕；單獨提恕，則忠已在恕中了。若不能恕，則其無忠可知。恕是忠的發用，若無忠，便做不出恕來。

過而不改，是謂過矣。

有了過錯而不能改正，那就眞的過錯了。過而能改，那就復歸於無過，善莫大焉。

有教無類。

人人都可教化，沒有貧富、貴賤、賢不肖的分別。

〈季氏第十六〉

見善如不及①，見不善如探湯②。

① 不及：趕不上。

② 探湯：探，音ㄊㄢ，嘗試。用手觸碰滾燙的熱水，必急速抽離。

看見好事，就想快點跟上，唯恐自己趕不上。見到不好的事，便急忙躲開，就像用手觸摸滾燙的熱水時要急速抽離。「見善如不及，見不善如探湯。」這句古代成語，旨在勉人即時行善，快速遠離不善。

《孟子》（沒有特別的註記，就是孟子講的話）

〈梁惠王上〉

王①何必曰利？亦②有仁義而已矣！

①王：指梁惠王，即戰國時期魏侯罃（一ㄥ）。本來魏國都城在安邑，由於接近秦境，後遷於大梁（今河南開封附近），故「魏」又稱「梁」。罃僭稱王，卒諡惠，因此稱梁惠王。當時處戰國初期，齊、梁互相稱「王」。春秋時代只有荊蠻地區的楚國稱王，以及後來東南地區的吳、越稱王。自此以後，戰國七雄相繼稱王，而原本只有周天子才能稱王，其地位自此一落千丈。罃曾大招賢士，故孟子前往，但所見不合，旋即離梁赴齊。其時當在周慎靚王元年（西元前三二零年），次年惠王即薨。

②亦：但。

君王何必談利呢？在我這裡，但有仁義而已矣！這句話是《孟子》一書的開篇之作。周初施行封建，號稱萬國，經過春秋時期三百年的禮崩樂壞，「禮樂征伐自諸侯出」，但至少還有五霸在高唱「尊王攘夷」，主持國際正義。但自春秋轉入戰國的那六、七十年間，經過無數的戰亂與燒殺擄掠，血流成河，互相兼併，結果只剩下聊聊十餘國。而戰國七雄的國君，競相發展軍備，開疆闢土，奴隸百姓。其目的就在於富國強兵，以擴張領土來滿足自己無窮的嗜欲罷了！因此他們念茲在茲的，就是「有以利吾國乎？」孟子有見於此，就給梁惠王來個當頭棒喝：「亦有仁義而已矣！」他以受盡苦難的亂世百姓的代言人自居，要求人君，行仁政，反霸道，視民如傷，愛民如子。這眞不愧是爾虞我詐的亂世中，湧出的一股清泉，是驚天地、動鬼神的一股浩然正氣！

仁者無敵。

仁者無敵於天下。孟子引述這句古語，旨在說明，有仁德的人，就算只是一個「方百里」小國的君主，也可以無敵於天下。他施行仁政，「省刑罰，薄稅斂」，讓百姓可以「深耕易耨」；在農閒時，教育百姓懂得「孝悌忠信」，「入以事其父兄，出以事其長上」。這樣就可使他們即使只提者木棍，也可以對抗秦、楚等強國的「堅甲利兵」了。反之，秦、楚等強國的君主，擅奪民時，百姓不能耕耨，以奉養父母，致「父母凍餓，兄弟妻子離散」，好似把百姓推入陷坑、淹進深水一樣。這些國家的百姓怨恨他們的君主，要是有仁德的君主在此時為解救深陷水火之中的百姓於苦難之中，而出兵征討，誰能與他抗衡？

〈梁惠王下〉

惟仁者為能以大事小，惟智者為能以小事大。

唯獨有仁德的人，能以大國去事奉小國；唯獨睿智的人，能以小國去事奉大國。

國君進賢，如不得已①，將使卑踰尊，疏踰戚，可不慎與②？

① 如不得已：要十分慎重，像是出於萬不得已。
② 與：通「歟」。

國君進用賢才要十分慎重，像萬不得已一般，因為進賢可能會使卑賤的超越尊貴的，疏遠的超越親近的，這怎可不慎重呢？務必要做到：左右近臣都稱讚他賢明，不可輕信；諸位大夫都稱讚他賢明，還是不可輕信；就算全國百姓都稱讚他賢明，仍然要去考察他，發現他的確賢明後，才能任用他。這是因爲有些人取悅於俗，而爲眾人所悅；但也有人特立獨行，而爲世俗所憎。因此，務必親自查證，而確認其確實賢明，然後才敢舉用。如此，對賢明的人深有了解而委以重任，而虛有其名的不肖之徒則斷了倖進之途，這才是「進賢如不得已」啊！

〈公孫丑上〉

以不忍人之心①，行不忍人之政。

① 不忍人之心：安於不仁爲忍，反之就是不忍。不忍人之心，就是不忍害人的仁心。

本著不忍害人的仁心，施行不忍害人的仁政。孟子在此點出了爲政者最需要的人格特質。人性的缺點是欲壑難填，一有權力就會爲所欲爲，其結果是，胡作非爲。就像艾克頓爵士的名言：「權力使人腐化，絕對的權力使人絕對的腐化。」而能擁有絕對、不受限制的權力的人，在一國之內非國君莫屬。因此，賢明的國君，非但能節制自己的欲望，更能以「愛民如子」的心來治國，這就是「以不忍人之心，行不忍人之政」。

〈公孫丑下〉

天時不如地利①，地利不如人和②。

① 天時不如地利：天時，指作戰時要選擇對己方最有利或對敵方最不利的時機。地利，指山川城池的險阻堅固。

② 人和：指君臣同心，君民一體，將士用命。

影響戰爭勝負的因素，天時不如地利重要，地利則不如人和重要。孫子兵法將影響戰爭勝負的主要因素，歸納爲五項：道、天、地、將、法。「將」「法」涉及統帥的素質與軍中紀律、法制的貫徹能力。而「道」「天」「地」三項則與孟子的「人和」「天時」「地利」相對應。換句話說，孟子與孫子認爲影響戰爭勝負最關鍵的因素是政治，也就是能愛護百姓、執法公正、政治清明的一方，總的來說，就是獲勝的一方；反之，荼毒百姓、賞罰不公、政治昏暗的一方，就是敗北的一方。因爲政治清明自然人和，就能眾志成城，天下沒有戰不勝的敵人；反之，政治昏暗自然人心離散，就算能逞強一時，終究還是要兵敗如山倒。這就是孟子所說：「得道者多助，失道者寡助。寡助之至，親戚畔之；多助之至，天下順之。以天下之所順，攻親戚之所畔；故君子有不戰，戰必勝矣。」

〈滕文公下〉

富貴不能淫，貧賤不能移，威武不能屈①，此之謂大丈夫②。

① 富貴⋯⋯不能屈：淫，蕩其心。移，變其節。屈，挫其志。

② 大丈夫：有大志而能擔重任的男子漢。

再多的財富、再高的爵位也不能動搖他的心念；無論如何的貧窮、地位如何的卑微，也不能改變他的節操；再大的權勢也不能屈撓他的志氣。像這樣的人，才是眞正的大丈夫！這是孟子回應縱橫家景春的講話。景春推崇張儀「一怒而諸侯懼，安居而天下熄」，似乎可稱爲大丈夫。孟子則譏諷這些縱橫家，其實，與「妾婦」無異，因爲「以順爲正者，妾婦之道也」。所謂「妾婦」是指出嫁的女子，要順承丈夫，不得違背丈夫的心意，而將順從當作正道，這就是做人妻妾的道理。而像張儀這些縱橫家，只知投諸侯之所好，不問是非善惡，縱使他們得志橫行，氣燄可畏，但這與「妾婦」哪有不同，怎可稱爲「大丈夫」?!

〈離婁上〉

徒善不足以爲政，徒法不能以自行①。

① 徒善…自行：徒，猶「空」。光有其心而無其政，是爲徒善。光有其政而無其心，是爲徒法。自行，自己發生作用。

空有仁心的善意而不施行仁政，就不足以治理好國家。空有仁政的措施，而沒有相應的仁心，仁政也不能自行發揮作用。伊川先生就說：「爲政須要有綱紀文章，謹權、審量、讀法、平價…皆不可闕。」又說：「必有〈關雎〉〈麟趾〉之意，然後可以行周官之法度。」

古者易子而教①之，父子之間不責善②，責善則離③，離則不祥莫大焉。

① 易子而教：易，交換。古人不親自教育兒子，而是與人交換兒子來施教。
② 責善：以善道責求對方，這本是交友之道。
③ 離：疏離。

古時候的人，兒子長到十五、六歲的時候，就會彼此交換兒子來施教。因爲父子之間不宜以善道互相責求，一互相責求就會隔絕親情。隔絕親情，父子反目成仇，世間沒有比這更不祥的事了。易子而教，正所以顧全父母之恩，而也不失教養的目的。交朋友是爲了輔德，故朋友之間有責善之道。由於朋友可以選擇，所以才要親近益友，遠離損友，這都是爲了輔德。父子是命定的，不能選擇。兒子品德不好，只能怪自己在他年幼時沒教導好，兒子長大了再來責善，那親情就難以維繫了。要是父親的品德不好，當兒子的只能微諫，不從則止，然後再以孝心、耐心來感動父親而已，豈宜動氣諍諫？

人不足與適①也，政不足（與）閒②也。惟大人爲能格君心之非③。君仁莫不仁，君義莫不義，君正莫不正。一正君④而國定矣。

①人不足與適：適，音ㄓㄜˊ，通「謫」，咎責的意思。人，國君所任用的人。謂國君用人不當，不必認眞咎責。

②政不足（與）閒：閒，音ㄐㄧㄢˋ，同「間」，間隙，非毀。謂國君採行的措施不妥，不必一一非議。朱子認爲「間」字上也當有「與」字。

③惟大人爲能格君心之非：惟，只有。大人，有大德、大才的人。格，匡正。非，錯誤。

④一正君：一，只要。正，動詞。只要能匡正國君的心。

國君用人不當，不必一一責備；施政不妥，也不必一一批評。唯獨有大德、大才的人，才能匡正國君心中的邪非。國君充滿不忍人之心，誰敢不仁？國君眞誠篤守信義，誰敢不義？國君所思，無不合於正道，誰敢不正？只要能匡正國君的心，使重歸於正，那整個國家就可歸於平治了。其實，天下的治亂繫乎一、二人心之所向而已，尤其是取決於當權者心術的正不正，與有無仁心而已。人君心術不正，一定會對國政有害，不必等待到他採取政策施爲後，才表現於外。這就是爲何孟子一開始三次會見齊王不談國事，以致門生弟子疑惑。孟子說：「我先攻其邪心。」只有國君的心思復歸於正道，國政才可理順。否則，施政不妥，用人不當，縱使再睿智的臣子能改正，再耿直的臣子能進諫，而國君的邪非之心卻一直還在那裡作祟。那麼不妥的施政，一一更正之後，仍會有不妥的施政，永遠更正不完；不當的人事，一一除去之後，還是會得到再起用，永遠也去除不了。所以輔助國君，貴在能匡正國君心中的邪非，而後才能無所不正。而想格君心之非的人，本身就須要正氣凜然，思無邪念，行無不正，這唯獨有大人之德的人才能承擔得起啊！

〈離婁下〉

君之視臣如土芥①，則臣視君如寇讎。

① 土芥：泥土與草芥，喻極賤之物。

假使國君把臣子看成土芥，可以任意踐踏，臣子就會把國君看成盜賊仇敵，深予痛恨。其實，人與人之間「出乎爾者，反乎爾者也」，想要別人對自己好，自己就得對別人好，這也是一種恕道。豈止君臣之間如此，父子、夫婦、兄弟、朋友之間莫不如此。只是考慮到對於國政的影響，營造良好的君臣關係尤爲重要。

大人者，不失其赤子之心①者也。

① 赤子之心：赤子，嬰兒。嬰兒初生色赤，故稱赤子。赤子之心，謂嬰兒純潔無邪之心。

有大德的人，就是能保有像初生嬰兒那顆純眞無邪之心的人啊！大人之心是通達萬變的，而赤子之心則純一無僞。大人之所以能成爲大人，正以他不爲外物所誘，而有以保存其純一無僞的赤子之心，並不斷推擴它，以至於無所不知、無所不能，而與天地並參而立。

君子所以異於人者，以其存心①也。君子以仁存心，以禮存心。

① 存心：存，在。在心，即省察自己內心的意思。

君子與一般人所以不同，就在他能省察自己的本心。君子隨時以仁德省察本心，以禮節省察本心。有仁德的會愛護別人；有禮節的會敬重別人。孟子在此指出，君子處世之道，始終離不開恕道。人無不希望別人能對自己好，那你就得先對別人好。你希望別人愛敬你，你就得先愛敬別人。反之，你對別人不愛敬，而希望別人能愛敬你，這就與緣木求魚無異！儒學的可貴正在於此，切忌「舍其田而芸人之田，所求於人者重，而所以自任者輕」，而是要凡事「行有不得，反求諸己」。一切的問題，千萬不要像一般人那樣老是怨天尤人，而是要從自己身上找到問題的根源，這就是「自天子以至於庶人，壹是皆以脩身爲本」的道理。

君子有終身之憂①，無一朝之患②也。

① 終身之憂：憂心不如堯、舜，故無時不以爲憂，自強不息，不敢稍怠。

② 一朝之患：朝，音ㄓㄠ，朝夕的朝。喻突如其來的災禍。

君子有一輩子的憂慮，卻不會在乎一時的禍患。一個有德君子所擔憂的絕不是買不起豪宅，穿不起名牌，而是自己的品德修得如何。同樣都是五行之秀、萬物之靈，爲何舜能「爲法於天下，可傳於後世」，而我們卻「未免爲鄉人」？只因爲我們沒有用心去推擴得之於天的善良稟性，也就是仁、義、禮、智這四端，沒有將這些善性推擴到極致，因此沒辦法成爲堯、舜般的聖人。一定要終日乾乾努力於推擴天生的善性，唯恐沒有盡力做好，這就是君子的「終身之憂」。至於「一朝之患」，並非由於自己的過錯與疏忽造成的，那只能委諸天命，無須憂慮。

〈告子上〉

仁義禮智①，非由外鑠②我也，我固有之也，弗思耳矣。

①仁義禮智：仁，指人人都有惻隱之心。義，指人人都有羞惡之心。禮，指人人都有恭敬之心。智，指人人都有是非之心。

②外鑠：鑠，音ㄕㄨㄛˋ，以火銷金，自外以至於內。由外面所賦與。

人天生的善德，就是仁、義、禮、智，並不是從外面賦與我的，而是我自己所固有的，只是沒有認眞去思索罷了。

心之所同然者何也？謂理①也，義②也。聖人先得我心之所同然耳。故理義之悅我心，猶芻豢③之悅我口。

① 理：條理、規律，不隨個人意志而轉移的道理。
② 義：合宜、適中。
③ 芻豢：芻，音ㄔㄨˊ，草食的家畜，如牛、羊。豢，音ㄏㄨㄢˋ，雜食的家畜，如豬、狗。

人心所相同的是什麼？就是「理」，就是「義」。聖人只是比我們先得到人心所相同的理、義罷了。所以理、義可以使我們心靈愉悅，就像家畜能使我們的口腹之欲得到滿足一樣。

故苟得其養，無物不長；苟失其養，無物不消。

所以如果能得到培養，任何生物都能成長得好；如果失去培養，任何生物都會逐漸消亡。

是故所欲有甚於生者，所惡有甚於死者，非獨賢者有是心也，人皆有之，賢者能勿喪①耳。

①喪：亡失。

所以我們所欲求的有超過生命的，所厭惡的有超過死亡的。不只賢明的人有這種心，而是每個人都有啊！只是賢明的人能保有這種心，不使它喪失罷了。

哀哉！人有雞犬放①，則知求之；有放心，而不知求。學問之道無他，求其放心而已矣。

①放：失掉。

多麼可悲啊！人有雞狗走失了，就知道去找回來；而自己的本心丟失了，反而不知道去找回來。做學問的方法沒有別的，只是將走失的本心找回來罷了。本心乃一身之主，至爲重要，而雞狗乃至輕之物。雞狗走失了，就知道要去找回來；本心丟失了，反而不知道去找回來。這不是珍愛無關輕重的身外之物，反而遺忘了至爲寶貴的本心嗎？只是懶得去思考罷了。學問之事，包羅萬象，何止一端？但其方法則在於找回這顆走失掉的本心而已。只有將本心找回來，自會志氣清明，義理昭著，日漸上達；否則，此心昏昧放逸，就算整天忙著做學問，也不能有顯著的長進。所以程夫子才會說：「聖賢千言萬語，只是欲人將已放之心，約之使反復入身來，自能尋向上去，下學而上達也。」

古之人修其天爵①，而人爵②從之。今之人修其天爵，以要③人爵；既得人爵，而棄其天爵，則惑之甚者也，終亦必亡而已矣。

① 天爵：爵，祿位的等級。上天所賦予的爵位。指仁義忠信這些素質，乃自然可貴，人努力多少，就會獲得多少，不假外求。

② 人爵：世俗上所獲得的爵位，如古代的公卿大夫，現代的各種官職、頭銜、學歷。要獲得人爵，除了自己努力外，還要很多社會現實條件的配合。

③ 要：音 一幺，求。

古時候的人，努力修持好上天所賦予的品德才幹，世俗的名位自然跟著來。現代的人修持天爵，爲的是追求世俗的功名利祿；當取得人爵之後，就捨棄了天爵，這眞是糊塗透頂，如此那已得的人爵，終也必將丟失。其實，「修其天爵」乃我們做人的本份，「人爵從之」乃不待求而自至。「修其天爵，以要人爵」，已經夠迷糊了；「既得人爵，而棄其天爵」，則更加糊塗了，其結果必然是連已得到的人爵都保不住！這就是放失本心，逐於外物，終而本末倒置的鮮明例子。

〈告子下〉

堯舜之道，孝弟而已矣。

堯舜的道理，不過是孝悌兩字罷了。

〈盡心上〉

盡其心①者，知其性②也。知其性則知天③矣。存④其心，養⑤其性，所以事⑥天也。殀壽不貳，修身以俟之⑦，所以立命⑧也。

① 心：人的神明所在之府，能具備眾理而回應萬事。

②性：人所稟受於天的本性。
③天：天道，天下之理無不本源於天。
④存：操持而不捨去的意思。
⑤養：順其本性而不相害的意思。
⑥事：事奉。
⑦殀壽不貳，修身以俟之：殀，音一ㄠˇ，短命而死。壽，長壽。貳，疑。俟，音ㄙˋ，等待。之，指殀或壽。
⑧立命：樹立天命。

讓我們的本心能全盡其具眾理、應萬事的作用，就能知道我們受之於天的本性。能知道我們的本性，就可了知天道。操存這個本心而不捨，順養這個本性而不以私意危害它，就是事奉天道。生命的長短，根本不用疑慮，重要的是，要用心修養自己的身心，靜待天命的到來，這就是在樹立天命。這是盡心篇的第一章，也是孟子心性論的開篇之作，對理學，不論是程朱或是陸王都有極爲深遠的影響。朱子認爲，「不窮理則有所蔽，而無以盡乎此心之量。故能極其心之全體而無不盡者，必其能窮夫理而無不知者也。既知其理，則其所從出亦不外是矣」。朱子直接以「知性」爲《大學》的「物格」，以「盡心」爲「知至」。他認爲，「盡心、知性而知天，所以造其理也。存心、養性以事天，所以履其事也。不知其理，固不能履其事；然徒造其理而不履其事，亦無以有諸己矣。知天而不以殀壽貳其心，智之盡也。事天而能修身以俟死，仁之至也。智有不盡，固不知所以爲仁；然智而不仁，則亦將流蕩不法而不足以爲智矣」。

清初毛奇齡並不同意這種看法，他認爲「知性非物格，盡心非知至」。他主張，「知天」是「盡心之量而無所闕，則知心所自來，性所從出，此誠而明者」；「事天」是「存心養性，言從乎此」；「立命」則更降一等，因爲是「修生俟死，困勉終身」，所謂「命」，是指「從天之命我者，使不殞身」。毛奇齡認爲「知天」「事天」「立命」乃孔孟論學的三個層次，分別爲生知安行，學知利行，困之勉行。毛奇齡晚年作《四書改錯》，對朱子攻擊不遺餘力，但大多集中在訓詁、考據方面，於義理發明的貢獻極爲有限，根本動搖不了朱子《四書章句集注》的威信。但對於〈盡心〉首章的解釋，實爲毛奇齡在義理上難得一見的發明，頗值參考。

夫君子所過者化①，所存者神②，上下與天地同流。

① 夫君子所過者化：夫，音ㄈㄨˊ，助詞。君子，在此爲聖人的通稱。所過者化，謂他所經過

的地方，無不被其感化。

② 所存者神：謂心所存念的地方，就神妙莫測。

因此聖人所經過的地方，百姓無不受到感化；其心所存念的地方，就神妙莫測。他的德業十分盛大，簡直上下都可以與天地共同流行。孟子在此指出，王道之所以爲大，不像霸道只能小小補塞一些罅漏而已。因爲霸道只是假仁義之名，違道干譽，乃是有所爲而爲，豈能持久？至於王道則無不出於仁義，自然天成，無所作做，既不令人喜，也不令人憂，百姓「日遷善而不知爲之者」，這是爲政的最高境界。

故觀於海者難爲水，遊於聖人之門者難爲言①。

① 故觀…爲言：聖人，指孔子。遊，遊學，指出外拜師求學。難爲水、難爲言，即難乎其爲水、其爲言的意思。

所以觀看過大海的人，認爲其它河、湖都難以和大海相比；遊學過聖人門下的人，認爲其它流派的言論都難以和聖人之言相比了。這是在說明聖人之道至爲弘大，所見既大，則其小者就不足觀了。

形色①，天性②也；惟聖人，然後可以踐形③。

① 形色：形，指人的形體。色，指人的容貌面色。「形」字重，「色」字輕，「色」便在「形」裡面，故下文只說「踐形」。

② 天性：上天所賦與的本性。

③ 踐形：踐，如踐言之踐。形，此「形」包括「色」，是指這有形色的東西，如腳著著實實踩踏著，使其充分發揮作用，而沒有絲毫的缺憾。踐形，充人之形。如耳是形，必盡其聽，然後能踐耳之形；目是形，必盡其明，然後能踐目之形。

人的形體容色是上天所賦與的本性。只有聖人才能將此形體容色發揮得淋漓盡致。上天賦與人生命，人從上天得到形體容色，我們的耳、目、口、鼻無不具有特定的作用：耳就得無有不聽，目就得無有不明，口就得盡別天下之味，鼻就得盡別天下之嗅。聖人與常人一樣。只是眾人有氣稟之偏，物欲之累，雖同是耳，卻不足於聽；雖同是目，卻不足於明；雖同是口，卻不足以別味；雖同是鼻，卻不足以別嗅。雖有是形，惟其不足，故不能充踐此形。只有聖人耳則十分聰，而無一毫之不聰；目則十分明，而無一毫之不明；至於口、鼻莫不皆然。惟聖人如此，方可以踐此形；惟眾人如彼，自不能踐此形。程夫子對這段話如此詮釋：「聖人盡得人道而能充其形也。蓋人得天地之正氣而生，與萬物不同。既爲人，須盡得人理，然後稱其名。眾人有之而不知；賢人踐之而未盡；能充其形，惟聖人也。」聖人完全得到人之所以爲人的道理，所以能充分體現出人天生所應有的形色。因爲人本就是五行之秀，只有人才能得到天地的正氣而生，其他萬物所得到的陰陽五行之氣既偏且不全。既然有幸爲人，就應盡一切所能，得到人之所以爲人之理，然後才能名實相稱。一般凡夫俗子，徒有人的形色而不知踐形；賢明的人雖然知道踐形，卻不能充分做到極致；只有聖人才能做到。顏元也說：「人不能作聖，皆負此形也。人至聖人，乃充滿此形也。」正因爲「惟聖人，然後可以踐形」，所以孔門弟子在編纂《論語》時，特別在〈鄉黨〉篇收錄聖人日常生活起居中「形色」的點點滴滴；而朱子在編纂《近思錄》時，特別在最後一卷〈聖賢氣象〉，收錄足以體現聖賢「形色」的文字，以爲後學學習的榜樣。其實，耳、目、口、鼻不能思考，對人來講，只是「小體」，而只有聖人才可以「踐形」。至於能夠思考的心，則是「大體」，但也只有聖人才能「盡心」「知性」「知天」，這卻又是不能不知的！所以戴震才會說：「踐形之與盡性、盡其才，其義一也。」

〈盡心下〉

民爲貴，社稷①次之，君爲輕。

① 社稷：社，土地之神。稷，音ㄐㄧˋ，五穀之神。古代立國時，政事堂的東面設社壇，西面設稷壇，因此以社稷象徵國家。

百姓最重要，國家其次，國君是最爲無關緊要的。孟子早在兩千四百多年前就提出「民貴君輕」的民本思想，而歐洲最早提出與此類似的「國民主權」思想的則是五百年前西班牙的薩拉曼卡學派（School of Salamanca）。相較之下，孟子要比西方最先進的思想流派還要早一千九百年就提出當今民主政治、法治國家的最基本命題。其實，孟子「民貴君輕」的思想源自《尚書》中的「民爲邦本，本固邦寧」，「天視自我民視，天聽自我民聽」，而且也受到孔子的啓發。「國民主權」在法國大革命後才取代了「君王主權」，而成爲時代的潮流，但這已是最近兩百多年的事了。所謂「主權」，是指至高無上的權力，「國民主權」認爲，國家的最高權力屬於國民全體，國家是爲國民而存在，不是國民爲國家而存在。國家要保護國民生命、財產的安全，維護國民的正當權益。管理國家的統治者要得到被統治者的同意。如果統治者沒法忠實履行職務，被統治者可以換掉統治者。這個思路不就是孟子所說的「諸侯（按即統治者）危社稷（按即國家），則變置」嗎？而孟子這種「民貴君輕」的思想早就浸熟灌透入中華民族的靈魂深處，爲商湯與周武王的革命乃是順天應人的正當性提供了堅實的理論基礎，這種文化積澱可是中國傳統所獨有，它是中華民族之所以可以自豪地矗立於世界民族之林的寶貴文化資產！

《中庸》

誠者①，不勉而中②，不思而得，從容中道③，聖人也；誠之者，擇善而固執之者也。

①誠者：眞實無妄。指大道本就無須任何後天的作爲，就可眞實無妄。

②不勉而中：中，音ㄓㄨㄥˋ，契合。言無須勉力而爲，自然契合大道。

③從容中道：中，音ㄓㄨㄥˋ，契合。從容，安舒貌。言從容自在，生知安行，自然與大道契合。

天生眞誠的人，無須勉力而爲，就自然契合大道；不必用心思考，就自然得到它；從容自在，生知安行，就自然與大道契合，這樣就是聖人。努力做到眞實無妄的人，用心選擇善道，然後堅固執守此道，不敢稍有偏失。其實，聖人與大道融渾爲一，眞實無妄，不待思勉而從容中道，這就是「天之道」。對於絕大多數，還沒達到聖人境界的人而言，不能沒有人欲之私，其德行不能圓融無缺，所以未能不思而得，那就要謹慎選擇善道，然後才可以明於善道；未能不勉而中，那就要堅固執守善道，然後才可以使自己眞實無妄，這就是「人之道」。「不思而得」是「生知」的事，「不勉而中」是「安行」的事，「擇善」是「學知」、「困知」的事，「固執」則是「利行」「勉行」的事。

故君子尊德性而道問學，致廣大而盡精微，極高明而道中庸①。溫故而知新，敦厚以崇禮②。

① 尊德性…道中庸：尊，恭敬，奉持。德性，吾人所受於天的本然善性。道問學，講論學問。一般來說，漢儒、清儒的章句、訓詁，是「道問學」；而宋、明諸儒的心性、義理之學，則爲「尊德性」。合兩者之長，廣大、精微，各臻其極。但即使達到最高明的境界，仍須由乎中庸。

② 敦厚以崇禮：篤厚品德而崇尚禮節，不可徒尙空談。

因此，有德君子要恭敬持守自身的德性，還要講論學問；致力於道體的廣大，盡心於學問的精微；就算達到最高明的境界，仍須遵循中庸的法度。溫習舊學來增進新知，篤厚品德而崇尚禮節。「尊德性」是要存心而極乎道體之廣大。「道問學」是要求致知而盡乎道體之細微。這兩者是修德、凝道的關鍵。不以一毫的私意蒙蔽了自己，也不以一毫的私欲拖累了自己，涵泳乎其所已知的事，敦篤乎其所已能的事，這些都是存心的工夫。辨析事理不使有毫釐的忒差，處置事情不使有過與不及的謬誤。義理則日知其所未知，節文則日謹其所未謹，這些都是致知的工夫。因為沒有存心就無法致知，而存心又不可以不致知，所以這五句環環相扣，大小相資，首尾相應，聖賢教人入德的法門莫詳於此，學者不可不格外用心啊！

子曰：「人一能之，己百之；人十能之，己千之。果能此道矣，雖愚必明，雖柔必強。」

別人一次就能做好，我就努力一百次；別人十次就能做好，我就努力一千次。要是真能用這個方法，再愚蠢的人也會變得明睿，再懦弱的人也會變得剛強。」我們生來稟賦不如聖人，想要「自求變化氣質」而成聖成賢，那就非以「人一己百，人十己千」這種「困知勉行」、百倍其功的努力，就不足以達成。但很多人生來稟賦不高，又不肯下定決心勤奮向學，只是空想要改變氣質，而結果就自怨自艾說：「天賦本就不如人，不是學習就能改變的。」這就是放棄自己的人，也是對自己不負責任的人。

詩云：「鳶飛戾天，魚躍于淵①。」

①鳶飛…于淵：出自《詩經．大雅．旱麓》。鳶，音ㄩㄢ，猛禽，似鷹而嘴短尾長，俗稱鷂鷹。戾，達到。淵，深水處。

《詩經》上說：「仰頭看到鷂鷹飛到天際，低頭看到魚兒躍入深淵。」這是說，這個中庸之道，其大無外，其小無內，可說極其廣大，然而它所依循的義理則極爲隱微而見不到。因爲可以知曉、可以能行，乃只是此道中的一部分而已，至於此道最爲精深極致的部份，就算聖人也會有所不知、不能。

故君子居易以俟命①，小人行險以徼幸②。

①居易以俟命：居易，處於平易之中。俟命，等待天命。
②徼幸：也作「僥倖」。

所以君子自處平易，靜待天命的安排；小人則不安本分，冒險圖謀非分的好處。

詩曰：「衣錦尙絅①。」

①衣錦尙絅：衣，音ㄧˋ，穿著，爲動詞。錦，彩色的綢衣。尙，加的意思。絅，音ㄐㄩㄥˇ，同「褧」，單層的罩衫。出於《詩經．衛風．碩人》與《詩經．鄭風．丰》，皆作「衣錦褧衣」。

詩經說：「穿了彩色的綢衣，還得再加上一件單層的罩衫。」這是因爲嫌惡那綢衣的文彩太過亮麗啊！所以君子爲人之道，內斂而不外露，只在存心養性下工夫，日子一久，德行日長，自然一天天彰明起來。

四書精華中階

《大學》

大學①之道，在明明德②，在親民③，在止於至善④。古之欲明明德於天下者⑤，先治⑥其國；欲治其國者，先齊其家⑦；欲齊其家者，先脩⑧其身；欲脩其身者，先正其心⑨；欲正其心者，先誠其意⑩；欲誠其意者，先致其知；致知在格物⑪。物格而后知至，知至而后意誠，意誠而后心正，心正而后身脩，身脩而后家齊，家齊而后國治，國治而后天下平⑫。自天子以至於庶人⑬，壹是⑭皆以脩身爲本。

① 大學：古時教育分爲小學與大學。小學是小人之學，是教導一般將來從事農、工、商等行業的百姓懂得如何順從長上、服從政令的學問，其教學內容包括書寫、算術、灑掃、應對、進退等禮節。而大學則是大人之學，也就是君子之學，是教導將來從事「士」這個行業的人，也就是從事教書、爲官的士人，如何治國平天下，如何「爲王者師」，甚至要能「格君心之非」。優秀的子弟升入大學後，才教以窮理、正心、修己、治人的道理。

②明明德：第一個「明」是動詞，第二個是形容詞。明德，是與生俱有的光明德行。明明德，把後天的人欲去除，使原有的光明德行明亮起來。

③親民：程朱學派向來將「親」解為「新」。親民，使百姓能日新又新，進進不已。而王陽明則主張將「親」字解為「親近」。親民，親愛其百姓。値得注意的是，清代乾嘉學派的先驅，康熙朝的毛奇齡，以陽明學者自居，對朱子的《四書章句集注》批評不遺餘力，但在他晚年的代表作《四書改錯》中，有關朱子將「親民」解為「新民」一事則不置一語，默然接受。

④止於至善：止，到達、停留的意思。至善，完美的境界，最終的目的。

⑤明明德於天下者：使通天下的人都能明其明德。天下，在周代為所有諸侯國再加上周天子近畿的總稱。而諸侯國又分為公、侯、伯、子、男五等爵位。

⑥治：音ㄔˊ或ㄓˋ。先「治」、欲「治」讀ㄔˊ；國「治」、末「治」讀ㄓˋ。

⑦欲治其國者，先齊其家：國，原指諸侯國，其封地由方百里到方五十里不等。家，指卿、大夫之家，除其家人、幫傭外，還包括在他的封地上勞動的農民。

⑧脩：通「修」。

⑨正其心：使心無邪念。

⑩誠其意：誠，實。意，心之所發。言心之所發，無不誠實。

⑪ 致知在格物：致，推到極致。知，知識。致知，推擴我的知識，欲其所知無不盡。格，至。物，事。格物，窮至事物之理，欲其極處無不到。

⑫ 物格…天下平：反覆闡明上文的意思。修身以上，是明明德的事；齊家以下，是親民的事。后，同「後」。

⑬ 庶人：沒有爵祿的平民百姓。

⑭ 壹是：一切。

大學所講的道理，在於明亮自己本有的光明德行；在於使百姓能日新又新，進進不已；在於使明明德和親民的成就能達到完美的境界。……古時想要使通天下的人都能明其明德的人，一定要能先將自己的封國治理好；想要將封國治理好，就得先使自己的家庭和睦；想要使家庭和睦，就得先將自己本身修養好；想要修養好自身，就得先端正自己的心地；想要端正自己的心地，就得先誠實自己的意念；想要誠實自己的意念，就得先推擴自己的知識；想要推擴自己的知識，就在於能窮究各種事物的道理。事物的道理窮究明白了，知識便達到極點；知識達到極點，然後意念才能誠實；意念誠實，然後心地就端正；心地端正，然後自己就修養好了；自身修養好了，然後家庭就和睦了；家庭和睦，然後國家就可以治好了；國家治好，然後天下就可以太平了。上自天子，下至平民百姓，通通都要以修身為本。

《大學》原是《小戴禮記》的第四十二章。《大學》的作者雖還不能完全確定，但絕對是儒家思想中最有代表性的著作，尤其本章，言簡意賅，闡述一套極爲弘偉的內聖外王之道，將儒家所堅持的「先修己，方能治人」的思路完整表達出來。難怪朱子教人讀書時，都要人「先讀《大學》，以定其規模」。大學之道有三綱領、八條目：三綱領就是「明明德」「親民」和「止於至善」；八條目則是「格物」「致知」「誠意」「正心」「修身」「齊家」「治國」「平天下」。要先能自明其明德，才能以身作則，使百姓的德行也日新又新；從而要求「明明德」與「親民」能達到完美的境界。而八條目之中的格、致、誠、正都是爲了修身，齊、治、平則是身修之後自然會有的效果。易言之，八條目就是以修身爲中心：格、致、誠、正是內聖的工夫；齊、治、平則是外王的成就。內聖功夫重在修養自己，明其明德；外王成就顯現在治國、平天下，「修己以安百姓」，這就是「親民」。

所謂誠其意者，毋①自欺②也。如惡惡臭，如好好色③，此之謂自謙④。

① 毋：音ㄨˊ，禁辭，不要。

② 自欺：欺騙自己。

③ 如惡…好色：上一惡字，音ㄨˋ，厭惡。上一好字，音ㄏㄠˋ，喜好。厭惡難聞的氣味，喜好

美好的顏色，都是發自內心的自然感受，沒有任何的人爲作做。

④ 謙：謙，音ㄑㄧㄝˋ，通「慊」，愜意。

所謂「誠其意」，就是不要欺騙自己，就像厭惡難聞的臭味，就像喜愛美好的顏色，眞誠反應自己的感受，不夾雜任何的私意作做，這叫做自足愜意。這就是說，想要修身的人，要能遷善改過。那就要眞正用其心力，不可自欺，使他厭惡不善就如討厭惡臭一般，喜愛善德、善行，就如喜好美色一般。凡是不善的，都堅決除去；凡是美善的，都堅決求得。這樣就可以自快於己，不會苟且隨俗而遷就別人了。

富潤屋，德潤身，心廣體胖①，故君子必誠其意。

① 心廣體胖：胖，音ㄆㄢˊ。安適舒泰。言心無愧怍，則廣大寬平，而體常舒泰。

富有的人用錢財裝修住屋，有德的人用善德修養身心，內心廣大寬平，形體自然舒泰。所以君子一定要使自己的意念誠摯無欺。

故好而知其惡，惡而知其美者，天下鮮①矣！故諺②有之曰：「人莫知其子之惡，莫知其苗之碩③。」

① 鮮：音ㄒㄧㄢˇ，極少。

② 諺：俗語。

③ 碩：音ㄕˊ，壯大。

所以喜愛這個人而能知道他的缺點，憎恨這個人而能知道他的優點，天下是少有的了。所以有這麼個俗語：「人從不知自己兒子的缺點，從不知自己禾苗的碩壯。」天底下能夠「好而知其惡，惡而知其美」的人，可說少之又少，只有十分明理的人才做得到。一般人容易感情用事，喜歡上一個人就只會看到他的好處，至於他的缺點就視而不見；討厭一個人就只會看到他的缺失，至於他的長處就視若無睹。所謂「溺愛者不明，貪得者無厭」，由於溺愛，才會不知「其子之惡」；由於貪得，才會不知「其苗之碩」。這就是本心不能保持中正不偏的弊病，這也正是人何以要學習的理由，只有經由學習，人才能從主觀、片面、感性中逐漸解放出來，依循義理來論斷是非、自定行止。

未有學養①子而后②嫁者也！

① 養：撫養。

② 后：同「後」。

從來沒有先學會了撫養小孩，然後才出嫁的啊！這是在鼓勵大家，要勇於力行。只要有心愛護嬰兒，嬰兒雖然不會說話，但只要能夠誠心去推求他的意願，好生撫養他，那麼，雖未能事事猜中，卻也能八九不離十，因此不必先「學養子而后嫁」。

是故君子有諸己，而后求諸人①。無諸己，而后非諸人。所藏乎身不恕，而能喻諸人者，未之有也。

① 有諸己…而后非諸人：諸，作「於」解。后，同「後」。

所以在位的君子要先使自己有仁德義行，而後才能要求別人有仁德義行；自己沒有惡德惡行，而後才能糾正別人的惡德惡行。自己本身沒有躬行推己及人的恕道，而能使別人行恕道的，是從來沒有的事。這裡重申儒家的基本主張，那就是凡事「反求諸己」，道德律令不是拿來要求別人的，而是要求自己身體力行，要先有善於己，然後才可以責人行善；要先無惡於己，然後才可以正人之惡。這都是推己及人之道，也就是「己所不欲，勿施於人」的恕道。

是以君子有絜矩之道①也。

① 絜矩之道：絜，音ㄒㄧㄝˊ，作「度」解。矩，作方形的工具。指上行下效，人心所同，所以君子要以人心之所同，推以度物，使彼我之間各得其分，則上下四旁無不均齊方正，而天下可平。

所以在位的君子要躬行「絜矩之道」，要以同理心推己及人，使人人各得其分，則上下、前後、左右就能均齊方正，紛爭自能消彌於無形。我不希望長官對我無禮，我也以此揣度下屬的心理，因而也不能以無禮的態度來使令他們；我不希望下屬對我不忠，我也要以此揣度長官的心理，因而也不敢以不忠的態度來事奉他。至於與前後、左右的關係，無不是同樣的道理。如此則我們身體所處的上下四旁，長短、廣狹，彼此如一，無不方方正正，這就是「絜矩之道」。

仁者以財發身，不仁者以身發財①。未有上好仁而下不好義者也，未有好義其事不終者也②，未有府庫財非其財者也。

① 仁者以財⋯發財：發，猶「起」。言仁者散財以得民，不仁者亡身以聚財。

② 未有好義⋯終者也：言在下的人好義，必能忠於上，其所掌管的事情必能有始有終。

有仁德的國君散盡財貨給百姓而獲得德譽，沒有仁德的國君則捨棄德譽去搜刮財貨。從來沒有在上位的國君愛好仁德，而在下位的臣民不愛好義理的；也從來沒有愛好義理的臣民，做事半途而廢的；更沒有聽說過府庫裡的財貨竟不是國君所有的！

《論語》（沒有特別的註記，就是孔子講的話）

〈學而第一〉

學①而時習②之，不亦說③乎？有朋④自遠方來，不亦樂乎？人不知而不慍⑤，不亦君子⑥乎？

①學：從「不知」到「已知」的過程，就是「學」。學的本義是仿效，不知的人向已知的人仿效，就是學。「學」的對象包括對「物」（泛指外在事物）的認識，與對「人」（含認識主體本身）的認識（此爲理論層次），以及內心立意與外在行爲的塑造（此爲實踐層次）。

②習：小鳥振翅學飛爲「習」，喻一而再，再而三地學而不止。

③亦說：亦，語中助詞。說，音義同「悅」。

④朋：朋友，同輩志氣相契合的人。

⑤慍：音ㄩㄣˋ，不高興。

⑥ 君子：品德高尚的人。

學了新事物，還要時常去溫習它，不是很喜悅的嗎？有同道的朋友自遠方而來，互相切磋琢磨，不是很快樂的嗎？別人不知我在德行、學問上的成就，我絲毫不惱怒，不就是個品德高尚的君子嗎？其實，「學」的本義是仿效。每個人的天性雖同樣是善良的，但要明白覺醒到，我們確有這個天生的善性，則有先後之別。因此，比較慢覺醒的「後知後覺」就要效法比較早覺醒的「先知先覺」的所作所爲，如此後知後覺才能明於此善性，而回復其本然的天性。既然學會了，還要隨時溫習它，才能讓所學會的眞正純熟於己，這才是實得於己。

很多人學習只是泛泛地學，似懂非懂，其實並沒眞懂，更不必說能實得於己了。就像補習英文，上了再多名師的課，如果自己不下「人一己百，人十己千」之功，那也是白補。同樣，學鋼琴，跟了再好的老師上課，如果自己回家不下工夫苦練，那也是白上。由此可見「自學」的重要。任何的學習，都是「師父引進門，修行在個人」。老師只是引我們入門而已，是不是能學會、學熟，乃至於實得於己，則全是要靠勤勉的「自學」。《論語》開篇就是「學而時習之」，其用意之深可知！

其次，既然「有朋自遠方來」，那鄰近的朋友就更不用說了。一個人只要眞能學有所得，自然會英華發於外，同道的朋友自然不請自到。進學的方法很多，其中尤以朋友之間相觀而善，進學最快。因此，當「有朋自遠方來」時，意味著已經學有所成，且在儕輩中也小有名氣了，這是「見龍在田」的氣象，這怎不叫人快樂呢？至於有些人不知我的學養，我也毫不以爲意，這是因爲，我所在乎的是「爲己之學」，而不是「爲人之學」。求學的目的是爲了自身的德日修、業日進；絕不是爲了求知於人，更不是爲了求譽於人。因此，「人不知而不慍」正足以說明，只有成德的君子才足以當之。之所以能成就良好的德行，無不由於學得正、習得熟、悅得深，以至於不能自已，而這正是爲學的無上境界。

有子①曰：「君子務本②，本立而道生③。孝弟④也者，其爲仁之本與⑤？」

① 有子：子，古時男子的美稱。有子，姓有，名若。魯人，孔門弟子。按《論語》中，除了孔子，就只有曾子、有子二人稱「子」，不稱名。至於其餘弟子則或稱名，或稱字。因此古人以爲《論語》大概是曾子與有子的門生所記，因尊師之故而只稱他倆爲「子」。

② 務本：務，致力。本，根本。

③ 本立而道生：根本樹立起來，則大道由此而生。

④ 孝弟：善事父母爲孝，善事兄長爲弟。弟，同「悌」。

⑤ 其爲仁之本與：其，猶「彼」。爲仁，猶「行仁」。仁爲「愛之理，心之德」，乃儒家最

重視的品德。與，同「歟」，疑詞。

有子說：「有德的君子致力於鞏固根本，根本一樹立起來，大道自然由此而生。孝順父母、尊敬兄長這兩件事，大概就是行仁的根本吧！」其實，道德品目繁多，難以盡數。但道德有根本，也有枝末，本立則大道自然會充實而擴大。孝弟乃是柔順的德行，正是道德的根本。仁爲「愛之理，心之德」，仁既然主於愛，而愛莫大於愛親，所以說，孝弟是爲仁的根本。孝弟行於家，而後才能「仁」及於外人、「愛」及於萬物，所謂「親親而仁民，仁民而愛物」。所以「仁」以「孝弟」爲本，孟子才會說：「堯舜之道，孝弟而已矣。」

巧言令色①，鮮②矣③仁。

① 巧言令色：巧，乖巧。令，美善。乖巧其言辭談吐，美善其容貌顏色。
② 鮮：音ㄒㄧㄢˇ，很少。
③ 矣：語助詞。

說話好聽，但不真誠；臉色和悅，卻是僞作。挖空心思，務必巧其言辭，善其顏色，使人所聞所見，都能順耳悅目，這種一味想討好別人的，是很少有仁德的。有仁德的人，言爲心聲，形色從容，絕不會刻意去討好別人。

曾子①曰：「吾日三省②吾身：爲人謀③而不忠④乎？與朋友交而不信⑤乎？傳不習⑥乎？」

①曾子：即曾參，字子輿，孔門弟子，事親至孝，將孔子之道傳給孔子之孫子思，而子思的門人再傳給孟子，被尊爲「宗聖」，因爲他能將聖人之道忠實地傳衍下去，爲東周五聖之一。其餘爲至聖孔子、復聖顏子、述聖子思、亞聖孟子。

②三省：省，音ㄒㄧㄥˇ，省察。三省，以下列三件事情隨時省察自己，不能誤以爲每日只反省三次！

③爲人謀：爲，音ㄨㄟˋ。謀，謀劃辦事。

④忠：盡己之力爲忠。

⑤信：誠實。

⑥傳不習：傳，音ㄔㄨㄢˊ，傳授自老師的學問與教誨。習，溫習而使之純熟於自身。

曾子說：「我每天總以這三件事隨時來省察自己：替人家謀事是不是盡心盡力了？與朋友交往是否誠實無欺了？師長所傳授給我的學業是否用心溫習而純熟於己了？」如有所不及，就即刻改進。曾子自修懇切如此，一有所動，則必求諸自身，可說深得為學之道了。而這三件事也有先後次序，忠、信兩者乃傳習的根本。忠是實心，信是實事。在己，無不盡之心為忠；對人，無不實之言為信。故《大學》說：「君子有大道，必忠信以得之，驕泰以失之。」只要為人既忠且信，經由努力學習，那麼再高深的大道終有達致的一天。

弟子①入則孝，出則弟②，謹而信③，汎愛眾④而親仁⑤，行有餘力，則以學文⑥。

①弟子：指為人弟、為人子的人。
②弟：音ㄊㄧˋ，同「悌」，敬事長上。
③謹而信：謹，謹慎。信，信實。
④汎愛眾：廣博地親愛眾人。
⑤親仁：親近有仁德的人。
⑥文：謂詩、書六藝等書籍。

年輕的弟子在家要孝順父母，出外要尊敬長上，言語要謹愼而信實，要廣博地愛護一般的人，而親近有仁德的人。這五點都做到了，才利用多餘的時間去學習詩、書六藝之文。否則，這五點還沒做好，就急著去學詩、書六藝之文，那就是捨本逐末，而非「爲己之學」了。所謂「爲己之學」，就是要將上天所賦予吾人的明德善性，不斷地推擴開來，由近而遠，由親而疏，由「入則孝」「出則弟」，以至於「泛愛眾」。「謹而信」是持己之道，「親仁」則是接受仁者的薰陶。現今教育出了大問題，德、智、體、群、美五育之中，顯然太過偏重智、美兩育，而忽略了德、體、群三育。大多數的學校與家庭，只要求小孩成績出眾，拼命讓小孩學習各種才藝，而不要求小孩幫忙做家事，鍛鍊身體，以及培養合群的習性。可見「弟子入則孝，出則弟，謹而信，汎愛眾，而親仁」對當今社會仍有很強的指導意義。務必先要把根本的人品培育好了，才「行有餘力，則以學文」。

君子食無求飽①，居無求安②，敏於事而愼於言③，就有道而正焉④，可謂好學⑤也已。

①飽：肥美饜足的意思。

②安：華麗舒適的意思。

③ 敏於事而慎於言：敏，靈活敏捷。慎，謹慎。敏於事，做事勤敏。慎於言，說話謹慎。

④ 就有道而正焉：就，親近。有道，有高尚道德的人。正，請教其是非。

⑤ 好學：好，音ㄏㄠˋ。好學，熱愛學習。

君子對飲食不求甘美，住處不求安適，行事勤敏而言語謹慎，親近有道德的人來指正自己的錯誤，這樣可說是熱愛學習的人啊！其實，正因爲君子一心向學，對於飲食、居住等生活條件不會太過在意，這樣才能使學問精益求精。

〈爲政第二〉

《詩》三百①，一言以蔽②之，曰「思无邪③」。

① 《詩》三百：《詩經》共有三百十一篇，「三百」是舉其大數。

② 蔽：覆蓋、概括的意思。

③ 思无邪：出自《詩・魯頌・駉》篇，孔子引用來評論整部《詩經》。

《詩經》三百篇，可用一句話來概括它，那就是「思无邪」。因爲《詩經》的立教，可以感發人的善心，可以懲創人的逸志。讀《詩》可以使人不但行无邪，思也无邪，終能使人復歸其性情之正。

吾十有①五而志於學，三十而立②，四十而不惑，五十而知天命③，六十而耳順④，七十而從心所欲，不踰矩⑤。

①有：音ㄧㄡˋ，通「又」。

②立：自立。

③天命：天道流行所賦予萬物者，乃事物所以然之故。

④耳順：指聲入心通，無所違逆，乃知的極致，是不思而得的境界。

⑤從心所欲，不踰矩：從，隨。踰，踰越、超過。矩，規矩法度。

我十五歲就立志爲學，要求取大學之道。三十歲時，就可以自立，所言所行都能合乎禮的要求了。四十歲時，對事物之所以然，都能無所疑惑。五十歲時，就能知曉天命。六十歲時，聲入心通，無所違逆。到七十歲時，就可以隨心所欲，也不會踰越規矩。孔子在此教導我們爲學有一定的順序，要優游涵泳，不可躐等而進。從「知」與「行」的角度來分析：「志於學」雖然也是行，但以知為重；三十而立雖本於知，卻以行為重。「志於學」是知之始，「不惑」與「知天命」、「耳順」是知之至。「三十而立」是行之始，「從心所欲，不踰矩」是行之至。

攻①乎異端②，斯害也已。

① 攻：講習，如攻讀之「攻」。

② 異端：端為物之始，末為物之終。舉端則可以睹其末矣，故君子為學必慎乎始。異端，泛指偏離聖人之道，而別為一說的言論或主張，如楊、墨、佛、老之類。

講習研治異端之說，禍害是很大的！天底下就一個正理，只因人心易惑，頗易流於異端。習於彼，必害於此；入於邪，必害於正。這些異端不惟不可講習、研治，即便稍加理會也不可以。誠如孟子所言：「能言距楊、墨者，聖人之徒也。」墨主兼愛，疑於仁；楊主為我，疑於義。但墨家愛無差等，有視父母猶路人的弊端，被孟子批為「無父」；而楊子「拔一毛而利天下，不為也」，了無利他之念，被孟子批為「無君」。像楊、墨這些異端，不能說它們全沒道理，但因立論有所偏頗，結果便會出現「無父」「無君」的問題。至於佛、老，中國歷史上除了漢朝初年採用黃老治術外，基本上，自漢武帝以來莫不採用儒學作爲治國的綱領，至少也要「儒表法裡」。這是因爲儒學中自有一套極爲弘偉的內聖外王之道，而佛、老既不重視修身，更無治國平天下之道。佛教基本上是否定人生，追求的是，掙脫出六道輪迴的涅槃境界，而道家或道教則崇尚「道法自然」，追求長生不老的仙術。兩者對於安邦定國少有重視。誠然，儒、釋、道三教經過一千多年的相互滲透、融合，已難截然區別，但只要談到齊家、治國、平天下，則非以儒家爲正學不可。佛、老曾幾何時關心過「孝弟忠信」？

其實，處在當今全球化的世界，各種文明交互影響，各種價値體系也互相交鋒。現在要說只有儒學才是正學，而其它各種學說，譬如《新約》《舊約》或《可蘭經》，通通是異端，大概也不甚妥當。在可預見的未來，對於各種不同的文明與價値體系，應保持寬容、理解，甚至欣賞，這是促進世界和平的不二法門。否則，像過去五百年來，西方世界挾其先進的火炮、船艦，奴隸非西方地區的人民，天主教、基督教尾隨著商船、軍艦之後大舉文化入侵，這對亞、非、拉丁美洲等地區的大多數文明造成毀滅性的破壞，這已是眾所周知的事實。能倖免於耶教化的，大概就是回教地區與東亞諸國，包括日本、朝鮮、越南與中國。而這些東亞國家卻早在七、八百年前，就已全面接受儒學爲正統了。換句話說，東亞地區在七、八百年前已完成相對的全球化，而儒學則成爲整個東亞文明圈所共信的價値體系。中國的崛起意味著質疑、挑戰，甚至顚覆「西方文化中心主義」，也給非西方世界帶來新的希望與選擇。

相信不久，儒學將在全球範圍內，與耶教平起平坐，甚至超越耶教的影響力，成爲全球所共同認可的正學。但這還有待「聖人之徒」付出更大的努力與更堅韌的耐心。

〈八佾第三〉

禮，與其奢也，寧儉①；喪，與其易也，寧戚②。

① 禮，與其奢也，寧儉：與其，是比較連詞，猶「如其」。奢，奢侈，指一切排場。儉，節儉，指應備的也不全備。奢與儉都不合於中道，但若要兩者取其一，則寧捨奢而就儉。

② 喪，與其易也，寧戚：易，治的意思。意即徒具喪禮的節文，而缺乏哀痛之意。戚，是哀過於禮。易與戚都不合於中道，但若要兩者取其一，則寧捨易而就戚。

講到禮制節文，與其奢華浪費，寧可簡樸一點；至於喪禮，與其徒具虛文而無哀痛慘怛之意，寧可內心哀戚一些。奢、易乃過而太文；儉、戚則不及而太質。兩者皆不合禮，因爲禮貴得中。但凡物必先有質而後有文，質乃禮的根本，故寧「儉」「戚」而捨「奢」「易」。

繪事①後素②。

①繪事：繪畫的事。

②後素：素，白色，質樸，不加修飾。後素，繪畫時，要先以白底粉地爲質，而後再上五彩顏色。

繪畫時，要先將粉白底子先調抹好，然後再塗繪上五彩顏色。這就像人先要有忠信的素質，然後再用禮節來文飾。否則徒有合乎禮節的文飾，而無忠信的素質，那與衣冠禽獸有何不同？

子謂韶①，「盡美②矣，又盡善③也。」謂武④，「盡美矣，未盡善也。」

①韶：音ㄕㄠˊ，舜時的舞樂名。

②盡美：盡，至極。美，美盛。

③善：內容仁善。

④武：周武王時的舞樂名。

孔子評論韶樂說：「聲容至爲美盛，內容也至爲仁善。」又評論武樂說：「聲容至爲美盛，內容卻未盡仁善。」其實，舜繼承堯平治天下，武王伐紂救民水火，其功相同，故其樂同樣至爲美盛。然而舜之德天生使然，又以揖讓而有天下；武王之德則善返天性，因征誅而有天下。故其樂的內涵不盡相同。

〈里仁第四〉

唯仁者能好①人，能惡②人。

① 好：音ㄏㄠˋ，喜好。
② 惡：音ㄨˋ，厭惡。

唯獨有仁德的人能夠公正無私的去喜愛好人，厭惡壞人。好善而惡惡乃天下的公理，但人往往不得其正，只因爲心有所繫念而不能克制自己。就像《大學》所言，心只要有所忿懥、恐懼、好樂、憂患，就不得其正。唯獨有仁德的人能使純潔無瑕的本心常爲此身之主，才能公正地好善惡惡。

君子無終食之間①違仁，造次②必於是，顛沛③必於是。

①終食之間：吃一頓飯的時間，喻短暫。

②造次：急遽匆忙之際。

③顛沛：流離困頓之時。

君子是時時刻刻不背離仁德的，就算是吃頓飯這麼短暫的時間，也不會背離，無論如何的急遽匆忙，無論如何的流離困頓，總是不背離仁德。可見君子的求仁之道，自富貴與貧賤之間的取捨，以至於終食、造次、顛沛之際，無時無處而不用其力於修持其仁德。取捨之間分辨得愈明晰，然後其存養之功就愈綿密；存養之功愈綿密，則其取捨之間分辨得就更加明晰。

人之過①也，各於其黨②。觀過，斯知仁③矣。

①過：過失。

②各於其黨：黨，類別。如君子的過失多在寬厚，小人的過失多在刻薄。

③ 斯知仁：斯，則、就。知仁，知其爲人是仁或不仁。

人所犯的過失，各以其類別而有所不同。只要觀察他所犯的過失是哪一個類別，就可以知道其爲人到底是仁還是不仁了。就如程夫子所說：「人之過也，各於其類。君子常失於厚，小人常失於薄。君子過於愛，小人過於忍。」

士志於道，而恥惡衣惡食①者，未足與議②也！

① 恥惡衣惡食：惡，音ㄜˋ。以不美好的衣著與食物爲羞恥。

② 未足與議：不能與他議論。

一個讀書人如果有志於求道，卻對自己的衣食不如別人，而引以爲恥，物欲如此深重，便不足與這種人論道了。像顏回簞食瓢飲，不改其樂；子路衣蔽蘊袍與衣狐貉者立，而不以爲恥。

放①於利而行，多怨②。

①放：音ㄈㄤˇ，依從。

②多怨：多取怨於人。

只依從有利於自己的事去做，自然會損害到別人的利益，這就會招來許多怨恨。一個有德君子不應依從「利益」，而應依從「道義」爲準則，來與人交往，則寡怨。國與國之間的交往，如果只依「維護國家利益」爲原則，必定造成強凌弱、大欺小，結果是國際恐怖主義盛行。國際交往應回復到以「自然法」爲原則，只有在不違反「自然法」的前提下，才能去追求國家利益，這樣，才能建立一個公正而穩定的國際新秩序。

君子喻於義①，小人喻於利②。

①喻於義：喻，曉得、知道。義，義理。

②利：私利、利欲。

君子通曉義理，而小人則唯利是圖。誰不知，一般人所想要的，沒有超過生命的；所厭惡的，沒有超過死亡的。君子之所以能捨生取義，乃因深知義理的可貴，而不會讓利害動搖他的本心。君子所擔心的就是「德之不修，學之不講，聞義不能徙，不善不能改」；而小人的關心則是股市的起伏，房價的漲跌，以及錢財的增減而已！

君子欲訥於言①，而敏於行②。

① 訥於言：納，音ㄋㄜˋ，遲鈍。訥於言，喻說話謹慎。
② 敏於行：敏，快速。行，實踐。

君子要謹慎說話，而敏捷行事。因爲放言易，所以要訥其言；力行難，所以要敏於行。

德不孤①，必有鄰②。

① 孤：孤單。
② 鄰：鄰居。

不論品德的好壞，都不會孤單的，一定有同類會親近他，這就和住家之旁有鄰居一樣。這就是「同聲相應，同氣相求」，好人為善，自有好人相伴；壞人為惡，自有壞人相伴。有怎樣的品德，必有怎樣的同類相應。

〈公治長第五〉

子路①有聞，未之能行，唯恐有②聞。

① 子路：姓仲，名由，字子路，孔門弟子，小孔子九歲，性好勇。

② 有：音ㄧㄡˋ，同「又」。

這一段並不是孔子的話。子路對於新聽到的義理，在還沒身體力行之前，唯恐又聽到別的新義理。子路向來「聞過則喜」，勇於改過，他這種聞善則勇於必行的精神，孔門弟子自以為比不上，因此特別紀錄在《論語》之中，勉勵大家要向子路學習。

老者安之，朋友信之，少者懷之。

（我的志向是）老年人都能得到安養，朋友之間都能誠信往來，年幼的人都能得到撫愛。

吾未見能見其過，而內自訟①者也。

① 內自訟：口不言而內心深自咎責。

我從未見過，見到自己的過錯，而能在心裡自我咎責的人。人有過錯而能自己察覺到的，已經非常少了。知道過錯而能「內自訟」的，那就少之又少了。大多數的人明明知道自己犯了過錯，卻想方設法文過飾非，甚至還要找藉口爲自己開脫，這種人想要進德可謂難於登天。反之，要是能夠「內自訟」，意味著他悔意眞切，一定能下決心改過歸正，如此進德就快了。

十室之邑①，必有忠信如丘者焉，不如丘之好學也。

① 十室之邑：只有十戶人家的小邑。

就像是只有十戶人家的小地方，也一定有生性忠信像我孔丘一樣的人，只是不如我孔丘這樣好學罷了。一個人的生性再好，如果不努力向學，結果仍不免淪爲鄉人或市井小民。孔夫子雖然天賦異稟，卻仍好學不倦，才能受到後世的景仰。

〈雍也第六〉

不遷怒①，不貳過②。

① 不遷怒：遷，轉移。不遷怒，不把對甲的怨怒轉移到乙的身上。
② 不貳過：貳，復、再的意思。不貳過，不再犯同樣的過錯。

（孔子贊美顏回最爲好學）從不把怨怒轉移到不相干的人身上，也從不再犯同樣的過錯。顏回克己之功做得如此綿密，可謂眞好學了。顏回的怒在物而不在己，所以不會「遷怒」。有不善未嘗不知，知之而未嘗復行，所以不會「貳過」。

女爲君子儒①，無爲小人儒②。

① 女爲君子儒：女，音ㄖㄨˇ，同「汝」。儒，學者之稱。君子儒，有道德學養的學者。

②小人儒：罔顧義理，只顧私利的學者。

你要做一個品德高尚的君子儒，不要做一個品德低劣的小人儒。君子儒與小人儒之別，就在義與利之間而已，猶如「君子喻於義，小人喻於利」。只是「小人儒」比起「小人」更拙劣罷了。因爲小人未必有學識，而小人儒既有學識，卻不知服膺義理，那就更不可理喻了。

質勝文則野①，文勝質則史②。文質彬彬③，然後君子。

①質勝文則野：質爲本質。文爲文飾。野爲粗鄙的野人。
②史：掌文書的史官，以辭采漂亮爲貴。
③彬彬：配合匀稱的樣子。

本質樸實勝過文采，就像粗鄙的野人。文采要是勝過本質，那就和掌文書的史官差不多。文采與本質搭配匀稱，那才是個君子。

仁者先難而後獲，可謂仁矣。

有仁德的人，做事不會先計功謀利，而是只要事所當爲，就算有再大的困難，也會先努力去做。至於能獲得什麼效益，則聽其自至，不會格外在意。能做到這樣，就算是有仁德了。

知者樂水①，仁者樂山②。

①知者樂水：知，音ㄓˋ，同「智」。樂，音ㄧㄠˋ，喜好。智者遇事即能了知其理，猶水之無孔不入，故智者樂水。

②仁者樂山：仁者樂天知命，與世無爭，故不動如山。

明智的人，通曉事理，周流無滯，像水一樣，所以喜好水。仁厚的人，安於義理，厚重不遷，像山一樣，所以喜好山。

〈述而第七〉

述而不作①，信而好古②，竊比於我老彭③。

①述而不作：述，傳述，即傳述先聖先賢的言論、事蹟給後生晚輩。作，著書立說。孔子刪述六經，主要是把古代的典籍加以整理，重新編輯，並沒有創作。而《論語》則是孔子的弟子與再傳弟子所記，也不是孔子的創作。

②信而好古：好，音ㄏㄠˋ。相信而喜好古聖先賢所留下的典籍。

③竊比於我老彭：竊比，尊敬之辭，私下親比附和的意思。我，親切之辭。老彭，商代的賢大夫。

我平生刪詩書，訂禮樂，贊周易，修春秋，都只是傳述古聖先賢的言論與事蹟而已，並沒有什麼創作。我篤信並且雅好古聖先賢之道，私下親比我商朝的賢大夫老彭。孔子雖謙遜自稱「述而不作」，其實，經由他刪述六經，才把上古優秀的文化結晶整理出來，其對中國，乃至對世界的貢獻，何可言喻？其事雖「述」，而功則百倍於「作」矣！此又今人所不可不知的！

學而不厭，誨①人不倦。

①誨：音ㄏㄨㄟˇ，教導。

我一直努力學習，不敢自滿；教導後生，不敢倦怠。

德之不修①，學之不講②，聞義不能徙③，不善不能改，是吾憂也。

①修：修養、整治。

②講：講論、研究。

③徙：遷徙、遵循。

德行不努力修養，學問不用心講求，聽到義理不能遵循，有了過錯不能悔改，這四件事是我所擔憂的。

不憤不啓①，不悱不發②。

①不憤不啓：憤，心想求通而未得的意思。啓，啓迪、開導。人還沒「憤」，就不去「啓」他。

②不悱不發：悱，音ㄈㄟˇ，嘴巴想說而說不出口的樣子。發，引導。

不是他自己想求通而未得，就不要去啓迪他。不是他想講而不能表達出來，就不要去引導他。如果沒等到「憤悱」的程度，就「啓發」他，那他的理解就不會很堅固。等到出現「憤悱」現象時，再去「啓發」他，他的理解就堅如磐石了。

用之則行，舍①之則藏。

①舍：通「捨」。

有國君要重用我們，那就將治國、平天下的大道施行出來；如果捨棄我們，那就將大道收藏起來。其實，「用」與「舍」與自己毫不相干，有德君子或「行」或「藏」，隨遇而安，坦蕩自在。

我非生而知之者，好古，敏①以求之者也。

① 敏：敏捷，急速。

我並不是生來就知道一切的人。我只是愛好古聖先賢之道，並勤敏地用心探求它的人罷了。

子釣而不綱①，弋②不射宿。

① 綱：是用大繩編成的網，上面繫有很多魚鉤，把它橫絕在河流上釣魚，要一網打盡。

② 弋：用帶生絲繩子的箭去射鳥，則中箭的鳥就跑不掉了。

孔子釣魚時，不用繫有很多魚鉤的大繩網橫絕河流而釣；用帶生絲繩的箭射鳥時，不射已經回巢歇宿的鳥。孔門弟子特別紀錄「子釣而不綱，戈不射宿」，讓大家知道有仁德的人，釣魚不會盡物而取，射鳥不會出其不意。聖人待物如此，則其待人可知。小事如此，則大事可知。這是仁者深體「天地生物之心」，仁民愛物的自然流露。就像道學的開山祖師周敦頤（濂溪先生），春天從來不除窗前草，也是這個意思。

〈泰伯第八〉

曾子曰：「士不可不弘毅①，任重而道遠。仁以爲己任，不亦重乎？死而後已，不亦遠乎？」

①弘毅：弘，大，言志氣遠大。毅，強硬不屈，言做事堅持到底。

曾子說：「讀書人的心志不可不遠大而堅毅，因爲所擔負的責任重大，且道路漫長。他把行仁做爲自己的責任，這責任不是很重嗎？他要堅持行仁到死方休，這道路不是很漫長嗎？」

如有周公①之才之美②，使驕且吝③，其餘④不足觀也已。

①周公：姓姬，名旦，武王的弟弟，武王子成王繼位時，年幼，由周公與召公攝政，號稱「共和」。周代的禮樂刑政多由他所訂，曾興建東都雒邑，平定管蔡之亂，並將大位奉還成王。自來被稱爲聖人。

②之才之美：才與美，謂周公的智能出眾、技藝不凡。

③使驕且吝：使，假使、如果。驕是氣盛而驕傲。吝是氣歉致器量狹小。

④其餘：指除了不凡的智能、技藝外的善行。

如果人有周公那麼傑出的智能與技藝，假使他爲人驕傲而且鄙吝，那其他的長處也就不值一提了。這是在說，驕、吝對一個人成德的傷害何其大啊！

不在其位①，不謀其政②。

①位：職位。

②不謀其政：謀，謀畫。政，該職位分管的政事。

不在那個職位上，就不謀畫那個職位所掌管的政事。這是指人各有分限，如田野之人，不得謀朝廷之政。身在此間，只得守此。一不守分限，便是侵犯別人的疆界。

學如不及①，猶恐失之②。

①學如不及：求學要抱著來不及學習的心態，唯恐落於人後，如此才能勇猛精進。
②猶恐失之：學有所得之後，還擔心得而復失，務必要自得且深得而後已。

學習要勇猛精進，好似總來不及學的樣子，這樣才不會落於人後。學有所得之後，仍應不時溫習，以免因不夠純熟，以致得而復失。

〈子罕第九〉

子絕①四：毋意②，毋必③，毋固④，毋我⑤。

①絕：絕對沒有的意思。
②毋意：毋，通「無」。意，私意。
③必：期待必如何。

④固：固執。

⑤我：私己、主觀。

夫子絲毫也沒有「意」、「必」、「固」、「我」這四種毛病：絕不憑空起「意」，絕不事先期「必」，絕不執著頑「固」，絕不滯於私「我」。這四種毛病互爲終始，起於「意」，遂於「必」，留於「固」，成於「我」。「意」「必」常在事前，「固」「我」常在事後。到了「我」，就又生出「意」，物欲牽引，循環不已…。只要有其中任何一個毛病，那就沒法「上下與天地同流」了。

吾少也賤，故多能鄙事①。

①鄙事：一般老百姓所做的事。

我年少的時候，社會地位卑微，因此一般人做的事，我也都能做。正因爲如此，所以孔子的人生經驗才特別豐富。

出則事公卿①，入則事父兄，喪事不敢不勉，不為酒困②，何有於我哉？

①公卿：公，國君。卿，長上。

②困：亂。

已經當官的人，出門要能夠服侍國君與長上，回家要能夠服事父母和兄長。遇到喪事不敢不盡力而為，不為酒所亂。這些事對我來說有什麼困難呢？弟子是「入則孝，出則弟」，先入後出。這裡是「出則事公卿，入則事父兄」，自出而入，這是在勸勉已經當官的人。

歲寒，然後知松柏之後彫①也。

①彫：同「凋」，凋落。

到了寒冷的季節，才會知道，松、柏這種樹是最後凋落的。一般人身處在治世，也能自我修整，與君子沒啥兩樣。在衰亂之世，然後才知道君子的守正不阿，所謂「士窮見節義，世亂識忠臣」。

知①者不惑，仁者不憂，勇者不懼。

①知：音ㄓˋ，同「智」。

智者明睿，足以明理，所以不會疑惑。仁者仁厚，私欲淨盡，所以沒有憂愁。勇者至剛，配道與義，所以無所畏懼。

〈顏淵第十二〉

克己①復禮②爲仁。一日克己復禮，天下歸③仁焉。爲仁由己，而由人乎哉？

①克己：克，制勝的意思。己，指己身的私欲。身有七情六欲，當以禮義克勝它。

②復禮：復，失而復得。禮乃天理的節文，因七情六欲而失，經由克己，使禮失而復得，就是復禮。因此，克己則禮自復，並非克己之外，別有復禮的工夫。

③歸：猶「與」，讚許的意思。

仁德乃本心的全德，此心原本充塞著天理，卻難免不被情欲所侵蝕。所以有仁德的人，必能克勝私欲，回復禮義，讓凡事皆能合於天理，那麼本心之德又復全於我了。一旦這樣做了，天下的人就會贊許你是個有仁德的人。可見克己工夫的成效既快且大。踐行仁德完全在自己，難道還需要倚賴別人嗎？只要勤於時時克己而不以爲倦，則私欲淨盡，天理流行，仁德就不會有片刻的間斷了。

非禮勿視，非禮勿聽，非禮勿言，非禮勿動。

（而克己復禮的細目就是）不合於禮的不看，不合於禮的不聽，不合於禮的不說，不合於禮的不做。非禮勿視、聽，是要防止不合禮的進入吾身；非禮勿言、動，是要防止不合禮的自吾身出去。「四勿」雖然沒提到「思」，其實，「勿」就是指思，要求我們連那個念頭都不能去動。

君君，臣臣，父父，子子。

（爲政之要是）做君上的要像君上，盡爲君之道，「止於仁」；做臣下的要像臣下，盡爲臣之道，「止於敬」；做父親的要像父親，盡爲父之道，「止於慈」；做兒子的要像兒子，盡爲子之道，「止於孝」。

君子成①人之美，不成人之惡；小人反是。

① 成：誘掖奬勸，以成其事。

君子心存仁厚，總是要成全別人的好事，而不會去成全別人的壞事；小人則相反。

子貢問友。子曰：「忠告①而善道②之，不可則止，毋自辱焉。」

① 忠告：告，音ㄍㄨˋ。盡心給予勸告。

② 善道：道，音ㄉㄠˋ，通「導」。善其說給予引導。

子貢問交友之道。孔子說：「朋友要相互輔助仁德。如果朋友言行有不妥之處，就應盡心給他忠告，並巧妙地開導他。他要是不接受，那就算了。千萬不要自討侮辱。」這裡的「不可則止」並非與他絕交，而是不勉強他馬上接受，等到下個適當的時機再向他提出忠告。朋友是以義相合的，如果老是不接受人家的忠告，就應漸漸疏遠這種人。

〈子路第十三〉

君子和①而不同②，小人同而不和。

① 和：無絲毫乖戾之心爲「和」。

② 同：有阿比附和之意爲「同」。

君子崇尚義理，難免有不同的意見，故常和而不可以苟同。小人偏重利欲，安得而和，但卻能阿比爲同。

剛毅、木①訥②，近仁。

① 木：質樸。

② 訥：遲鈍，喻謹言。

剛直、堅毅、質樸、謹言，具有這四種品德的人離仁不遠了。因爲剛毅則不屈於物欲，必不能「令色」；木訥則不至於外馳，必不爲「巧言」。而這正是「近仁」與「鮮仁」的區別。

〈憲問第十四〉

邦有道，危言危行①；邦無道，危行言孫②。

① 危言危行：危，正。行，音ㄒㄧㄥˋ。據理直言，嚴正行事。

② 孫：音ㄒㄩㄣˋ，通「遜」，謙遜。

邦國政治清明時，要據理直言，嚴正行事。邦國政治昏暗時，要嚴正行事，但言論就要謙遜，不可放肆。可見有德君子持身不可不嚴正，至於言論則有時而不敢盡，以免惹禍上身。然而治國的人使得讀書人言不敢盡，這不是該深自檢討嗎？

古之學者爲己①，今之學者爲人②。

①為己：為，音ㄨㄟˋ。為己，欲實得於己。將自己天生具有的善性，不斷地推擴，乃至能推己及人。

②為人：為，音ㄨㄟˋ。為人，欲能見知於人。不向內求索，而致力於博聞強記，想以華章麗辭來向他人炫耀。

古時的學者，一心向學，乃能明其明德，終至安百姓，平天下。現在的學者，捨本逐末，只能尋章摘句，賣弄文才，卑陋甚矣。這就是「為己之學」與「為人之學」的區別，孔子在闡論學者的用心得失之際從沒有如此切要！學者在「為己」「為人」之間要辨明，而隨時省察，這樣為學就不會走上歧途了。

君子恥其言而過其行。

君子謹言慎行。言不敢盡，常要有餘，而以「言過其行」為恥。

幼而不孫弟①，長而無述焉，老而不死，是為賊！

①孫弟：孫，音ㄒㄩㄣˋ，通「遜」，謙遜。弟，音ㄊㄧˋ，通「悌」，敬重兄長。

你（指孔子的老朋友原壤）年輕時不懂得謙遜、敬愛兄長，長大後又沒有什麼值得稱道的，現在老了還不死，簡直是敗常亂俗的賊人啊！

〈衛靈公第十五〉

君子固窮①，小人窮斯濫②矣。

① 固窮：固然有窮困的時候。

② 斯濫：斯，猶則。濫，氾濫，言不循正道而行。

君子固然有窮困的時候，但能處困而亨，無所怨尤。《周易》困（䷮）卦卦辭說：「困，亨，貞，大人吉，无咎，有言不信。」唯獨有大德的人才能處困而亨，固守正道。至於小人一遇到困境，爲了脫困而無所不用其極，反而困上加困。

志士仁人①，無求生以害②仁，有殺身以成③仁。

① 志士仁人：志士，有志節的人。仁人，有仁德的人。在殺身成仁這個問題上，志士與仁人的分別在於：志士是慷慨就義，仁人是從容就義。

② 害：傷害。

③ 成：成就。

志士仁人不會爲了保全生命而傷害仁德，卻會爲了成就仁德而犧牲生命。

行夏之時①，乘殷之輅②，服周之冕③，樂則韶舞④。放鄭聲⑤，遠佞人⑥。鄭聲淫，佞人殆。

① 行夏之時：夏，夏代。三代的歲首各不相同：夏代以陰曆一月爲正月；商代以十二月爲正月；周代以十一月爲正月。孔子以爲奉行夏曆最好，因爲春季適用歲首。如今夏曆又稱爲陰曆。

② 乘殷之輅：殷，商代的別稱。輅，音ㄌㄨˋ，古時木製的大車。到周代在車上飾以金玉，孔

子覺得奢華而易壞，不若殷輅的結實堅固。

③服周之冕：服，穿戴。冕爲大夫以上戴的禮帽。此冕始自黃帝，到周代才華而不靡，文飾得體。

④樂則韶舞：韶，音ㄕㄠˊ，大舜的樂名。韶舞，指韶樂兼舞。孔子稱讚韶樂盡美又盡善。

⑤放鄭聲：放，禁絕。鄭聲，春秋鄭國的音樂，淫蕩委靡。

⑥遠佞人：遠，音ㄩㄢˋ，遠離。佞人，指善於奉承、心術不正的小人。

採行夏代的曆法，搭乘商代的大車，戴上周代的禮帽，演奏大舜的舞樂。禁絕鄭國的音樂，遠離諂媚的小人。因爲鄭國的音樂淫靡，諂媚的小人危險。其實，三代的制度無不因時損益，用久了不能無弊，所以孔子斟酌先王禮制，而確立萬世常行之道。

人無遠慮，必有近憂。

爲人處世，如果考慮不夠長遠，那就隨時會有近在眼前的憂患。所以《周易》坤（䷁）卦初六爻辭才會說「履霜，堅冰至」。既濟（䷾）的〈大象〉也說：「水在火上，既濟；君子以思患而豫防之。」

躬自厚①而薄責於人，則遠怨矣。

①躬自厚：躬，自身。躬自厚，厚責於自身，責了又責，積而不已的意思。

人之所以會遭別人怨咎，只因不會深自反省，卻責望於別人太多。要真能厚於責己，而薄於責人，則身益修而人易從，因而遠離怨咎。

君子疾①沒世②而名不稱③焉。

①疾：憂慮、擔心。
②沒世：沒，同「歿」。沒世即去世。
③稱：音ㄔㄥˋ，相稱。

君子深怕生前德業無成，死後得到的評價「名」過於「實」，「名」與「實」不能相稱。因此在有生之年一定要即時進德修業，不要將寶貴的光陰虛擲於無關緊要的事上。

君子求諸①己，小人求諸人。

①求諸：求，干求。諸，連詞，「之於」兩字的連讀。

君子行有不得，則反求諸己；小人不知反求諸己，而是事事求諸人，故違道干譽，無所不至。

君子不以言舉①人，不以人廢言。

①舉：推舉。

君子不會因爲這個人有一、二善言，便貿然舉用他。也不會因爲這個人素行不良，就將他所講的合於義理的話一併抹煞。

子貢問曰：「有一言①而可以終身行之者乎？」子曰：「其恕乎！己所不

欲，勿施於人。」

① 一言：一個字。

子貢提問說：「可有一個字可以終身奉行不渝的嗎？」孔子說：「那大概就是『恕』字吧？自己所不要的事，不要施加到別人身上。」

過而不改，是謂過矣。

有了過錯而不能改正，那就眞的過錯了。過而能改，那就復歸於無過，善莫大焉。

當仁①不讓於師。

① 當仁：當，擔當。當仁，以仁爲己任。

既然以仁爲己任，理應勇往而必爲，就算對老師，也不必謙讓。爲仁是有德君子的份內事，本就沒有向誰謙讓的問題。但如果是涉及外在的美聲令名，那就不可不謙讓。

有教無類。

人人都可教化，沒有貧富、貴賤、賢不肖的分別。

〈季氏第十六〉

益者三樂①，損者三樂。樂節禮樂，樂道人之善，樂多賢友，益矣。樂驕樂②，樂佚遊③，樂宴樂④，損矣。

①樂：音一ㄠˋ，心所喜好。下除「禮樂」的「樂」，音ㄩㄝˋ，「驕樂」「宴樂」的「樂」，音ㄌㄜˋ，其他均爲一ㄠˋ。

②驕樂：驕縱淫樂。

③佚遊：遊蕩無度。

④宴樂：沈溺於安樂。

有三種愛好是有益的，有三種愛好是有害的。愛好用禮樂來調節自己的動靜，愛好稱述別人的長處，愛好多交有賢德的朋友。這三種愛好是有益的。愛好驕縱淫樂，愛好遊蕩無度，愛好溺於安樂。這三種愛好是有害的。

君子有三畏①：畏天命②，畏大人，畏聖人之言。

① 畏：敬畏。

② 天命：上天所賦予的正理。

君子敬畏三件事：敬畏上天所賦予的正理；敬畏有大德大位的人；敬畏聖人所說的道理。能畏天命，就不辜負上天。畏大人，其實是敬畏自己，敬畏天命。畏聖人之言，則進德最快。

見善如不及①，見不善如探湯②。

① 不及：趕不上。

② 探湯：探，音ㄊㄢ，嘗試。用手觸碰滾燙的熱水，必急速抽離。

看見好事，就想快點跟上，唯恐自己趕不上。見到不好的事，便急忙躲開，就像用手觸摸滾燙的熱水時要急速抽離。「見善如不及，見不善如探湯。」這句古代成語，旨在勉人即時行善，快速遠離不善。

〈陽貨第十七〉

鄉原①，德之賊②也。

① 鄉原：原，音ㄩㄢˋ，同「愿」，謹善的意思。鄉原，指一鄉的人都以爲他是謹善的好人，其實是不分是非，凡事苟從流俗的人。

② 德之賊：賊，敗壞。德之賊，敗壞道德。因爲鄉原隨俗浮沈，似德而實非德，有謹善的外表，實爲敗壞道德。

外表謹善、不辨是非、苟從流俗的人，是敗壞道德的僞善人。

其未得之也，患得之；既得之，患失之。苟患失之，無所不至矣。

（庸鄙的人）在沒有得到職位時，想方設法擔憂得不到手；已得到職位了，又擔憂失去職位。如果擔心丟失職位，爲了保住職位，就沒有不敢做的事了。

天何言哉？四時行焉，百物生焉，天何言哉？

上天何嘗說過話了？四時運行，寒來暑往，百物滋生，各遂其養，上天何嘗說過話了？「言」固然重要，「行」更爲重要，看人要先「聽其言」，更要「觀其行」。學者求道，不能徒得其言，而不得其所以言。就像浮士德博士（Dr. Faust）在翻譯希伯來文《聖經・創世紀》「上帝說：『有光。』因此就有了光」時，將原譯文「太初有言」（Am Anfang war das Wort.）改譯爲「太初有行」（Am Anfang war die Tat.）上帝固然說了「有光」，更重要的是說完之後，上帝眞的就把光給創造出來了。這說明，光是有「言」（Wort）還不行，緊跟著要有「行」（Tat）。

〈子張第十九〉

子夏曰：「博學①而篤志②，切問③而近思④，仁在其中矣。」

① 博學：廣博地學習，才能守約。

② 篤志：篤厚其心志，才能力行。

③ 切問：不要泛泛地問，而要先就切己有關的事提問。

④ 近思：不要漫無目的地思考，要先就自己身邊的事來思考，再以此類推，由近及遠。

子夏說：「要廣博地學習，使心志篤誠，就切己的事提問，從身邊的事開始思考，仁德就在其中了。」其實，「博學」「篤志」「切問」「近思」都是學、問、思、辨的事，還沒有到「篤行」而爲仁的層次。但只要把這四項工夫做好，則心不外馳，所存自熟，而仁就在這四項工夫之中了。

子夏曰：「小人之過也必文①。」

① 文：音ㄨㄣˋ，文飾。

子夏說：「小人犯了過錯，非但不改正，而且還要文過飾非。」

曾子曰：「上失其道，民散①久矣。如得其情②，則哀矜③而勿喜。」

①民散：散，分離。民心背離禮義。
②情：實，犯罪事實。
③哀矜：憐惜。

曾子（答覆即將出任典獄官的弟子陽膚）說：「在上位的人失去治國之道，百姓背離禮義很久了。他們會犯法，不是迫於不得已，便是由於無知。你現在要去擔任典獄官，雖然改善不了整個局面，但對百姓的犯法，如能查得案情實據，應該要哀憐同情他們，而千萬不要自以爲能而沾沾自喜。」

子貢曰：「君子之過也，如日月之食①焉：過也，人皆見之；更②也，人皆仰之。」

①食：同「蝕」，虧蝕。
②更：音ㄍㄥ，更改。

子貢說：「君子的過錯就像日蝕、月蝕一樣：犯了過錯而不隱飾，所以大家都看得見；改正了過錯，大家都仰望他，而不以過爲累。」

子貢曰：「譬之宮牆①，賜②之牆也及肩，窺見室家之好③。夫子④之牆數仞⑤，不得其門而入，不見宗廟之美、百官之富⑥。得其門者或寡矣！」

①宮牆：即圍牆。秦漢以前，自天子以至於庶民所住的房子都可以叫「宮」。

②賜：子貢的名字。

③室家之好：室，夫婦所居。家，一門之內。好，美。

④夫子：老師，指孔子。

⑤仞：音ㄖㄣˋ。古時七尺或八尺爲一仞。

⑥宗廟之美、百官之富：喻孔子所居之處，牆高而宮廣，不得其門，則不得見。

子貢說：「（道德學問成就的深淺）譬如住處的圍牆有高低的差別。我的牆高只及肩膀，大家很容易窺見屋內美好的擺設。至於夫子的牆，高達數仞，如果不得其門而入，根本看不到宏偉宗廟的華美與攘攘熙熙百官的富盛。能得到夫子之門而進入的，大概很少吧！」

《孟子》（沒有特別的註記，就是孟子講的話）

〈梁惠王上〉

王①何必曰利？亦②有仁義而已矣！

①王：指梁惠王，即戰國時期魏侯罃（一ㄥ）。本來魏國都城在安邑，由於接近秦境，後遷於大梁（今河南開封附近），故「魏」又稱「梁」。罃僭稱王，卒諡惠，因此稱梁惠王。當時處戰國初期，齊、梁互相稱「王」。春秋時代只有荊蠻地區的楚國稱王，以及後來東南地區的吳、越稱王。自此以後，戰國七雄相繼稱王，而原本只有周天子才能稱王，其地位自此一落千丈。罃曾大招賢士，故孟子前往，但所見不合，旋即離梁赴齊。其時當在周慎靚王元年（西元前三二零年），次年惠王即薨。

②亦：但。

君王何必談利呢？在我這裡，但有仁義而已矣！這句話是《孟子》一書的開篇之作。周初施行封建，號稱萬國，經過春秋時期三百年的禮崩樂壞，「禮樂征伐自諸侯出」，但至少還有五霸在高唱「尊王攘夷」，主持國際正義。但自春秋轉入戰國的那六、七十年間，經過無數的戰亂與燒殺擄掠，血流成河，互相兼併，結果只剩下聊聊十餘國。而戰國七雄的國君，競相發展軍備，開疆闢土，奴隸百姓。其目的就在於富國強兵，以擴張領土來滿足自己無窮的嗜欲罷了！因此他們念茲在茲的，就是「有以利吾國乎？」孟子有見於此，就給梁惠王來個當頭棒喝：「亦有仁義而已矣！」他以受盡苦難的亂世百姓的代言人自居，要求人君，行仁政，反霸道，視民如傷，愛民如子。這眞不愧是爾虞我詐的亂世中，湧出的一股清泉，是驚天地、動鬼神的一股浩然正氣！

庖①有肥肉，廄②有肥馬，民有飢色，野有餓莩③，此率獸而食人④也。

① 庖：廚房。
② 廄：馬房。
③ 莩：音ㄆㄧㄠˇ，餓死的人。
④ 率獸而食人：率，統帥。以苛捐雜稅，聚斂民財，來畜養禽獸，致使百姓飢餓而死，這與驅趕禽獸來吃人沒有兩樣。

君王的廚房裡有肥肉，馬廄裡有肥馬，而老百姓的臉上卻有飢色，野外到處有餓死的人。這種餵飽禽獸而餓死百姓的作爲，簡直就是率領禽獸來吃人啊！這段文字在〈滕文公下〉又出現一次。「率獸而食人」可說是孟子對暴政提出最沈痛的抗議。周代的肇建者文王是「視民如傷」、「愛民如子」，而戰國時代的統治者卻是「庖有肥肉，廄有肥馬，民有飢色，野有餓莩」，其間反差何其大啊！處在戰亂的年代，最可憐無助的就是小老百姓。他們的生命有如螻蟻一般，沒人關心。而孟子，以「聖人之徒」自居，深體「天地生物之心」，尊重生命，熱愛生命，痛斥統治者陷溺於個人的嗜欲。對外輕啓戰端，塗炭生靈；對內重徭厚賦，踐踏百姓。他高舉「仁政」、「王道」的大纛，批判「暴政」、「霸道」的罪惡，爲混亂的世局，保住了一線生機。

仁者無敵。

仁者無敵於天下。孟子引述這句古語，旨在說明，有仁德的人，就算只是一個「方百里」小國的君主，也可以無敵於天下。他施行仁政，「省刑罰，薄稅斂」，讓百姓可以「深耕易耨」；在農閒時，教育百姓懂得「孝悌忠信」，「入以事其父兄，出以事其長上」。這樣就可使他們即使只提者木棍，也可以對抗秦、楚等強國的「堅甲利兵」了。反之，秦、楚等強國的君主，擅奪民時，百姓不能耕耨，以奉養父母，致「父母凍餓，兄弟妻子離散」，好似把百姓推入陷坑、淹進深水一樣。這些國家的百姓怨恨他們的君主，要是有仁德的君主在此時爲解救深陷水火之中的百姓於苦難之中，而出兵征討，誰能與他抗衡？

君子之於禽獸也，見其生，不忍見其死；聞其聲①，不忍食其肉。是以君子遠庖廚②也。

① 聲：指禽獸被宰殺時的哀鳴聲。

② 遠庖廚：遠，音ㄩㄢˋ，遠離。庖廚，廚房。

君子對於被拿來食用的飛禽走獸，見過牠活著，就不忍見牠死去；聽到他被宰殺時的哀號，就不忍再吃牠的肉。因此，君子總是遠離那宰殺烹煮的廚房。孟子在此點出，人人都有「不忍」的仁心。就算再殘暴的人也會有此仁心，只是不會將此仁心不斷推擴出去而已。而君子之所以要「遠庖廚」，正所以要預養此仁心，俾能不斷推擴，以及天下萬物啊！

〈梁惠王下〉

惟仁者為能以大事小，惟智者為能以小事大。

唯獨有仁德的人，能以大國去事奉小國；唯獨有睿智的人，能以小國去事奉大國。

樂以天下①，憂以天下，然而不王②者，未之有也。

① 樂以天下：以，由。謂人主的快樂，乃是由於天下百姓都快樂。

② 王：音ㄨㄤˋ。

人主能以百姓的快樂為快樂，百姓也會以人主的快樂為快樂；人主能以百姓的憂愁為憂愁，百姓也會以人主的憂愁為憂愁。樂與天下同，憂也與天下同，這樣還不能稱王天下，是從來沒有的事啊！孟子除了闡述「與民同樂」外，在此更進一步主張人君也要「與民同憂」，這就是《大學》所說：「民之所好好之，民之所惡惡之，此之謂民之父母。」如果人君能把百姓當成自己的子女，與百姓同好惡，上下就不致乖離，自然政通人和，近悅遠來。其實，這也只不過是「恕」道的推擴罷了。百姓討厭的，你就擱置；百姓喜愛的，你就力推。你要的，如果百姓不能同享，那就寧可不要；你不要的，千萬不要教百姓去承受。這就是「己所不欲，勿施於人」的「恕」道。人君最怕的就是縱慾與濫權。縱慾就會罔顧正義公理，開支無度；濫權就會嚴刑峻罰，草菅人命。如此，就會把臣民推向自己的對立面。

國君進賢，如不得已①，將使卑踰尊，疏踰戚，可不慎與②？

① 如不得已：要十分愼重，像是出於萬不得已。

② 與：通「歟」。

國君進用賢才要十分愼重，像萬不得已一般，因爲進賢可能會使卑賤的超越尊貴的，疏遠的超越親近的，這怎可不愼重呢？務必要做到：左右近臣都稱讚他賢明，不可輕信；諸位大夫都稱讚他賢明，還是不可輕信；就算全國百姓都稱讚他賢明，仍然要去考察他，發現他的確賢明後，才能任用他。這是因爲有些人取悅於俗，而爲衆人所悅；但也有人特立獨行，而爲世俗所憎。因此，務必親自查證，而確認其確實賢明，然後才敢舉用。如此，對賢明的人深有了解而委以重任，而虛有其名的不肖之徒則斷了倖進之途，這才是「進賢如不得已」啊！

君子創業垂統①，爲可繼②也。若夫成功，則天③也。君如彼何④哉？彊⑤爲善而已矣。

① 創業垂統：創立基業，延續統緒，傳諸後代。
② 爲可繼：爲，音ㄨㄟˋ。可繼，可以延續。
③ 天：天命。
④ 如彼何：彼，指齊國。言滕國既然實力不如齊國，則奈它如何。
⑤ 彊：同「強」，勉強。

君子創立基業，垂留統緒，是爲了讓後代子孫可以繼續努力修德行仁。至於能否成功而有天下，這就要看天命了。現在滕國既然實力遠不如齊國，齊人有意侵滕，你又能拿它怎樣？只有勉力爲善，讓子孫能夠繼續努力積德致福罷了。這是孟子答覆滕文公，有關齊人有意侵滕的提問。君子創造基業於前，垂留統緒於後，要能守正不失，使後代能承繼其業而持續修德行仁。這是在勸人君應當盡力於其所當爲，但千萬不可徼幸於其所不可必。天命是不可求而得的，只能「修身以俟之」而已。

〈公孫丑上〉

飢者易為食，渴者易為飲。

飢餓的人，只要有得吃，就容易吃得飽；口渴的人，只要有得喝，就容易喝得夠。孟子在此向弟子公孫丑闡述，何以現在的齊王如果真想稱王天下，其實要比當年的文王容易得多。當時，普天之下莫非紂土，率土之濱莫非紂臣，而文王只用方百里的小國推行王道，所以很困難。現在齊國的土地與夏后與殷、周最盛的時期相當，百姓也從都城佈滿到四境，只要施行仁政，馬上就可以稱王天下了。至於百姓久為暴政所苦，只要齊王此時施行仁政，馬上就可以解百姓倒懸之苦，而為萬民所擁戴。其實，組成國家的三大要素是土地、人民與主權。現在土地夠大了，人民也夠多了。只要能施行仁政，上下和諧，主權就鞏固了。

曾子曰：「自反①而縮②，雖千萬人，吾往③矣。」

①反：反省。
②縮：音ㄙㄨˋ，直。
③往：前往與之對抗。

曾子說：「反躬自問而理直，就算有千萬人橫擺在眼前，我也要拼到底！」「自反而縮」，理直則氣壯，對方縱有千萬人，總不能不講理吧？「吾往矣」並不是血氣之勇，而是因爲有理，底氣十足，對方勢力再大，只要我們能有耐心、有智慧、有策略，終可以伸張正理。在這裡，我們看到道德理想主義者的鮮明形象。

我知言①，我善養吾浩然之氣②。

① 知言：指已經盡心知性，對天下任何言說，都能窮究其理，而知道其是非得失之所以然。
② 浩然之氣：浩然，浩蕩偉大的樣子。氣，在此專指配合道與義的正氣。

我了知言說，我善於長養我浩蕩盛大的氣。孟子之所以說「知言」，是因爲他已經盡心知性，對天下任何言說，都能窮究其理，而知道其所以是非得失之故。至於「養氣」一事，天地萬物只要有生命就有形體，形體就充滿了氣，所謂「氣，體之充也」。這股氣本自浩然，只因沒有善加培養，才會消退而氣餒。只有孟子懂得善加長養這股氣，使它回復到本初的浩然盛大。惟有知言才能通曉道義，而對天下之事無所疑惑。要長養這股氣，就有賴於道義的支撐，才能對天下的事無所畏懼。這就是孟子承擔重責大任而能「不動心」的原因。

必有事焉①，而勿正②，心勿忘，勿助長也。

①必有事焉：事，爲。謂必有所爲，指養浩然之氣。
②正：預期。

必以長養浩然之氣爲事，務求事事合於道、義，而不要預期成效。心中要以此爲念，不得片刻或忘，但也不可急於求成，而揠苗助長。這是在講集義以養氣的節度。一方面要以集義爲事，只問事當不當爲，而不問對我利害如何。此事不可片刻忘記。另一方面，不可刻意作爲以助此氣之長，否則不但不足以養氣，反而還會傷害了它。養氣要有毅力，也要有恆心，切忌一曝十寒。

自有生民以來，未有孔子也。

自從有人類以來，沒有比孔子更偉大的人了。這句話是孟子答覆弟子公孫丑的提問。他想知道伯夷、伊尹與孔子同樣是古代的聖人，到底有什麼不同。孟子認爲，伯夷是「非其君不事，非其民不使。治則進，亂則退」。伊尹是「何事非君？何使非民？治亦進，亂亦進」。

孔子則是「可以仕則仕，可以止則止。可以久則久，可以速則速」。孟子認爲孔子是順時而定行止、久速，才是眞正値得他學習效法的對象。

詩①云：「永言配命②。自求多福。」太甲③曰：「天作孽④，猶可違⑤；自作孽，不可活。」

① 詩：見《詩・大雅・文王篇》。
② 永言配命：永，長。言，念。配，合。命，天命。謂長永在意自己的行爲，使之與天命配合，則福祿自來。
③ 太甲：見《尙書》的〈商書〉。
④ 孽：禍。
⑤ 違：逃避。

《詩經》說：「老是在意自己的所作所爲要能配合天命，如此才能求得更多的福報。」《書經・太甲》篇說：「上天造成的孽禍，還可以逃避；自己造成的孽禍，那就活不了了。」禍福的到來並不是隨意、偶然的，它與人自己的意念、言行有深刻而密切的關係。平素積累善念、善言、善行，久而久之，自己的修養更加圓潤，人際關係就會更加和諧；這就是《周易・文言・坤》所說的：「積善之家必有餘慶，積不善之家必有餘殃」的道理。

以不忍人之心①，行不忍人之政。

① 不忍人之心：安於不仁爲忍，反之就是不忍。不忍人之心，就是不忍害人的仁心。

本著不忍害人的仁心，施行不忍害人的仁政。孟子在此點出了爲政者最需要的人格特質。人性的缺點是欲壑難填，一有權力就會爲所欲爲，其結果是，胡作非爲。就像艾克頓爵士的名言：「權力使人腐化，絕對的權力使人絕對的腐化。」而能擁有絕對、不受限制的權力的人，在一國之內非國君莫屬。因此，賢明的國君，非但能節制自己的欲望，更能以「愛民如子」的心來治國，這就是「以不忍人之心，行不忍人之政」。

〈公孫丑下〉

天時不如地利①，地利不如人和②。

①天時不如地利：天時，指作戰時要選擇對己方最有利或對敵方最不利的時機。地利，指山川城池的險阻堅固。

②人和：指君臣同心，君民一體，將士用命。

影響戰爭勝負的因素，天時不如地利重要，地利則不如人和重要。孫子兵法將影響戰爭勝負的主要因素，歸納爲五項：道、天、地、將、法。「將」「法」涉及統帥的素質與軍中紀律、法制的貫徹能力。而「道」「天」「地」三項則與孟子的「人和」「天時」「地利」相對應。換句話說，孟子與孫子認爲影響戰爭勝負最關鍵的因素是政治，也就是能愛護百姓、執法公正、政治清明的一方，總的來說，就是獲勝的一方；反之，荼毒百姓、賞罰不公、政治昏暗的一方，就是敗北的一方。因爲政治清明自然人和，就能眾志成城，天下沒有戰不勝的敵人；反之，政治昏暗自然人心離散，就算能逞強一時，終究還是要兵敗如山倒。這就是孟子所說：「得道者多助，失道者寡助。寡助之至，親戚畔之；多助之至，天下順之。以天下之所順，攻親戚之所畔；故君子有不戰，戰必勝矣。」

故將大有爲之君①，必有所不召之臣。欲有謀焉，則就之。其尊德樂道，

不如是，不足與有爲也。

① 大有爲之君：大有作爲的君主。

所以將大有作爲的君主，必然有他所尊敬而不敢隨意召喚的臣子。如果想要有所謀畫，就要屈尊就教於臣子。他如果尊重賢德、喜歡大道，沒有達到這種程度，就不能大有作爲。孟子在此指出「將大有爲之君」不敢以手中的權力傲慢自是，而是會禮賢下士，「尊德樂道」，這樣才會得到像伊尹、管仲這樣的賢臣來悉心輔佐，而成就王霸之業。自古以來，能成大功、立大業的明君，莫不是能聚集一大批的人才爲他出謀畫策，南征北討；反之，自以爲是，不善於用人的霸主，就算基業再大，也很難守得長久。劉邦與項羽就是最爲明顯的對比，韓信本是項羽手下，結果卻爲劉邦取得天下，立下汗馬功勞。項羽本是自封爲西楚霸王，號令天下，結果卻眾叛親離，落得烏江自刎的下場。

古之君子①，其過也，如日月之食②，民皆見之；及其更③也，民皆仰之。今之君子，豈徒順之④，又從爲之辭⑤。

①古之君子：在此指周公。
②食：通「蝕」。
③更：音ㄍㄥ，更改。
④順之：順，猶「遂」，遂其過而不知改。
⑤從爲之辭：從，順從。爲，音ㄨㄟˋ。辭，修飾，辯白。意指不但不能改過，反爲錯誤行爲文過飾非。

古時候的君子，像周公，犯了過錯，就如同日蝕、月蝕，百姓都見得到；等到他改過後，百姓都仰慕他。現代的君子則不然，豈只順遂他的過錯而已，而且還爲自己的過錯找藉口呢！「過而不改，是謂過矣」，如此進德已難。更何況還要文過飾非，強辭奪理，這樣非但不能進德，而是敗德了。

〈滕文公上〉

孟子道性善，言必稱堯舜。

（這句不是孟子的話，而是）孟子向滕文公（滕國在今山東省滕縣西南。當時滕文公尚未即位，仍爲世子）講述人性本善的道理，每每要稱頌堯舜的懿德善行以爲佐證。其實，人稟賦於天而有此生，原來是渾然至善，未嘗有惡，與堯舜這樣的前古聖王沒有一點差別。只是眾人後來汨沒在私欲之中而亡失其原有的善性，而堯舜則始終毫無私欲之蔽，而能使其善性不斷充擴罷了。所以孟子向滕文公講述性善的道理時，必定舉堯舜的典型讓他知道：仁義原本不假外求，而聖人是可學而至的。藉此勉勵滕文公努力不懈於明善成聖。

賢君必恭儉禮下，取於民有制。

賢明的君主奉己恭儉：恭，則能禮敬大臣；儉，則賦取於民，不會超過什一之制。反之，昏暗的君王，任性而奢侈無度，對臣下傲慢無禮，對百姓予取予求，終至天怒人怨，亡喪天下國家。

勞心者治人，勞力者治於人①。治於人者食人②，治人者食於人③。

①勞心者治人，勞力者治於人：自古以來，君子勞心，小人勞力。勞心的君子管理百姓，勞力的小人被人管理。

② 食人：食，音ㄙˋ。謂出稅賦以給養在上的領導者。

③ 食於人：食用被治者所供給的糧食。

勞心的管治別人，勞力的則被人管治。受人管治的要供養人，管治別人的則受人供養。勞心與勞力是最簡單的分工，自古以來，君子勞心，小人勞力。君子無小人則飢，小人沒君子則亂，兩者之間的關係是互相補強，而不是互相妨害。這就像農夫以其種植的穀粟與陶冶所製作的器械相交換一樣。孟子就是舉這個例子來說明，治理天下的不必親自耕種以自養，從而反駁了農家許行所主張的，賢君當「與民並耕而食」。

父子有親，君臣有義，夫婦有別，長幼有序，朋友有信。

父子間有親情，君臣間有道義，夫婦間內外有別，兄弟間長幼有序，朋友間言而有信。其實，這五種人倫固然是人天生的稟性，但如果缺乏教導，則將因放逸怠惰而漸失漸遠，所以聖人要設官而教以人倫。人與人的關係，最重要的莫過於父子、君臣、夫婦、兄弟、朋友。只要將這五種關係理順，依此類推，由親及疏，由近而遠，就可以暢行於天下了。「學者，所以學為人也。」因此，朱子在〈白鹿洞書院揭示〉中，將實踐這五種人倫定為求學讀書的目的。

吾聞用夏變夷①者，未聞變於夷者也。

① 用夏變夷：用，以。夏，即諸夏，指中國。以諸夏的禮義來教化蠻夷。

我聽說過用華夏的文化去改變蠻夷的習俗，從沒聽說反倒過來被蠻夷改變的。孟子在此講「用夏變夷」，並非諸夏直接去改造蠻夷的習俗，而是蠻夷各族自覺華夏文明水平較高，自覺引進華夏的禮教而改變自己原有的習俗。就像唐朝時，日本仰慕大唐文明，主動力行大化革新。歷史上，中國也未曾將自己的禮俗、典章、文物、制度主動推銷給周邊國家，而是應周邊國家的請求，提供必要的協助而已。反觀，近五百年來，西方殖民帝國主義從不尊重非西方國家的傳統文化，強勢主導非西方國家的現代化，走向歐化、西化、美化或蘇聯化的道路。而人權帝國主義更是赤裸裸公然介入非西方國家的內政，令人扼腕。尤其是二戰後，美國拼命向亞、非、拉美地區輸出總統制，造成這些地區國家的災難。這是吾人在讀到「用夏變夷」時，不可不辨明的。其實，「用夏變夷」就意味著人往高處爬，人類社會只有愈來愈文明，而不是愈來愈野蠻；就像個人的品德只想愈來愈好，而不想愈來愈不好一樣。「夏」

與「夷」本來就是相對的，而不是絕對的，「夏」指一種值得嚮往的努力方向，「夷」指一種應該力求改善、提升的狀態。當然在人類歷史上也曾出現「變於夷」的情況，如羅馬帝國亡於日耳曼蠻人，或是西晉王朝亡於匈奴，這都造成了歷史的大倒退。

〈滕文公下〉

居天下之廣居①，立天下之正位②，行天下之大道③。得志，與民由之④；不得志，獨行其道。富貴不能淫，貧賤不能移，威武不能屈⑤，此之謂大丈夫⑥。

① 居天下之廣居：居處在天下如此廣大的所在，喻大丈夫心胸開闊，以仁存心。

② 立天下之正位：女爲陰，男爲陽，而大丈夫乃男子中的男子，故大丈夫相當於八卦中純陽的乾（☰）卦。在先天八卦方位圖中，乾卦居上，正南，配火與禮，喻大丈夫立身剛正，以禮持身。

③ 行天下之大道：大道，指仁義之道，喻大丈夫之「於天下也，無適也，無莫也，義之與比」，光明磊落，以義行事。

④ 得志與民由之：得志，謂得伸其志。由，循。之，指大道。

⑤ 富貴…不能屈：淫，蕩其心。移，變其節。屈，挫其志。

⑥大丈夫：有大志而能擔重任的男子漢。

心胸開闊，能以整個天下當自己的居處；守正不阿，能立於天下不偏不倚的正位；守死善道，總是踐行通天下認可的仁義之道。得伸其志時，與百姓一起發揚大道；不得其志時，就獨自踐行大道。再多的財富、再高的爵位也不能動搖他的心念；無論如何的貧賤，也不能改變他的節操；再大的權勢也不能屈撓他的志氣。像這樣的人，才是眞正的大丈夫！這是孟子回應縱橫家景春的講話。景春推崇張儀「一怒而諸侯懼，安居而天下熄」，似乎可稱爲大丈夫。孟子則譏諷這些縱橫家，其實，與「妾婦」無異，因爲「以順爲正者，妾婦之道也」。所謂「妾婦」是指出嫁的女子，要順承丈夫，不得違背丈夫的心意，而將順從當作正道，這就是做人妻妾的道理。而像張儀這些縱橫家，只知投諸侯之所好，不問是非善惡，縱使他們得志橫行，氣燄可畏，但這與「妾婦」哪有不同，怎可稱爲「大丈夫」?!

入則孝，出則悌，守先王之道，以待後之學者。

在家孝順父母，出外尊敬長上，恪守前古聖王的大道，等待後起之秀來學習。這段話是孟子總結儒者的使命。所謂「守先王之道」，要言之，「堯舜之道，孝弟而已矣」。只要能夠「入則孝，出則悌」，在家就可事父兄，出外就可事長上。很多人雖能身體力行孝悌之道，卻只知其然而不知其所以然。這就有賴於儒者闡發其中的義理，使大家能更進一步明善誠身，發自內心，心悅誠服來篤行孝悌之道，這就是「守先王之道」。此外，如何將此「先王之道」發揚光大，則有「待後之學者」，這就是儒者傳道的職責所在。

孔子曰：「知我者其惟春秋乎！罪我者其惟春秋乎！」

孔子說：「眞正能知道我的，只有經由《春秋》吧？而會怪罪我的，大概也是由於《春秋》這部書吧？」孔子身處春秋時代末期，其時禮崩樂壞，征伐早就不自天子出。更有甚者，臣弑其君，子弑其父，邪說橫行，因此孔子依魯史春秋刪述成《春秋》一書，闡明王綱，辨正是非，而使亂臣賊子懼。眞想了解孔子的理想抱負，透過《春秋》一書最爲直接。但因《春秋》所談論的無不是天子之事，因爲只有天子才能褒善貶惡、撥亂反正，聲討亂臣賊子。但當時王綱不振，孔子只得藉著《春秋》一書，寓賞罰於褒貶，而使後世之亂臣賊子不得肆無忌憚。因此怪罪孔子的人，就以孔子無天子之位而行二百四十二年南面之權爲由，指責孔子僭越。

〈離婁上〉

徒善不足以爲政，徒法不能以自行①。

①徒善…自行：徒，猶「空」。光有其心而無其政，是爲徒善。光有其政而無其心，是爲徒法。自行，自己發生作用。

空有仁心的善意而不施行仁政，就不足以治理好國家。空有仁政的措施，而沒有相應的仁心，仁政也不能自行發揮作用。伊川先生就說：「爲政須要有綱紀文章，謹權、審量、讀法、平價…皆不可闕。」又說：「必有〈關雎〉〈麟趾〉之意，然後可以行周官之法度。」

愛人不親，反其仁；治人不治，反其智；禮人不答，反其敬。行有不得者，皆反求諸己，其身正而天下歸之。

我關愛別人，而別人卻不親近我，那我就要回過頭來，責求自己的仁德有無缺失。我管治別人，卻管治不好，那我就要回過頭來責求自己的智能有無缺失。我以禮待人，而別人卻不以禮回敬，那我就要回過頭來責求自己的禮敬有何不周。凡所做的事，有不能如願的，都要回過頭來責求自己。自身行得正，天下自然歸服。這段話朱熹總結爲「行有不得，反求諸己」，放在孔子所說的「己所不欲，勿施於人」之後，而成爲〈白鹿洞書院揭示〉的壓軸。孟子在這裡指出「行有不得者，皆反求諸己」，正顯示出儒者「嚴以律己，寬以待人」的行事準則。一般人的毛病是，「行有不得」就怨天尤人，反正都是別人不對，從不「反求諸己」，就像大部份鬧離婚的怨偶，大多把婚姻不美滿的責任推給對方一樣。其實，要別人改變其行爲習慣，談何容易？出言要求別人改變，卻很容易！與其要求別人改變，不如要求自己改變來得實際，而且也對個人的進德更有助益。這就是《大學》所說的，「是故君子有諸己，而后求諸人；無諸己，而后非諸人。所藏乎身不恕，而能喻諸人者，未之有也。」

爲政不難，不得罪①於巨室②。

① 得罪：指行己不正而取怨怒於人的意思。

② 巨室：指賢明的卿大夫之家，一般百姓所羨慕、仿效的對象。

處理國政並不困難，重要的是，自己的行事要端正，不要得罪國內有聲望的公卿大夫之家。這是由於有聲望的公卿大夫之家素爲國人所推崇，而難以力服。只要巨室心悅誠服，則一國之人莫不悅服。因此君子從不擔憂人心之不服，而只擔憂吾身之不修。吾身若能先修好，而人心之難服者（巨室）先服，那就無人不服了。其實，戰國時代，諸侯失德，權力下移，巨室擅權，為患不可謂不深。如果有人不先修其身，而妄圖以實力制伏巨室，常常反而適以取禍。因此孟子推本溯源，只有努力修德，才能臣服巨室之心。

夫①人必自侮②，然後人侮之；家必自毀，而後人毀之；國必自伐③，而後人伐之。

① 夫：音ㄈㄨˊ，助詞。
② 侮：輕慢。
③ 伐：攻擊。

唉！人必侮慢自己，然後別人才敢侮慢他。家必自己先毀敗，而後別人才敢毀敗它。國必內部的派閥先自相攻殺，而後別國才敢侵伐它。孟子在此強調「物必自腐，而後蟲生」的道理，由此可見修德的重要性。只要自己做得正，仰無愧於天，俯無怍於地，就能「正己而不求於人，則無怨」，「行有不得者，皆反求諸己，其身正而天下歸之」。

得天下有道①：得其民，斯得天下矣；得其民有道：得其心，斯得民矣；得其心有道：所欲與之聚之②，所惡勿施爾也③。

① 道：在此指方法而言。
② 所欲與之聚之：與，猶「為」，讀ㄨㄟˋ。百姓所要的，就為他們積聚起來。
③ 所惡勿施爾也：惡，音ㄨˋ，厭惡。爾，助詞，猶而已、罷了。

要得到天下是有方法的：得到天下百姓的擁戴，就得到天下了。要得到天下百姓的擁戴也是有方法的：得到百姓的心，就能得到他們的擁戴。要得到百姓的心也是有方法的：百姓所想要的，就為他們積聚起來；百姓所厭惡的，不施行到他們身上就可以了。孟子在此闡述「得民心者，得天下」的道理，就如《大學》所說：「民之所好好之，民之所惡惡之，此之謂民之父母。」只有將百姓視同自己的子女般來疼愛，將百姓視同傷患般給予呵護的君王，才有資格得到天下！

是故誠者，天之道①也；思誠者，人之道②也。至誠而不動③者，未之有

也；不誠，未有能動者也。

①天之道：眞誠無妄乃天所授，所以說是「天之道」。
②人之道：想親自踐行眞誠，用人自覺的努力以奉天，所以說是「人之道」。
③動：感動。

所以眞誠無妄，是上天本有的道理；想要親自踐行眞誠，是人該當履行的道理。眞誠無妄到極致，而還不能感動人的，是從來沒有的事；要是不眞誠，則從未有能感動人的啊！要使自己心地眞誠無妄，就得先致其知；因此「不明乎善，不誠乎身矣」。要是致力於學習，而能做到使自己淨盡私欲，此心眞誠無妄，則無往而不順暢：對內能悅於親，對外能信於友，對上可獲於君，對下可得於民。

眸子①不能掩其惡。胸中正，則眸子瞭②焉；胸中不正，則眸子眊③焉。聽其言也，觀其眸子，人焉廋哉？

①眸子：眸，音ㄇㄡˊ。即黑眼珠，也叫瞳仁。

② 瞭：明亮。

③ 眊：音ㄇㄠˋ，不清楚。

一個人的眼珠子不能掩藏他心中的惡念。心中正直的，眼珠就明亮；心中不正直的，眼珠就昏蒙不明。聽他說的話，再觀看他的眼珠子，人的邪正善惡怎能藏匿得起來？《大戴禮記》的〈曾子立事〉篇云：「目者，心之浮也。言者，事之指也。作於中，則播於外矣。故曰：以其見者，占其隱者。」這大概就是孟子此章立論的根據。其實，人與外物接觸，以視覺為先，且心神常寄託在眼神之中。因此胸中正直，則眼神既精且明；不正直，則眼神既散且昏。此外，言語也是由心所發，將言語與眼神合併觀察，其心之邪正立即可判。只是言語可以作假，而眼神則假不了。

古者易子而教①之，父子之間不責善②，責善則離③，離則不祥莫大焉。

① 易子而教：易，交換。古人不親自教育兒子，而是與人交換兒子來施教。

② 責善：以善道責求對方，這本是交友之道。

③ 離：疏離。

古時候的人，兒子長到十五、六歲的時候，就會彼此交換兒子來施教。因爲父子之間不宜以善道互相責求，一互相責求就會隔絕親情。隔絕親情，父子反目成仇，世間沒有比這更不祥的事了。易子而教，正所以顧全父母之恩，而也不失教養的目的。交朋友是爲了輔德，故朋友之間有責善之道。由於朋友可以選擇，所以才要親近益友，遠離損友，這都是爲了輔德。父子是命定的，不能選擇。兒子品德不好，只能怪自己在他年幼時沒教導好，兒子長大了再來責善，那親情就難以維繫了。要是父親的品德不好，當兒子的只能微諫，不從則止，然後再以孝心、耐心來感動父親而已，豈宜動氣諍諫？

人不足與適①也，政不足（與）閒②也。惟大人爲能格君心之非③。君仁莫不仁，君義莫不義，君正莫不正。一正君④而國定矣。

①人不足與適：適，音ㄓㄜˊ，通「讁」，咎責的意思。人，國君所任用的人。謂國君用人不當，不必認眞咎責。

②政不足（與）閒：閒，音ㄐㄧㄢˋ，同「間」，間隙，非毀。謂國君採行的措施不妥，不必一一非議。朱子認爲「閒」字上也當有「與」字。

③惟大人爲能格君心之非：惟，只有。大人，有大德、大才的人。格，匡正。非，錯誤。

④一正君：一，只要。正，動詞。只要能匡正國君的心。

國君用人不當，不必一一責備；施政不妥，也不必一一批評。唯獨有大德、大才的人，才能匡正國君心中的邪非。國君充滿不忍人之心，誰敢不仁？國君眞誠篤守信義，誰敢不義？國君所思，無不合於正道，誰敢不正？只要能匡正國君的心，使重歸於正，那整個國家就可歸於平治了。其實，天下的治亂繫乎一、二人心之所向而已，尤其是取決於當權者心術的正不正，與有無仁心而已。人君心術不正，一定會對國政有害，不必等待到他採取政策施爲後，才表現於外。這就是爲何孟子一開始三次會見齊王不談國事，以致門生弟子疑惑。孟子說：「我先攻其邪心。」只有國君的心思復歸於正道，國政才可理順。否則，施政不妥，用人不當，縱使再睿智的臣子能改正，再耿直的臣子能進諫，而國君的邪非之心卻一直還在那裡作祟。那麼不妥的施政，一一更正之後，仍會有不妥的施政，永遠更正不完；不當的人事，一一除去之後，還是會得到再起用，永遠也去除不了。所以輔助國君，貴在能匡正國君心中的邪非，而後才能無所不正。而想格君心之非的人，本身就須要正氣凜然，思無邪念，行無不正，這唯獨有大人之德的人才能承擔得起啊！

人之患，在好①爲人師。

①好：音ㄏㄠˋ，喜好。

人的大患，在於自以爲是，喜歡當別人的老師。如果自己學有所成，有人前來請益，不得已給他提供一些意見並無不可。如果好爲人師，那就易於自滿而不再有進長的空間，這就是人的大患了。其實，聞道有先後，術業有專攻，自己就算眞的學有所成，那也只在某一方面而已，絕不是全方位的學有所成。因此，切勿以己之長去度他人之短，這是進德修業的大忌。人永遠需要老師，這樣才會深刻懂得「不學，便老而衰」的道理。不此之圖，而好爲人師，那才眞正的可悲。

〈離婁下〉

君之視臣如手足，則臣視君如腹心；君之視臣如犬馬，則臣視君如國人①；君之視臣如土芥②，則臣視君如寇讎。

①國人：猶路人，既無怨亦無恩德。

② 土芥：泥土與草芥，喻極賤之物。

假使國君把臣子看作自己的手足，臣子就會把國君看成自己的腹心；假使國君把臣子看成犬馬，臣子就會把國君看成路人；假使國君把臣子看成土芥，可以任意踐踏，臣子就會把國君看成盜賊仇敵，深予痛恨。其實，人與人之間「出乎爾者，反乎爾者也」，想要別人對自己好，自己就得對別人好，這也是一種恕道。豈止君臣之間如此，父子、夫婦、兄弟、朋友之間莫不如此。只是考慮到對於國政的影響，營造良好的君臣關係尤爲重要。手足、腹心，相待一體，可謂恩義之至。君待臣如犬馬，已屬輕賤，但猶有奉養之恩，所以臣報以無怨無德的國人。至如視臣如土芥則只是視之如無物而已，臣以寇讎報之，誰曰不宜。

中也養不中①，才②也養不才，故人樂有賢父兄也。

① 中也養不中：中，中行之道，做事無過與不及。養，涵育薰陶，使其自化。言做事合於中道的父兄教導做事尚未合於中道的子弟。

② 才：才幹。

爲人處事合於中道的人要教養尚未合於中道的人，有才幹的人要教養沒有才幹的人。所以人們都喜歡有合於中道、又有才幹的賢父兄。

人有不爲①也，而後可以有爲②。

① 有不爲：有所不爲，狷介自持，不做不合義理的事。

② 有爲：有所作爲。

人要能有所堅持，決不做不合義理的事，而後才可以大有作爲。否則，要是無所不爲，焉能有所作爲？

仲尼不爲已甚①者。

① 已甚：太過頭。

孔子乃是「不勉而中，不思而得，從容中道」的聖人，從不做太過分的事。

大人者，不失其赤子之心①者也。

①赤子之心：赤子，嬰兒。嬰兒初生色赤，故稱赤子。赤子之心，謂嬰兒純潔無邪之心。

有大德的人，就是能保有像初生嬰兒那顆純眞無邪之心的人啊！大人之心是通達萬變的，而赤子之心則純一無僞。大人之所以能成爲大人，正以他不爲外物所誘，而有以保存其純一無僞的赤子之心，並不斷推擴它，以至於無所不知、無所不能，而與天地並參而立。

人之所以異於禽獸者幾希①，庶民去之②，君子存之。

①幾希：幾，音ㄐㄧ。希，通「稀」，少。

②庶民去之：庶民，眾民。去，離去。之，指人之所以異於禽獸者。

人與禽獸同爲動物，不同的地方極其微小。一般人不懂得珍惜這個人與禽獸不同的地方，只有君子知道它的可貴而保存著。其實，人與萬物同樣得到天地之理以爲性，得到天地之氣以爲形。其所不同的是，唯獨人得到形氣之正，而能有以全盡其性，就僅只這一點與萬物稍有不同。雖說稍有不同，但人與物的分別實在於此。一般人不知珍惜這稍有不同的地方，而輕易捨棄它，這就使自己與禽獸沒什麼分別了。君子知道這個不同處的可貴，而保存它，因此戰兢惕勵，而終能全盡其所受於天的正而不偏的性理。

周公思兼三王，以施四事①；其有不合②者，仰而思之，夜以繼日；幸而得之，坐以待旦③。

①周公…四事：周公想兼夏、商、周三代聖王的美德，施行禹、湯、文、武四位聖王所行的仁政。

②不合：有所不合。

③坐以待旦：旦，天明。坐著等待天亮，喻迫不及待，急著要施行。

周公想兼三代聖王的美德，以施四位聖王的事業；如有與他們不合的地方，便抬頭細思，白天沒想通，晚上繼續想；幸而獲得答案，就坐著等待天亮，好趕快去施行。

王者之蹟熄而《詩》亡①；《詩》亡，然後《春秋》作②。

① 王者之蹟熄而詩亡：王，古代聖王。蹟，即車轍馬蹟的蹟。《詩》，〈風〉、〈雅〉、〈頌〉的總名。按照周制，天子每十二年巡狩一次，到方岳之下，朝諸侯於明堂，命太使呈上詩歌，以觀民風。當時，天下都有王者的車轍馬蹟。後來周室東遷，禮樂征伐不自天子出，巡狩之禮一廢，而王者之蹟亦熄，太史也不再呈上詩歌，故《詩》從此而亡。

② 《詩》亡然後《春秋》作：春秋，春秋時期各諸侯國《史記》的通稱。天子巡狩采詩的制度一廢，則各國的政治風俗不得而見，於是孔子作《春秋》，記各國史事，寓褒貶於其中。

周自平王東遷雒邑後，天子巡狩觀《詩》的制度廢除了。《詩》不再能藉由天子的巡狩來褒善貶惡，各種撥亂反正的史書《春秋》才相繼而起，如晉國的《乘》、楚國的《檮杌》、魯國的《春秋》。

可以取，可以無取①，取，傷廉；可以與，可以無與，與，傷惠；可以死，可以無死，死，傷勇。

①可以取，可以無取：取，收受，取得。無，通「毋」。言其似可取而實不可取。

看似可以取得的好處，深思之後，覺得可以不取更好，要是取了，那就有傷廉德。看似可以給人的好處，深思之後，覺得可以不給更好，要是給了，那就有傷恩惠。看似可以爲此事而死，深思之後，覺得可以不死更好，要是死了，那就有傷勇德。取之太過固然有害於廉，同樣，與之太過反害其惠，死之太過反害其勇。行貴合乎中道，過猶不及。

所惡於智者，爲其鑿①也。如智者若禹之行水②也，則無惡於智矣。

①鑿：音ㄗㄨㄛˊ，穿鑿附會，牽強求合。

②行水：治水。

聰明才智之所以會讓人厭惡，乃是無視於本性的自然之勢，而強加穿鑿附會。假使有智慧的人，能像大禹治水那樣，則聰明才智就沒有什麼可厭惡的了。其實，人、物的本性雖似無形而難以掌握，但它表現在外則有形蹟而易見。所以探討天下事物本性的，只要弄清已經發生的事蹟，事物之理就清楚可見了。這個已經發生的事蹟，當然是以該事物的自然之勢爲根本的。就像人性本善、水往下流，這都不是矯揉造作而來的；至於有人為惡、水漫高山則不是自然之勢了。天下的道理本就利於順暢，偏就有人好用小智，務為穿鑿，反而離道越遠。大禹治水就是因勢利導，何嘗以私智穿鑿而有所事，因此水才能充分發揮其潤下的本性而不致為害。

君子所以異於人者，以其存心①也。君子以仁存心，以禮存心。

① 存心：存，在。在心，即省察自己內心的意思。

君子與一般人所以不同，就在他能省察自己的本心。君子隨時以仁德省察本心，以禮節省察本心。有仁德的會愛護別人；有禮節的會敬重別人。孟子在此指出，君子處世之道，始終離不開恕道。人無不希望別人能對自己好，那你就得先對別人好。你希望別人愛敬你，你就得先愛敬別人。反之，你對別人不愛敬，而希望別人能愛敬你，這就與緣木求魚無異！儒學的可貴正在於此，切忌「舍其田而芸人之田，所求於人者重，而所以自任者輕」，而是要凡事「行有不得，反求諸己」。一切的問題，千萬不要像一般人那樣老是怨天尤人，而是要從自己身上找到問題的根源，這就是「自天子以至於庶人，壹是皆以脩身為本」的道理。

君子有終身之憂①，無一朝之患②也。

① 終身之憂：憂心不如堯、舜，故無時不以爲憂，自強不息，不敢稍怠。

② 一朝之患：朝，音ㄓㄠ，朝夕的朝。喻突如其來的災禍。

君子有一輩子的憂慮，卻不會在乎一時的禍患。一個有德君子所擔憂的絕不是買不起豪宅，穿不起名牌，而是自己的品德修得如何。同樣都是五行之秀、萬物之靈，爲何舜能「爲法於天下，可傳於後世」，而我們卻「未免爲鄉人」？只因爲我們沒有用心去推擴得之於天的善良稟性，也就是仁、義、禮、智這四端，沒有將這些善性推擴到極致，因此沒辦法成爲堯、舜般的聖人。一定要終日乾乾努力於推擴天生的善性，唯恐沒有盡力做好，這就是君子的「終身之憂」。至於「一朝之患」，並非由於自己的過錯與疏忽造成的，那只能委諸天命，無須憂慮。

禹思天下有溺者，由①己溺之也；稷②思天下有飢者，由己飢之也。

① 由：同「猶」。下同。

② 稷：即后稷，周朝的始祖。據說堯時，其母姜嫄踩踏到巨人的足跡而有身孕，生子以爲不祥，棄於隘巷而牛馬不踐，取置冰上而飛鳥翼之，乃取歸復養，名爲「棄」。及長，堯使居稷官，封於邰，號稱后稷。子孫世居其官，十五傳而至周武王，遂有天下。

大禹認爲天下有被水淹溺的人，就像自己淹溺他們一樣；后稷認爲天下有挨餓的人，就像自己使他們挨餓一樣。其實，聖賢之心，擴然大公，中正不偏，隨感而應，各盡其道。因此，假使大禹、后稷處在顏子的情況，也能樂顏子之樂；假使顏子處在大禹、后稷的情況，也能憂禹、稷之所憂。

〈萬章上〉

故說《詩》者，不以文害辭①，不以辭害志②。以意逆志③，是爲得之。

① 說詩者…害辭：說詩，解說詩句。文，字。辭，句。指不可以一字而害一句之意。
② 不以辭害志：志，作者的本意。指不可以一句而誤解作者寫詩的本意。
③ 以意逆志：逆，迎。以己意迎合作者寫詩的本意。

所以解《詩》不可拘泥於個別的文字而誤解辭句的意思。也不可拘泥於辭句的意思而誤解了作者的本意。要能夠以自己的意思去迎合作者的本意，這才算了解《詩》。

孔子進①以禮，退②以義，得之不得，曰：「有命。」

① 進：任官或升官。

② 退：隱退或辭官。

孔子依禮而進，依義而退，無論能不能得到官職，都說：「聽從上天的安排吧！」禮以辭遜爲主，所以要出而有爲，當依於禮。義則以斷制爲主，所以要退而有所不爲，當依於義。一般來說，在官場上，要陞遷難，要辭退易，吾人能做的，就是謹守禮、義而已。至於能不能得志，那只能歸於天命。

〈萬章下〉

伯夷①，聖之清②者也；伊尹，聖之任③者也；柳下惠④，聖之和⑤者也；

孔子，聖之時⑥者也。

①伯夷：商朝末年孤竹君的長子。孤竹君原本想冊立幼子叔齊爲嗣君。父卒，叔齊退讓給伯夷，伯夷不肯違背父命而逃，叔齊不受父命也跟著出逃。後來兄弟倆一起歸附文王。至武王伐紂時，他倆以武王父死不葬，且以臣伐君，認爲武王不孝、不忠，乃義不食周粟，而餓死於首陽山。

②清：清高純潔無所雜。

③任：以天下爲己責。

④柳下惠：春秋魯人，曾任士師，三次免職而不離開魯國。人問其故，他說：「直道而事人，焉往而不三黜？枉道而事人，何必去父母之邦？」

⑤和：隨和平易無所異。

⑥時：恰到好處。

伯夷是聖人中清高純潔的一類；伊尹是聖人中自任頗重的一類；柳下惠是聖人中隨和平易的一類；孔子是聖人中隨時合宜的一類。

不挾①長，不挾貴，不挾兄弟而友。友也者，友其德也，不可以有挾也。

① 挾：音ㄒㄧㄝˊ，倚仗。

交友之道，不可以倚仗歲數較大，不可以倚仗地位尊貴，不可以倚仗兄弟的權勢去交朋友。交朋友是要結交他的德行，不可以有所自恃的。朋友是五倫之一，與父子、君臣、夫婦、兄弟最大的不同是，與人交友是站在平等的基礎上，沒有上下、貴賤、內外、長幼之分。所以交友之道，不得「挾長」、「挾貴」、「挾兄弟」而友。朋友是用來輔助我們進德的，可能年齡相若，經歷相似，也可能年齡懸隔，經歷迴異，但卻有緣能相識而惺惺相惜。朋友可能分享共同的人生閱歷，也可能互相交換不同的人生感受，總之，對於擴大我們的人生經驗很有助益。能結交愈多的「益友」，進德愈快，這就是「朋友相觀而善」的道理，而這跟年齡的大小（挾長），社會地位的高低（挾貴），又有什麼關係呢？

〈告子上〉

人性之善也，猶水之就下也。人無有不善，水無有不下。

人性的善良就像水往低處流一樣。人沒有不善良的，水沒有不往低處流的。孟子講這句話是要反駁告子的主張。告子認為，人性沒有善不善，就像流水一樣可東、可西，缺口在東就往東流，缺口在西就往西流。流水固然可東、可西，難道也可高、可低不成？用人為的方法，譬如用力拍打，水可以濺得很高，甚至還可以將水引上高山，但這怎麼會是水的本性呢？這是情勢使然。人也會作壞事，這是由於受到外在環境的影響或是內心欲望的蠱惑，並不是人的本性啊！人初生時，無有不善。人安靜時，尚未動念，無有不善。動念不正，才有不善，所以才須要以「思無邪」、「無不敬」來修持自己。

仁義禮智①，非由外鑠②我也，我固有之也，弗思耳矣。

① 仁義禮智：仁，指人人都有惻隱之心。義，指人人都有羞惡之心。禮，指人人都有恭敬之心。智，指人人都有是非之心。

② 外鑠：鑠，音ㄕㄨㄛˋ，以火銷金，自外以至於內。由外面所賦與。

人天生的善德，就是仁、義、禮、智，並不是從外面賦與我的，而是我自己所固有的，只是沒有認眞去思索罷了。

故曰：口之於味也，有同耆①焉；耳之於聲也，有同聽焉；目之於色也，有同美焉。至於心，獨無所同然乎？心之所同然者何也？謂理②也，義③也。聖人先得我心之所同然耳。故理義之悅我心，猶芻豢④之悅我口。

①耆：同「嗜」。

②理：條理、規律，不隨個人意志而轉移的道理。

③義：合宜、適中。

④芻豢：芻，音ㄔㄨˊ，草食的家畜，如牛、羊。豢，音ㄏㄨㄢˋ，雜食的家畜，如豬、狗。

因此說：嘴巴對於味道有相同的嗜好，耳朵對於聲音有相同的聽覺，眼睛對於顏色有相同的審美。談到心，難道就沒有相同的嗎？人心所相同的是什麼？就是「理」，就是「義」。聖人只是比我們先得到人心所相同的理、義罷了。所以理、義可以使我們心靈愉悅，就像家畜能使我們的嘴巴大快朵頤一樣。

故苟得其養，無物不長；苟失其養，無物不消。

所以如果能得到培養，任何生物都能成長得好；如果失去培養，任何生物都會逐漸消亡。

雖有天下易生之物①也，一日暴之②，十日寒之③，未有能生者也。

① 易生之物：指草木、五穀之類。

② 一日暴之：暴，同「曝」，日曬使溫暖。比喻人君接近賢人，就像讓太陽曝曬一天。

③ 十日寒之：比喻人君接近小人，就像使它寒冷十天。

雖有天下最容易生長的植物，如果讓太陽曝曬它一天，卻又讓它遠離太陽而陰寒十天，它也生長不起來啊。孟子用這個例子來譬喻齊王親近賢人太少，接近小人太多。他難得見上齊王一面，將古聖先賢的大道面陳於齊王，才一告退，陰柔的小人就蜂擁而上，將齊王團團圍住，如此這般，齊王怎能變得賢明呢？自古以來，忠臣都會奉勸君主要親賢臣、遠小人。但君主也是人，難免治己不嚴，而爲物欲所誘，這時如果再有逢迎君惡的小人穿梭其間，那就不堪設想了。孟子在這裡極爲形象地指出，再容易生長的植物也經不起「一暴十寒」，有志於聖學的人豈可不深加戒惕？

是故所欲有甚於生者，所惡有甚於死者，非獨賢者有是心也，人皆有之，賢者能勿喪①耳。

①喪：亡失。

所以我們所欲求的有超過生命的，所厭惡的有超過死亡的。不只賢明的人有這種心，而是每個人都有啊！只是賢明的人能保有這種心，不使它喪失罷了。

哀哉！人有雞犬放①，則知求之；有放心，而不知求。學問之道無他，求其放心而已矣。

①放：失掉。

多麼可悲啊！人有雞狗走失了，就知道去找回來；而自己的本心丟失了，反而不知道去找回來。做學問的方法沒有別的，只是將走失的本心找回來罷了。本心乃一身之主，至爲重要，而雞狗乃至輕之物。雞狗走失了，就知道要去找回來；本心丟失了，反而不知道去找回來。這不是珍愛無關輕重的身外之物，反而遺忘了至爲寶貴的本心嗎？只是懶得去思考罷了。學問之事，包羅萬象，何止一端？但其方法則在於找回這顆走失掉的本心而已。只有將本心找回來，自會志氣清明，義理昭著，日漸上達；否則，此心昏昧放逸，就算整天忙著做學問，也不能有顯著的長進。所以程夫子才會說：「聖賢千言萬語，只是欲人將已放之心，約之使反復入身來，自能尋向上去，下學而上達也。」

從其大體①爲大人，從其小體②爲小人。…耳目之官不思，而蔽於物，物交物，則引之而已矣③。心之官則思，思則得之，不思則不得也④。此天之所與我者。先立乎其大者，則其小者弗能奪也⑤。

①大體：指心而言。

②小體：指耳、目之類。

③耳目之官…引之而已矣：官，猶器官。耳能聽，目能視，但皆不能思。既不能思就會爲外物所蔽，那耳、目本身也只是物而已。那麼以外物與此物相交往，此物就會被外物牽引而去。

④心之官…不得也：我們全身的器官只有心才有思考的功能。思則能得到事物之理；不思則

得不到事物之理。

⑤ 此天…能奪也：這三樣器官（耳、目、心）都是上天賜予我的，而以心為大。先將心樹立起來，為此身之主，而耳目之欲就不能喧賓奪主了。

依從其心志的，就是大人；依從其耳、目的，就是小人。…耳、目這些器官不會思考，很容易被外來的聲色事物所蒙蔽。耳、目本身不能思考，與一般的事物沒什麼兩樣，當外物與此物相接觸，就會被外物牽引而去。只有心這個器官會思考，思考就能得到事物之理，不思考就得不到它。這些器官都是上天賜予我們的。只要先樹立這個大體的心做為一身之主，那小體的耳、目就不能來移奪我們的心志了。孟子在此指出，人的可貴就在於有會思考的這顆心，而這顆心有個特色，那就是你要用它來思考才能得到事物之理，要是你不用它來思考就得不到它。唉！茫茫天地，人在這廣闊無垠的天地之間顯得何其的渺小啊！但人就偏偏能與天地並參而立，就只因為我們有這顆能思考的心。要是不好好善用這顆心，那我們就會被外物所役使，那與禽獸又有何不同？務必要使這顆心成為我們一身之主，不能讓耳目口鼻之欲主宰我們！要使這顆心成為我們一身之主，就要能靜得下來，勤於思考，如此就會日漸清明，道心日長，進德就快了。《書經》說：「思曰睿，睿作聖。」勤於思考，人就會變得明睿，久而久之，就能成聖成賢！

古之人修其天爵①，而人爵②從之。今之人修其天爵，以要③人爵；既得人爵，而棄其天爵，則惑之甚者也，終亦必亡而已矣。

① 天爵：爵，祿位的等級。上天所賦予的爵位。指仁義忠信這些素質，乃自然可貴，人努力多少，就會獲得多少，不假外求。

② 人爵：世俗上所獲得的爵位，如古代的公卿大夫，現代的各種官職、頭銜、學歷。要獲得人爵，除了自己努力外，還要很多社會現實條件的配合。

③ 要：音一幺，求。

古時候的人，努力修持好上天所賦予的品德才幹，世俗的名位自然跟著來。現代的人修持天爵，爲的是追求世俗的功名利祿；當取得人爵之後，就捨棄了天爵，這眞是糊塗透頂，如此那已得的人爵，終也必將丟失。其實，「修其天爵」乃我們做人的本份，「人爵從之」乃不待求而自至。「修其天爵，以要人爵」，已經夠迷糊了；「既得人爵，而棄其天爵」，則更加糊塗了，其結果必然是連已得到的人爵都保不住！這就是放失本心，逐於外物，終而本末倒置的鮮明例子。

五穀①者，種之美者也；苟爲不熟，不如荑稗②。夫③仁亦在乎熟之而已矣。

①五穀：稻、黍、稷、麥、豆。
②荑稗：荑稗，音ㄊㄧˊ ㄅㄞˋ，似穀的草，可食，但不如五穀好吃。
③夫：音ㄈㄨˊ，助詞。

五穀是各樣可做成食物的種子中最好的，但如果還沒成熟，就不如成熟的荑稗好吃。而培養仁德也是同樣的道理，仁德是各種善德中最好的，務必要存養仁德達到純熟的程度，否則就不如一般的善德。因此培養仁德務必要達到沒有片刻的間斷，造次必於是，顚沛必於是。

〈告子下〉

堯舜之道，孝弟而已矣。子服堯之服，誦堯之言，行堯之行①，是堯而已矣；子服桀之服，誦桀之言，行桀之行，是桀而已矣。

①行堯之行：第二個「行」音ㄒㄧㄥˋ，指人的行爲。做堯所做的事。

堯舜的道理，不過是孝悌兩字罷了。你穿堯所穿的衣服，說堯所說的話，做堯所做的事，便是堯了。你穿桀穿的衣服，說桀所說的話，做桀所做的事，便是桀了。其實，孝悌乃是人的良知、良能，天生本性如此。而堯舜二聖固然是人倫的楷模，但也只是遵循天性而已，哪能額外加上任何絲毫人爲的努力呢？堯舜之道雖然弘大，但就顯現在行止徐疾之間，並沒什麼特別深奧難懂或甚高難行的事。因此爲善、爲惡，就取決於我們自己而已。要「服堯之服，誦堯之言，行堯之行」，那就成爲堯舜了；要「服桀之服，誦桀之言，行桀之行」，那就成爲桀紂了。

孔子爲魯司寇①，不用②，從而祭，燔肉③不至，不稅冕而行④。不知者以爲爲肉也，其知者以爲爲無禮也。乃孔子則欲以微罪行，不欲爲苟去。君子之所爲，衆人固不識也。

①司寇：官名，古時候六卿之一，掌刑獄。
②不用：謂其言不被國君所採用。
③燔肉：燔，音ㄈㄢˊ。祭肉。
④不稅冕而行：稅，音ㄊㄨㄛ，通「脫」。冕，指祭冠。大夫以上的禮冠不可做爲常冠用。

謂來不及脫下祭冠就走，喻極爲匆促。

孔子當魯國的司寇，得不到魯君的重用，跟從魯君去祭祀，而應該分得的祭肉沒有送來，於是連祭冠都來不及脫下就匆忙離去。不知道的人以爲孔子是爲了得不到祭肉而離去；知道的人以爲孔子是爲了魯君對他無禮而離去。其實，孔子是要藉著魯君犯的一個小過錯而離去，而不要無故離去。君子的所作所爲，一般人本來就難以理解啊！依照《史記》的記載，孔子在魯國當司寇時，攝行相事，齊國擔心如果孔子治理好魯國，那將是對齊國的一大威脅，因此就處心積慮，送能歌善舞的一批美女給魯君。季桓子與魯君前往觀賞歌舞而疏於政事。子路就跟孔子說：「夫子可以行矣。」孔子說：「魯今且郊（祭），如致燔于大夫，則吾猶可以止。」季桓子終於決定接受齊國饋贈的女樂，而郊祭之後又不送燔肉給大夫。孔子就離開魯國了。那些「以爲爲肉」的人，固不足道；而「以爲爲無禮」的人，也未能眞正知道孔子。因爲孔子不想彰顯魯國君、相的過失，而又不願無緣無故離開父母家邦，所以不以女樂，而以「燔肉不至」爲由離去。孔子見幾而作，其用意忠厚，豈是一般凡夫俗子所能理解？

〈盡心上〉

盡其心①者，知其性②也。知其性則知天③矣。存④其心，養⑤其性，所以事⑥天也。殀壽不貳，修身以俟之⑦，所以立命⑧也。

①心：人的神明所在之府，能具備眾理而回應萬事。
②性：人所稟受於天的本性。
③天：天道，天下之理無不本源於天。
④存：操持而不捨去的意思。
⑤養：順其本性而不相害的意思。
⑥事：事奉。
⑦殀壽不貳，修身以俟之：殀，音一ㄠˇ，短命而死。壽，長壽。貳，疑。俟，音ㄙˋ，等待。之，指殀或壽。
⑧立命：樹立天命。

讓我們的本心能全盡其具眾理、應萬事的作用，就能知道我們受之於天的本性。能知道我們的本性，就可了知天道。操存這個本心而不捨，順養這個本性而不以私意危害它，就是事奉天道。生命的長短，根本不用疑慮，重要的是，要用心修養自己的身心，靜待天命的到來，這就是在樹立天命。這是盡心篇的第一章，也是孟子心性論的開篇之作，對理學，不論是程朱或是陸王都有極爲深遠的影響。朱子認爲，「不窮理則有所蔽，而無以盡乎此心之量。故能極其心之全體而無不盡者，必其能窮夫理而無不知者也。既知其理，則其所從出亦不外是矣」。朱子直接以「知性」爲《大學》的「物格」，以「盡心」爲「知至」。他認爲，「盡心、知性而知天，所以造其理也。存心、養性以事天，所以履其事也。不知其理，固不能履其事；然徒造其理而不履其事，亦無以有諸己矣。知天而不以殀壽貳其心，智之盡也。事天而能修身以俟死，仁之至也。智有不盡，固不知所以爲仁；然智而不仁，則亦將流蕩不法而不足以爲智矣」。

清初毛奇齡並不同意這種看法，他認爲「知性非物格，盡心非知至」。他主張，「知天」是「盡心之量而無所闕，則知心所自來，性所從出，此誠而明者」；「事天」是「存心養性，言從乎此」；「立命」則更降一等，因爲是「修生俟死，困勉終身」，所謂「命」，是指「從天之命我者，使不殞身」。毛奇齡認爲「知天」「事天」「立命」乃孔孟論學的三個層次，分別爲生知安行，學知利行，困之勉行。毛奇齡晚年作《四書改錯》，對朱子攻擊不遺餘力，但大多集中在訓詁、考據方面，於義理發明的貢獻極爲有限，根本動搖不了朱子《四書章句集注》的威信。但對於〈盡心〉首章的解釋，實爲毛奇齡在義理上難得一見的發明，頗值參考。

人不可以無恥①。無恥之恥②，無恥矣。

① 人不可以無恥：人不可以無所羞恥。恥，即羞惡之心。

② 無恥之恥：以無恥爲可恥。

人不可以沒有羞惡之心。能以無恥爲可恥，那就沒有恥辱了。孟子說過：「無羞惡之心，非人也。」孔子也說過：「知恥，近乎勇。」可見羞恥心在孔孟思想中的重要性。一個人想要進學成德，就得要有強烈的羞恥心。有了羞恥心，才會過而能改，見善則遷。否則，因循委蛇，有過不改，見善不遷，如何成德？像二零零四年三月十九日下午，正是選舉台灣地區最高領導人的前一天，陳水扁爲了贏得選舉，不擇手段，自編自導兩顆子彈刺殺總統的事件，致使選情逆轉，結果只以極些微的票數贏得選舉。當時，在醫院內，他還不斷打電話，掌握選情變化，明明輕傷，卻給人造成生命垂危的假象，以此來爭取同情票。雖然他的陰謀得逞，但台灣的民主體制從此也蒙上了陰影。二零零六年扁家洗錢的醜聞爆發後，雖然在第一時間陳水扁向全台灣民眾道歉，但隨後堅不認錯，認爲要是認錯，就會全盤輸得精光，寧願揹負天下的罵名，也絕不認錯，可說是無恥到了極點。他甚至在法庭的書面答辯狀申訴，他八年總統任內，都是依照美國在台協會的指示辦事，因而主張他的案件不應由台灣法院審理，而應該移交美國審理。這種行徑比起向契丹俯首稱臣、自稱「兒皇帝」的石敬塘還不要臉。至於他的兒子陳致中嫖娼一事，更是令人嘆爲觀止，竟然支持者還以嫖的是台灣妹，又不是大陸妹，而且也付了錢，並不是白嫖，說這是愛台的表現。台灣社會被這種無恥至極的領導人顚倒是非整整八年，至今餘殃未息，怎不令人扼腕！

樂其道而忘人之勢①。故王公②不致敬盡禮，則不得亟③見之。

① 勢：權力。
② 王公：王，指天子。公，泛指諸侯。
③ 亟：音ㄑㄧˋ，屢次。

樂於奉行自己所信的大道，而忘了別人的權勢。所以王公大人如果沒有用最誠敬的心意與最崇隆的禮節來善待賢士，就不能與他時常見面。孟子在此指出，手握大權的人應當委屈自己，尊禮賢士；而賢士也要「守死善道」，不能枉道以求利。表面上看來，王公與賢士兩者似乎相矛盾，實則相反以相成，乃是兩者各盡其道而已。

故士窮不失義，達①不離道。窮則獨善其身，達則兼善天下。

①達：顯達。

所以讀書人窮困時，不做不義的事；顯達了，不會背離正道。窮困時，獨自善待自身；顯達時，則讓天下百姓同享善道。孟子在此指出，讀書人能夠「尊德」，就有以自重而不會羨慕人爵的虛榮；能夠「樂義」就有以自安而不會受到外物的誘惑。如此，就能「窮不失義，達不離道」，不會被貧賤所移，也不會爲富貴所淫。內心對德義原則愈爲看重，則人爵、外物的誘惑就愈輕，如此則無往而不善矣。

夫君子所過者化①，所存者神②，上下與天地同流。

①夫君子所過者化：夫，音ㄈㄨˊ，助詞。君子，在此爲聖人的通稱。所過者化，謂他所經過的地方，無不被其感化。

②所存者神：謂心所存念的地方，就神妙莫測。

因此聖人所經過的地方，百姓無不受到感化；其心所存念的地方，就神妙莫測。他的德業十分盛大，簡直上下都可以與天地共同流行。孟子在此指出，王道之所以爲大，不像霸道只能小小補塞一些罅漏而已。因爲霸道只是假仁義之名，違道干譽，乃是有所爲而爲，豈能持久？至於王道則無不出於仁義，自然天成，無所作做，既不令人喜，也不令人憂，百姓「日遷善而不知爲之者」，這是爲政的最高境界。

人之有德慧術知者，恒存乎疢疾①。獨孤臣孽子②，其操心③也危，其慮患也深，故達④。

① 人之有…疢疾：知，音ㄓˋ，同「智」。恒，常。疢，音ㄔㄣˋ。疢疾，猶災患。人所以會有德行、智慧、道術與才智，經常是由於處在患難之中，能夠力學，所以才能成德。

② 孤臣孽子：孤臣，指遠離國君而孤立的臣子。孽子，指庶出的兒子。這兩種人皆難以得到君親的喜愛，所以常有疢疾。

③ 操心：用心。

④ 達：謂達於事理，指「有德慧術知」而言。

人的德行、智慧、道術與才智，經常是在憂患中磨練出來的。所以只有孤立的臣子與微賤的庶子，他們常懷戒慎恐懼之心，存著深遠的憂慮，所以能通達事理。這裡孟子所講的，也是「生於憂患，死於安樂」的道理。以動物爲例，像百獸之王的獅子，因爲天生體型壯碩，牠就發揮不出狐狸的狡黠；反之，狐狸身軀瘦小，如果又不狡黠，那很快就絕種了。假使獅子除了天生的勇猛，又兼具狐狸的狡黠，那牠將橫行天下。還好，上天有好生之德，賦予每種生物一種內在的限制，像獅子的繁殖力就很差，老鼠的繁殖力就特別強。而人做爲五行之秀、萬物之靈，被上天賦予一顆能思考的心，因此在疢疾中，固然能砥礪出不凡的「德慧術知」，而自覺有天命的人，就算在順境之中，仍能培養出不凡的「德慧術知」。這就知道，靠惡劣環境的磨練而奮鬥不懈，固然可嘉。沒有惡劣環境的磨練，而猶能鞭策自己，成德成才，則尤屬難能可貴。

故觀於海者難爲水，遊於聖人之門者難爲言①。

① 故觀…爲言：聖人，指孔子。遊，遊學，指出外拜師求學。難爲水、難爲言，即難乎其爲水、其爲言的意思。

所以觀看過大海的人，認爲其它河、湖都難以和大海相比；遊學過聖人門下的人，認爲其它流派的言論都難以和聖人之言相比了。這是在說明聖人之道至爲弘大，所見既大，則其小者就不足觀了。

形色①，天性②也；惟聖人，然後可以踐形③。

① 形色：形，指人的形體。色，指人的容貌面色。「形」字重，「色」字輕，「色」便在「形」裡面，故下文只說「踐形」。

② 天性：上天所賦與的本性。

③ 踐形：踐，如踐言之踐。形，此「形」包括「色」，是指這有形色的東西，如腳著著實實踩踏著，使其充分發揮作用，而沒有絲毫的缺憾。踐形，充人之形。如耳是形，必盡其聽，然後能踐耳之形；目是形，必盡其明，然後能踐目之形。

人的形體容色是上天所賦與的本性。只有聖人才能將此形體容色發揮得淋漓盡致。上天賦與人生命，人從上天得到形體容色，我們的耳、目、口、鼻無不具有特定的作用：耳就得無有不聽，目就得無有不明，口就得盡別天下之味，鼻就得盡別天下之嗅。聖人與常人一樣。

只是眾人有氣稟之偏，物欲之累，雖同是耳，卻不足於聽；雖同是目，卻不足於明；雖同是口，卻不足以別味；雖同是鼻，卻不足以別嗅。雖有是形，惟其不足，故不能充踐此形。只有聖人耳則十分聰，而無一毫之不聰；目則十分明，而無一毫之不明；至於口、鼻莫不皆然。惟聖人如此，方可以踐此形；惟眾人如彼，自不能踐此形。程夫子對這段話如此詮釋：「聖人盡得人道而能充其形也。蓋人得天地之正氣而生，與萬物不同。既為人，須盡得人理，然後稱其名。眾人有之而不知；賢人踐之而未盡；能充其形，惟聖人也。」聖人完全得到人之所以為人的道理，所以能充分體現出人天生所應有的形色。因為人本就是五行之秀，只有人才能得到天地的正氣而生，其他萬物所得到的陰陽五行之氣既偏且不全。既然有幸為人，就應盡一切所能，得到人之所以為人之理，然後才能名實相稱。一般凡夫俗子，徒有人的形色而不知踐形；賢明的人雖然知道踐形，卻不能充分做到極致；只有聖人才能做到。正因為「惟聖人，然後可以踐形」，所以孔門弟子在編纂《論語》時，特別在〈鄉黨〉篇收錄聖人日常生活起居中「形色」的點點滴滴；而朱子在編纂《近思錄》時，特別在最後一卷〈聖賢氣象〉，收錄足以體現聖賢「形色」的文字，以為後學學習的榜樣。其實，耳、目、口、鼻不能思考，對人來講，只是「小體」，而只有聖人才可以「踐形」。至於能夠思考的心，則是「大體」，但也只有聖人才能「盡心」「知性」「知天」，這卻又是不能不知的！

挾①貴而問，挾賢而問，挾長②而問，挾有勳勞而問，挾故而問，皆所不答也。

①挾：音ㄒㄧㄝˊ，倚仗。
②長：音ㄓㄤˇ，年長。

凡是倚仗尊貴來提問的，倚仗賢能來提問的，倚仗年長來提問的，倚仗功勞來提問的，倚仗故舊來提問的，都是我不願回答的。有所倚仗，則其受道之心不專，因此不予答覆。君子雖說誨人不倦，但卻厭惡誠意不足的人。

〈盡心下〉

民爲貴，社稷①次之，君爲輕。

①社稷：社，土地之神。稷，音ㄐㄧˋ，五穀之神。古代立國時，政事堂的東面設社壇，西面設稷壇，因此以社稷象徵國家。

百姓最重要，國家其次，國君是最爲無關緊要的。孟子早在兩千四百多年前就提出「民貴君輕」的民本思想，而歐洲最早提出與此類似的「國民主權」思想的則是五百年前西班牙的薩拉曼卡學派（School of Salamanca）。相較之下，孟子要比西方最先進的思想流派還要早一千九百年就提出當今民主政治、法治國家的最基本命題。其實，孟子「民貴君輕」的思想源自《尚書》中的「民爲邦本，本固邦寧」，「天視自我民視，天聽自我民聽」，而且也受到孔子的啓發。「國民主權」在法國大革命後才取代了「君王主權」，而成爲時代的潮流，但這已是最近兩百多年的事了。所謂「主權」，是指至高無上的權力，「國民主權」認爲，國家的最高權力屬於國民全體，國家是爲國民而存在，不是國民爲國家而存在。國家要保護國民生命、財產的安全，維護國民的正當權益。管理國家的統治者要得到被統治者的同意。如果統治者沒法忠實履行職務，被統治者可以換掉統治者。這個思路不就是孟子所說的「諸侯（按即統治者）危社稷（按即國家），則變置」嗎？而孟子這種「民貴君輕」的思想早就浸熟灌透入中華民族的靈魂深處，爲商湯與周武王的革命乃是順天應人的正當性提供了堅實的理論基礎，這種文化積澱可是中國傳統所獨有，它是中華民族之所以可以自豪地矗立於世界民族之林的寶貴文化資產！

諸侯之寶三①：土地，人民，政事。寶珠玉②者，殃必及身。

①寶三：寶，名詞，貴重的事物有三種。

②寶珠玉：寶，動詞，以珠玉爲可貴。

諸侯所寶貴的有三項：土地、百姓與政事。若把珠玉當寶貴，禍害一定會降臨他身上。把土地當寶貴，那就會好好開發利用，保護生態環境，使土地成爲可持續使用的資源，所謂「有土此有財，有財此有用」（《大學》）。把百姓當寶貴，那就會視民如傷，讓年輕子弟接受良好完整的教育，讓成年人都能充分就業，「男有分，女有歸」（《禮記・禮運・大同》），家家戶戶都能安居樂業，照顧好鰥寡孤獨廢疾者，使「老有所終，壯有所用，幼有所長」（《禮記・禮運・大同》）。把政事當寶貴，那就會舉賢任能，「民之所好好之，民之所惡惡之」（《大學》），勤於政事，使野無遺賢，下情上達。只要把這三項做好，不必去寶珠玉，珠玉自然不求而自至，積滿倉庫。否則，捨本逐末，以珠玉爲寶貴，而無視於土地、人民與政事，那不就是自取災禍嗎？

《中庸》

誠者①，天之道也；誠之者②，人之道也。誠者，不勉而中③，不思而得，從容中道④，聖人也；誠之者，擇善而固執之者也。

①誠者：眞實無妄。指大道本就無須任何後天的作爲，就可眞實無妄。

②誠之者：未能天生眞實無妄，卻希望能做到眞實無妄，因此須努力追求。

③不勉而中：中，音ㄓㄨㄥˋ，契合。言無須勉力而爲，自然契合大道。

④從容中道：中，音ㄓㄨㄥˋ，契合。從容，安舒貌。言從容自在，生知安行，自然與大道契合。

誠乃眞實無妄，是天地萬物與生俱有的道理。而努力做到眞實無妄，則是人生應有的道理。天生眞誠的人，無須勉力而爲，就自然契合大道；不必用心思考，就自然得到它；從容自在，生知安行，就自然與大道契合，這樣就是聖人。努力做到眞實無妄的人，用心選擇善道，然後堅固執守此道，不敢稍有偏失。其實，聖人與大道融渾爲一，眞實無妄，不待思勉而從容中道，這就是「天之道」。對於絕大多數，還沒達到聖人境界的人而言，不能沒有人欲之私，其德行不能圓融無缺，所以未能不思而得，那就要謹愼選擇善道，然後才可以明於善道；未能不勉而中，那就要堅固執守善道，然後才可以使自己眞實無妄。這就是「人之道」。「不思而得」是「生知」的事，「不勉而中」是「安行」的事，「擇善」是「學知」、「困知」的事，「固執」則是「利行」「勉行」的事。

故君子尊德性而道問學，致廣大而盡精微，極高明而道中庸①。溫故而知新，敦厚以崇禮②。

①尊德性…道中庸：尊，恭敬，奉持。德性，吾人所受於天的本然善性。道問學，講論學問。一般來說，漢儒、清儒的章句、訓詁，是「道問學」；而宋、明諸儒的心性、義理之學，則爲「尊德性」。合兩者之長，廣大、精微，各臻其極。但即使達到最高明的境界，仍須由乎中庸。

②敦厚以崇禮：篤厚品德而崇尚禮節，不可徒尙空談。

因此，有德君子要恭敬持守自身的德性，還要講論學問；致力於道體的廣大，盡心於學問的精微；就算達到最高明的境界，仍須遵循中庸的法度。溫習舊學來增進新知，篤厚品德而崇尚禮節。「尊德性」是要存心而極乎道體之廣大。「道問學」是要求致知而盡乎道體之細微。這兩者是修德、凝道的關鍵。不以一毫的私意蒙蔽了自己，也不以一毫的私欲拖累了自己，涵泳乎其所已知的事，敦篤乎其所已能的事，這些都是存心的工夫。辨析事理不使有毫釐的忒差，處置事情不使有過與不及的謬誤。義理則日知其所未知，節文則日謹其所未謹，這些都是致知的工夫。因爲沒有存心就無法致知，而存心又不可以不致知，所以這五句環環相扣，大小相資，首尾相應，聖賢教人入德的法門莫詳於此，學者不可不格外用心啊！

子曰：「人一能之，己百之；人十能之，己千之。果能此道矣，雖愚必明，雖柔必強。」

別人一次就能做好，我就努力一百次；別人十次就能做好，我就努力一千次。要是眞能用這個方法，再愚蠢的人也會變得明睿，再懦弱的人也會變得剛強。」我們生來稟賦不如聖人，想要「自求變化氣質」而成聖成賢，那就非以「人一己百，人十己千」這種「困知勉行」、百倍其功的努力，就不足以達成。但很多人生來稟賦不高，又不肯下定決心勤奮向學，只是空想要改變氣質，而結果就自怨自艾說：「天賦本就不如人，不是學習就能改變的。」這就是放棄自己的人，也是對自己不負責任的人。

子曰：「庸德之行①，庸言之謹②：有所不足，不敢不勉；有餘，不敢盡。言顧行，行顧言，君子胡不慥慥爾③！」

①庸德之行：庸，平常。行，實踐。

②謹：謹慎。

③胡不慥慥爾：胡，怎麼。慥，音ㄗㄠˋ。慥慥，篤實的樣子。爾，同「耳」。

孔子說：「在一般的德行上，盡我所能去踐行；在平常的言談中，務必謹慎此再說。還沒做好的事，不敢不勉力去做；說話要留有餘地，不敢說盡。言談時，要顧及自己的行爲；行爲時，要顧及自己的言談。君子固守中道，凡事不敢過與不及，怎麼可以不誠意篤實呢！」庸德之「行」，指踐行其實；庸言之「謹」，指愼擇其可。「德」雖不足，能勉力以行，則其行更加有力；「言」雖有餘，能謹愼以言，則其言更爲可信。謹愼到極致，那就「言顧行」；行愈爲有力，那就「行顧言」。如此，就是言行一致的翩翩君子了。

詩云：「鳶飛戾天，魚躍于淵①。」

① 鳶飛…于淵：出自《詩經．大雅．旱麓》。鳶，音ㄩㄢ，猛禽，似鷹而嘴短尾長，俗稱鷂鷹。戾，達到。淵，深水處。

詩經上說：「仰頭看到鷂鷹飛到天際，低頭看到魚兒躍入深淵。」這是說，這個中庸之道，其大無外，其小無內，可說極其廣大，然而它所依循的義理則極爲隱微而見不到。因爲可以知曉、可以能行，乃只是此道中的一部分而已，至於此道最爲精深極致的部份，就算聖人也會有所不知、不能。

故君子居易以俟命①，小人行險以徼幸②。

① 居易以俟命：居易，處於平易之中。俟命，等待天命。

② 徼幸：也作「僥倖」。

所以君子自處平易，靜待天命的安排；小人則不安本分，冒險圖謀非分的好處。

故君子之道①，本諸②身，徵諸庶民③，考諸三王而不繆④，建諸天地而不悖⑤，質諸鬼神而無疑⑥，百世以俟⑦聖人而不惑。

①君子之道：君子，這裡是指稱王天下的人。道，這裡是指議禮、制度、考文方面的事。
②諸：乃「之於」二字的合音。下同。
③徵諸庶民：徵，驗證於外。庶民，一般百姓。謂在一般百姓身上得到驗證。
④繆：音ㄇㄡˋ，同「謬」，錯誤。
⑤建諸…不悖：悖，音ㄅㄟˋ，背離。建立於天地之間而不相違逆，亦即與天地合德的意思。
⑥質諸…無疑：質問於鬼神而無所疑慮。
⑦俟：等待。

所以君臨天下的聖王，對於議禮、制度、考文這些事，要從修養好自身的德行做起，而驗證於一般百姓是否信從，以夏、商、周三代的禮制來查考也沒謬差，建立於天地之間而能與天地合德，質問於鬼神也能得到首肯，就算等到百世以後才復出的聖人對它也不會有所疑惑。

仲尼祖述①堯舜，憲章②文武，上律天時③，下襲水土④。辟⑤如天地無不持載，無不覆幬⑥；辟如四時之錯行⑦，如日月之代明⑧。萬物並育而不相害，道並行而不相悖。小德川流⑨，大德敦化⑩，此天地之所以爲大也。

①仲尼祖述：仲尼，孔子的字。孔子因出生在魯國的尼丘山，因此名「丘」，是第二個兒子，因此字「仲尼」。仲，排序第二的意思。

②憲章：憲，取法之意。章，同「彰」，闡明。

③上律天時：律，效法。天爲純陽，在上。向上效法天的運行有常，才能四時不忒，寒來暑往。

④下襲水土：襲，因襲。五行之中，只有水、土二者屬陰，其餘則屬陽。陽在上，而陰在下。向下則因襲水性潤下，土能稼穡，栽種、灌溉各種作物。

⑤辟：同「譬」。

⑥覆幬：幬，音ㄉㄠˋ。覆蓋。

⑦錯行：交替運行。

⑧代明：交替照明。

⑨川流：如河川流水的脈絡分明。

⑩敦化：篤厚化育。

孔子遠宗堯、舜之道而傳述給後人，近則取法文王、武王而予以闡明彰顯，上則效法天道的自然運行，下則因襲水土的作育萬物。譬如天地能夠持載、覆蓋萬物；譬如四季的更迭運行，如日月的交替輝映。天覆地載，萬物一同生長於天地之間而不相妨害，四時錯行、日月代明於天地之間而不相背離。其不相妨害、不相背離，乃小德的川流脈絡分明，長流不息；其並育、並行，則是大德的敦厚化育，根本盛大而衍出無窮。小德是全體的一部分，大德則是萬殊的根本。這就是天地所以偉大之處啊！

詩曰：「衣錦尚絅①。」

①衣錦尚絅：衣，音一ˋ，穿著，為動詞。錦，彩色的綢衣。尚，加的意思。絅，音ㄐㄩㄥˇ，同「褧」，單層的罩衫。出於《詩經．衛風．碩人》與《詩經．鄭風．丰》，皆作「衣錦褧衣」。

詩經說：「穿了彩色的綢衣，還得再加上一件單層的罩衫。」這是因為嫌惡那綢衣的文彩太過亮麗啊！所以君子爲人之道，內斂而不外露，只在存心養性下工夫，日子一久，德行日長，自然一天天彰明起來。

附錄

古本《大學》新校本

宗聖　曾參（子輿）作
朱高正　點校

首章　三綱領、八條目，以脩身為本

大學之道，在明明德，在親民，在止於至善。知止而后有定，定而后能靜，靜而后能安，安而后能慮，慮而后能得。物有本末，事有終始，知所先後，則近道矣。古之欲明明德於天下者，先治其國；欲治其國者，先齊其家；欲齊其家者，先脩其身；欲脩其身者，先正其心；欲正其心者，先誠其意；欲誠其意者，先致其知；致知在格物。物格而后知至，知至而后意誠，意誠而后心正，心正而后身脩，身脩而后家齊，家齊而后國治，國治而后天下平。自天子以至於庶人，壹是皆以脩身爲本。其本亂，而末治者否矣。其所厚者薄，而其所薄者厚，未之有也。（0）①此謂知本，此謂知之至也。（5）

第二章　毋自欺即自謙，君子必慎其獨也

所謂誠其意者，毋自欺也。如惡惡臭，如好好色，此之謂自謙。故君子必慎其獨也！小

人閒居爲不善，無所不至，見君子而後厭然，揜其不善，而著其善。人之視己，如見其肺肝，然則何益矣?此謂誠於中，形於外，故君子必愼其獨也。曾子曰：「十目所視，十手所指，其嚴乎!」富潤屋，德潤身，心廣體胖，故君子必誠其意。（6）

第三章　學要如切如磋，自修要如琢如磨，內恂慄而外威儀，方能盛德至善

詩云：「瞻彼淇澳，菉竹猗猗。有斐君子，如切如磋，如琢如磨。瑟兮僩兮，赫兮喧兮。有斐君子，終不可諠兮!」如切如磋者，道學也。如琢如磨者，自脩也。瑟兮僩兮者，恂慄也。赫兮喧兮者，威儀也。有斐君子，終不可諠兮者，道盛德至善，民之不能忘也。（3-2）②

第四章　前王不忘，克明峻德

詩云：「於戲!前王不忘。」君子賢其賢而親其親，小人樂其樂而利其利，此以沒世不忘也。（3-3）康誥曰：「克明德。」大甲曰：「顧諟天之明命。」帝典曰：「克明峻德。」皆自明也。（1）

第五章　無所不用其極於日新

湯之盤銘曰：「苟日新，日日新，又日新。」康誥曰：「作新民。」詩曰：「周雖舊邦，

其命惟新。」是故君子無所不用其極。（2）

第六章　知其所止：君止於仁，臣止於敬

詩云：「邦畿千里，惟民所止。」詩云：「緡蠻黃鳥，止於丘隅。」子曰：「於止，知其所止，可以人而不如鳥乎？」詩云：「穆穆文王，於緝熙敬止！」爲人君，止於仁；爲人臣，止於敬；爲人子，止於孝；爲人父，止於慈；與國人交，止於信。（3-1）子曰：「聽訟，吾猶人也，必也使無訟乎！」無情者不得盡其辭，大畏民志，此謂知本。（4）

第七章　身有所忿懥、恐懼、好樂、憂患，則心不得其正

所謂脩身在正其心者：身有所忿懥，則不得其正；有所恐懼，則不得其正；有所好樂，則不得其正；有所憂患，則不得其正。心不在焉，視而不見，聽而不聞，食而不知其味。此謂脩身在正其心。（7）

第八章　不以親愛、賤惡、畏敬、哀矜、敖惰而辟焉，好而知其惡，惡而知其美，方能齊家

所謂齊其家在脩其身者：人之其所親愛而辟焉，之其所賤惡而辟焉，之其所畏敬而辟焉，

之其所哀矜而辟焉，之其所敖惰而辟焉。故好而知其惡，惡而知其美者，天下鮮矣！故諺有之曰：「人莫知其子之惡，莫知其苗之碩。」此謂身不脩不可以齊其家。（8）

第九章　君子不出家，而成教於國，要宜其家人而后可以教國人

所謂治國必先齊其家者，其家不可教而能教人者，無之。故君子不出家，而成教於國。孝者，所以事君也。弟者，所以事長也。慈者，所以使眾也。康誥曰：「如保赤子。」心誠求之，雖不中，不遠矣。未有學養子而後嫁者也！一家仁，一國興仁；一家讓，一國興讓；一人貪戾，一國作亂；其機如此。此謂一言僨事，一人定國。堯舜帥天下以仁，而民從之；桀紂帥天下以暴，而民從之；其所令反其所好，而民不從。是故君子有諸己，而后求諸人。無諸己，而后非諸人。所藏乎身不恕，而能喻諸人者，未之有也。故治國在齊其家。詩云：「桃之夭夭，其葉蓁蓁。之子于歸，宜其家人。」宜其家人，而后可以教國人。詩云：「宜兄宜弟。」宜兄宜弟，而后可以教國人。詩云：「其儀不忒，正是四國。」其爲父子兄弟足法，而后民法之也。此謂治國在齊其家。（9）

第十章　君子有絜矩之道：與民同好惡；德義為本，財利為末；仁者以財發身，不仁者以身發財

所謂平天下在治其國者：上老老，而民興孝；上長長，而民興弟；上恤孤，而民不倍。是以君子有絜矩之道也。所惡於上，毋以使下；所惡於下，毋以事上；所惡於前，毋以先後；所惡於後，毋以從前；所惡於右，毋以交於左；所惡於左，毋以交於右；此之謂絜矩之道。詩云：「樂只君子，民之父母。」民之所好好之，民之所惡惡之，此之謂民之父母。詩云：「節彼南山，維石巖巖。赫赫師尹，民具爾瞻。」有國者不可以不愼；辟則爲天下僇矣。詩云：「殷之未喪師，克配上帝。儀監于殷，峻命不易。」道得眾則得國，失眾則失國。是故君子先愼乎德。有德此有人，有人此有土，有土此有財，有財此有用。德者，本也；財者，末也。外本內末，爭民施奪。是故財聚則民散，財散則民聚。是故言悖而出者，亦悖而入；貨悖而入者，亦悖而出。康誥曰：「惟命不于常！」道善則得之，不善則失之矣。楚書曰：「楚國無以爲寶，惟善以爲寶。」舅犯曰：「亡人無以爲寶，仁親以爲寶。」秦誓曰：「若有一个臣，斷斷兮，無他技，其心休休焉，其如有容焉：人之有技，若己有之，人之彥聖，其心好之，不啻若自其口出，寔能容之，以能保我子孫黎民，尚亦有利哉！人之有技，媢嫉以惡之，人之彥聖，而違之俾不通，寔不能容，以不能保我子孫黎民，亦曰殆哉！」唯仁人放流之，迸諸四夷，不與同中國。此謂唯仁人爲能愛人，能惡人。見賢而不能舉，舉而不能先，命也；見不善而不能退，退而不能遠，過也。好人之所惡，惡人之所好，是謂拂人之性，菑必逮夫身。是故君子有大道，必忠信以得之，驕泰以失之。生財有大道，生之者眾，食之者寡，爲之者疾，用之者舒，則財恆足矣。仁者以財發身，不仁者以身發財。未有上好仁而下不好義者也，未有好義其事不終者也，未有府庫財非其財者也。孟獻子曰：「畜馬乘不察於雞豚，伐冰之家不畜牛羊，百乘之家不畜聚斂之臣。與其有聚斂之臣，寧有盜臣！」此謂國不以利爲利，以義爲利也。長國家而務財用者，必自小人矣。彼爲善之，小人之使爲國家，菑害並至，雖有善者，亦無如之何矣！此謂國不以利爲利，以義爲利也。（10）

①括弧內的「0」爲朱熹所定《大學章句》通行本的「經一章」，其餘1到10的阿拉伯數字爲通行本的「傳之一章」到「傳之十章」。通行本除古本本文外，朱熹另外在「傳之五章」補了一段〈格物致知傳〉。

②括弧內的「3-2」爲通行本的「傳之三章」第二段，下面的「3-3」與「3-1」則爲「傳之三章」第三、一段。

《論語》

學而第一

子曰：「學而時習之，不亦說乎？有朋自遠方來，不亦樂乎？人不知而不慍，不亦君子乎？」

有子曰：「其爲人也孝弟，而好犯上者，鮮矣；不好犯上，而好作亂者，未之有也。君子務本，本立而道生。孝弟也者，其爲仁之本與！」

子曰：「巧言令色，鮮矣仁！」

曾子曰：「吾日三省吾身：爲人謀而不忠乎？與朋友交而不信乎？傳不習乎？」

子曰：「道千乘之國：敬事而信，節用而愛人，使民以時。」

子曰：「弟子入則孝，出則弟，謹而信，汎愛眾，而親仁。行有餘力，則以學文。」

子夏曰：「賢賢易色，事父母能竭其力，事君能致其身，與朋友交言而有信。雖曰未學，吾必謂之學矣。」

子曰：「君子不重則不威，學則不固。主忠信。無友不如己者。過則勿憚改。」

曾子曰：「慎終追遠，民德歸厚矣。」

子禽問於子貢曰：「夫子至於是邦也，必聞其政，求之與？抑與之與？」子貢曰：「夫子溫、良、恭、儉、讓以得之。夫子之求之也，其諸異乎人之求之與？」

子曰：「父在，觀其志；父沒，觀其行；三年無改於父之道，可謂孝矣。」

有子曰：「禮之用，和爲貴。先王之道斯爲美，小大由之。有所不行，知和而和，不以禮節之，亦不可行也。」

有子曰：「信近於義，言可復也；恭近於禮，遠恥辱也；因不失其親，亦可宗也。」

子曰：「君子食無求飽，居無求安，敏於事而慎於言，就有道而正焉，可謂好學也已。」

子貢曰：「貧而無諂，富而無驕，何如？」子曰：「可也。未若貧而樂，富而好禮者也。」子貢曰：「詩云：『如切如磋，如琢如磨。』其斯之謂與？」子曰：「賜也，始可與言詩已矣！告諸往而知來者。」

子曰：「不患人之不己知，患不知人也。」

為政第二

子曰：「爲政以德，譬如北辰，居其所而眾星共之。」

子曰：「詩三百，一言以蔽之，曰『思無邪』。」

子曰：「道之以政，齊之以刑，民免而無恥；道之以德，齊之以禮，有恥且格。」

子曰：「吾十有五而志于學，三十而立，四十而不惑，五十而知天命，六十而耳順，七十而從心所欲，不踰矩。」

孟懿子問孝。子曰：「無違。」樊遲御，子告之曰：「孟孫問孝於我，我對曰『無違』。」樊遲曰：「何謂也？」子曰：「生，事之以禮；死，葬之以禮，祭之以禮。」

孟武伯問孝。子曰：「父母唯其疾之憂。」

子游問孝。子曰：「今之孝者，是謂能養。至於犬馬，皆能有養；不敬，何以別乎？」

子夏問孝。子曰：「色難。有事弟子服其勞，有酒食先生饌，曾是以爲孝乎？」

子曰：「吾與回言終日，不違如愚。退而省其私，亦足以發。回也，不愚。」

子曰：「視其所以，觀其所由，察其所安。人焉廋哉？人焉廋哉？」

子曰：「溫故而知新，可以爲師矣。」

子曰：「君子不器。」

子貢問君子。子曰：「先行其言，而後從之。」

子曰：「君子周而不比，小人比而不周。」

子曰：「學而不思則罔，思而不學則殆。」

子曰：「攻乎異端，斯害也已！」

子曰：「由！誨女知之乎？知之爲知之，不知爲不知，是知也。」

子張學干祿。子曰：「多聞闕疑，愼言其餘，則寡尤；多見闕殆，愼行其餘，則寡悔。言寡尤，行寡悔，祿在其中矣。」

哀公問曰：「何爲則民服？」孔子對曰：「舉直錯諸枉，則民服；舉枉錯諸直，則民不服。」

季康子問：「使民敬、忠以勸，如之何？」子曰：「臨之以莊則敬，孝慈則忠，舉善而教不能，則勸。」

或謂孔子曰：「子奚不爲政？」子曰：「書云：『孝乎惟孝，友于兄弟，施於有政。』是亦爲政，奚其爲爲政？」

子曰：「人而無信，不知其可也。大車無輗，小車無軏，其何以行之哉？」

子張問：「十世可知也？」子曰：「殷因於夏禮，所損益，可知也；周因於殷禮，所損益，可知也；其或繼周者，雖百世可知也。」

子曰：「非其鬼而祭之，諂也。見義不爲，無勇也。」

八佾第三

孔子謂季氏：「八佾舞於庭，是可忍也，孰不可忍也？」

三家者以雍徹。子曰：「『相維辟公，天子穆穆』，奚取於三家之堂？」

子曰：「人而不仁，如禮何？人而不仁，如樂何？」

林放問禮之本。子曰：「大哉問！禮，與其奢也，寧儉；喪，與其易也，寧戚。」

子曰：「夷狄之有君，不如諸夏之亡也。」

季氏旅於泰山。子謂冉有曰：「女弗能救與？」對曰：「不能。」子曰：「嗚呼！曾謂泰山不如林放乎？」

子曰：「君子無所爭，必也射乎！揖讓而升，下而飲，其爭也君子。」

子夏問曰：「『巧笑倩兮，美目盼兮，素以爲絢兮。』何謂也？」子曰：「繪事後素。」曰：「禮後乎？」子曰：「起予者商也！始可與言詩已矣。」

子曰：「夏禮，吾能言之，杞不足徵也；殷禮，吾能言之，宋不足徵也。文獻不足故也，足則吾能徵之矣。」

子曰：「禘自既灌而往者，吾不欲觀之矣。」

或問禘之說。子曰：「不知也。知其說者之於天下也，其如示諸斯乎！」指其掌。

祭如在，祭神如神在。子曰：「吾不與祭，如不祭。」

王孫賈問曰：「與其媚於奧，寧媚於竈，何謂也？」子曰：「不然，獲罪於天，無所禱也。」

子曰：「周監於二代，郁郁乎文哉！吾從周。」

子入大廟，每事問。或曰：「孰謂鄹人之子知禮乎？入大廟，每事問。」子聞之曰：「是禮也。」

子曰：「射不主皮，爲力不同科，古之道也。」

子貢欲去告朔之餼羊。子曰：「賜也，爾愛其羊，我愛其禮。」

子曰：「事君盡禮，人以爲諂也。」

定公問：「君使臣，臣事君，如之何？」孔子對曰：「君使臣以禮，臣事君以忠。」

子曰：「關雎，樂而不淫，哀而不傷。」

哀公問社於宰我。宰我對曰：「夏后氏以松，殷人以柏，周人以栗，曰使民戰栗。」子聞之曰：「成事不說，遂事不諫，既往不咎。」

子曰：「管仲之器小哉！」或曰：「管仲儉乎？」曰：「管氏有三歸，官事不攝，焉得儉？」「然則管仲知禮乎？」曰：「邦君樹塞門，管氏亦樹塞門；邦君爲兩君之好，有反坫，管氏亦有反坫。管氏而知禮，孰不知禮？」

子語魯大師樂。曰：「樂其可知也：始作，翕如也；從之，純如也，皦如也，繹如也，以成。」

儀封人請見。曰：「君子之至於斯也，吾未嘗不得見也。」從者見之。出曰：「二三子，何患於喪乎？天下之無道也久矣，天將以夫子爲木鐸。」

子謂韶，「盡美矣，又盡善也。」謂武，「盡美矣，未盡善也。」

子曰：「居上不寬，爲禮不敬，臨喪不哀，吾何以觀之哉？」

里仁第四

子曰：「里仁爲美。擇不處仁，焉得知？」

子曰：「不仁者不可以久處約，不可以長處樂。仁者安仁，知者利仁。」

子曰：「唯仁者能好人，能惡人。」

子曰：「苟志於仁矣，無惡也。」

子曰：「富與貴是人之所欲也，不以其道得之，不處也；貧與賤是人之所惡也，不以其道得之，不去也。君子去仁，惡乎成名？君子無終食之間違仁，造次必於是，顚沛必於是。」

子曰：「我未見好仁者，惡不仁者。好仁者，無以尙之；惡不仁者，其爲仁矣，不使不仁者加乎其身。有能一日用其力於仁矣乎？我未見力不足者。蓋有之矣，我未之見也。」

子曰：「人之過也，各於其黨。觀過，斯知仁矣。」

子曰：「朝聞道，夕死可矣。」

子曰：「士志於道，而恥惡衣惡食者，未足與議也。」

子曰：「君子之於天下也，無適也，無莫也，義之與比。」

子曰：「君子懷德，小人懷土；君子懷刑，小人懷惠。」

子曰：「放於利而行，多怨。」

子曰：「能以禮讓爲國乎？何有？不能以禮讓爲國，如禮何？」

子曰：「不患無位，患所以立；不患莫己知，求爲可知也。」

子曰：「參乎！吾道一以貫之。」曾子曰：「唯。」子出。門人問曰：「何謂也？」曾子曰：「夫子之道，忠恕而已矣。」

子曰：「君子喻於義，小人喻於利。」

子曰：「見賢思齊焉，見不賢而內自省也。」

子曰：「事父母幾諫。見志不從，又敬不違，勞而不怨。」

子曰：「父母在，不遠遊。遊必有方。」

子曰：「三年無改於父之道，可謂孝矣。」

子曰：「父母之年，不可不知也。一則以喜，一則以懼。」

子曰：「古者言之不出，恥躬之不逮也。」

子曰：「以約失之者，鮮矣。」

子曰：「君子欲訥於言，而敏於行。」

子曰：「德不孤，必有鄰。」

子游曰：「事君數，斯辱矣；朋友數，斯疏矣。」

公冶長第五

子謂公冶長，「可妻也。雖在縲絏之中，非其罪也。」以其子妻之。

子謂南容，「邦有道，不廢；邦無道，免於刑戮。」以其兄之子妻之。

子謂子賤，「君子哉若人！魯無君子者，斯焉取斯？」

子貢問曰：「賜也何如？」子曰：「女器也。」曰：「何器也？」曰：「瑚璉也。」

或曰：「雍也，仁而不佞。」子曰：「焉用佞？禦人以口給，屢憎於人。不知其仁，焉用佞？」

子使漆雕開仕。對曰：「吾斯之未能信。」子說。

子曰：「道不行，乘桴浮于海。從我者其由與？」子路聞之喜。子曰：「由也好勇過我，無所取材。」

孟武伯問：「子路仁乎？」子曰：「不知也。」又問。子曰：「由也，千乘之國，可使治其賦也，不知其仁也。」「求也何如？」子曰：「求也，千室之邑，百乘之家，可使爲之宰也，不知其仁也。」「赤也何如？」子曰：「赤也，束帶立於朝，可使與賓客言也，不知其仁也。」

子謂子貢曰：「女與回也孰愈？」對曰：「賜也何敢望回。回也聞一以知十，賜也聞一以知二。」子曰：「弗如也！吾與女弗如也。」

宰予晝寢。子曰：「朽木不可雕也，糞土之牆不可杇也，於予與何誅。」子曰：「始吾於人也，聽其言而信其行；今吾於人也，聽其言而觀其行。於予與改是。」

子曰：「吾未見剛者。」或對曰：「申棖。」子曰：「棖也慾，焉得剛？」

子貢曰：「我不欲人之加諸我也，吾亦欲無加諸人。」子曰：「賜也，非爾所及也。」

子貢曰：「夫子之文章，可得而聞也；夫子之言性與天道，不可得而聞也。」

子路有聞，未之能行，唯恐有聞。

子貢問曰：「孔文子何以謂之文也？」子曰：「敏而好學，不恥下問，是以謂之文也。」

子謂子產，「有君子之道四焉：其行己也恭，其事上也敬，其養民也惠，其使民也義。」

子曰：「晏平仲善與人交，久而敬之。」

子曰：「臧文仲居蔡，山節藻梲，何如其知也？」

子張問曰：「令尹子文三仕爲令尹，無喜色；三已之，無慍色。舊令尹之政，必以告新令尹。何如？」子曰：「忠矣。」曰：「仁矣乎？」曰：「未知，焉得仁？」「崔子弒齊君，陳文子有馬十乘，棄而違之。至於他邦，則曰：『猶吾大夫崔子也。』違之。之一邦，則又曰：『猶吾大夫崔子也。』違之。何如？」子曰：「清矣。」曰：「仁矣乎？」曰：「未知，焉得仁？」

季文子三思而後行。子聞之，曰：「再，斯可矣。」

子曰：「甯武子邦有道則知，邦無道則愚。其知可及也，其愚不可及也。」

子在陳曰：「歸與！歸與！吾黨之小子狂簡，斐然成章，不知所以裁之。」

子曰：「伯夷、叔齊不念舊惡，怨是用希。」

子曰：「孰謂微生高直？或乞醯焉，乞諸其鄰而與之。」

子曰：「巧言、令色、足恭，左丘明恥之，丘亦恥之。匿怨而友其人，左丘明恥之，丘亦恥之。」

顏淵、季路侍。子曰：「盍各言爾志？」子路曰：「願車馬、衣輕裘，與朋友共。敝之而無憾。」顏淵曰：「願無伐善，無施勞。」子路曰：「願聞子之志。」子曰：「老者安之，朋友信之，少者懷之。」

子曰：「已矣乎！吾未見能見其過而內自訟者也。」

子曰：「十室之邑，必有忠信如丘者焉，不如丘之好學也。」

雍也第六

子曰：「雍也可使南面。」

仲弓問子桑伯子，子曰：「可也簡。」仲弓曰：「居敬而行簡，以臨其民，不亦可乎？居簡而行簡，無乃大簡乎？」子曰：「雍之言然。」

哀公問：「弟子孰爲好學？」孔子對曰：「有顏回者好學，不遷怒，不貳過。不幸短命死矣！今也則亡，未聞好學者也。」

子華使於齊，冉子爲其母請粟。子曰：「與之釜。」請益。曰：「與之庾。」冉子與之粟五秉。子曰：「赤之適齊也，乘肥馬，衣輕裘。吾聞之也，君子周急不繼富。」原思爲之宰，與之粟九百，辭。子曰：「毋！以與爾鄰里鄉黨乎！」

子謂仲弓曰：「犁牛之子騂且角，雖欲勿用，山川其舍諸？」

子曰：「回也，其心三月不違仁，其餘則日月至焉而已矣。」

季康子問：「仲由可使從政也與？」子曰：「由也果，於從政乎何有？」曰：「賜也，可使從政也與？」曰：「賜也達，於從政乎何有？」曰：「求也，可使從政也與？」曰：「求也藝，於從政乎何有？」

季氏使閔子騫爲費宰。閔子騫曰：「善爲我辭焉。如有復我者，則吾必在汶上矣。」

伯牛有疾，子問之，自牖執其手，曰：「亡之，命矣夫！斯人也而有斯疾也！斯人也而有斯疾也！」

子曰：「賢哉，回也！一簞食，一瓢飲，在陋巷。人不堪其憂，回也不改其樂。賢哉，回也！」

冉求曰：「非不說子之道，力不足也。」子曰：「力不足者，中道而廢。今女畫。」

子謂子夏曰：「女爲君子儒，無爲小人儒。」

子游爲武城宰。子曰：「女得人焉爾乎？」曰：「有澹臺滅明者，行不由徑。非公事，未嘗至於偃之室也。」

子曰：「孟之反不伐，奔而殿。將入門，策其馬，曰：『非敢後也，馬不進也。』」

子曰：「不有祝鮀之佞而有宋朝之美，難乎免於今之世矣！」

子曰：「誰能出不由戶？何莫由斯道也？」

子曰：「質勝文則野，文勝質則史。文質彬彬，然後君子。」

子曰：「人之生也直，罔之生也幸而免。」

子曰：「知之者不如好之者，好之者不如樂之者。」

子曰：「中人以上，可以語上也；中人以下，不可以語上也。」

樊遲問知。子曰：「務民之義，敬鬼神而遠之，可謂知矣。」問仁。曰：「仁者先難而後獲，可謂仁矣。」

子曰：「知者樂水，仁者樂山；知者動，仁者靜；知者樂，仁者壽。」

子曰：「齊一變，至於魯；魯一變，至於道。」

子曰：「觚不觚，觚哉！觚哉！」

宰我問曰：「仁者，雖告之曰：『井有仁焉。』其從之也？」子曰：「何爲其然也？君子可逝也，不可陷也；可欺也，不可罔也。」

子曰：「君子博學於文，約之以禮，亦可以弗畔矣夫！」

子見南子，子路不說。夫子矢之曰：「予所否者，天厭之！天厭之！」

子曰：「中庸之爲德也，其至矣乎！民鮮久矣。」

子貢曰：「如有博施於民而能濟眾，何如？可謂仁乎？」子曰：「何事於仁，必也聖乎！堯舜其猶病諸！夫仁者，己欲立而立人，己欲達而達人。能近取譬，可謂仁之方也已。」

述而第七

子曰：「述而不作，信而好古，竊比於我老彭。」

子曰：「默而識之，學而不厭，誨人不倦，何有於我哉？」

子曰：「德之不脩，學之不講，聞義不能徙，不善不能改，是吾憂也。」

子之燕居，申申如也，夭夭如也。

子曰：「甚矣吾衰也！久矣吾不復夢見周公。」

子曰：「志於道，據於德，依於仁，游於藝。」

子曰：「自行束脩以上，吾未嘗無誨焉。」

子曰：「不憤不啓，不悱不發，舉一隅不以三隅反，則不復也。」

子食於有喪者之側，未嘗飽也。

子於是日哭，則不歌。

子謂顏淵曰：「用之則行，舍之則藏，唯我與爾有是夫！」子路曰：「子行三軍，則誰與？」子曰：「暴虎馮河，死而無悔者，吾不與也。必也臨事而懼，好謀而成者也。」

子曰：「富而可求也，雖執鞭之士，吾亦爲之。如不可求，從吾所好。」

子之所愼：齊，戰，疾。

子在齊聞韶，三月不知肉味，曰：「不圖爲樂之至於斯也！」

冉有曰：「夫子爲衛君乎？」子貢曰：「諾。吾將問之。」入，曰：「伯夷、叔齊何人也？」曰：「古之賢人也。」曰：「怨乎？」曰：「求仁而得仁，又何怨？」出，曰：「夫子不爲也。」

子曰：「飯疏食飲水，曲肱而枕之，樂亦在其中矣。不義而富且貴，於我如浮雲。」

子曰：「加我數年，五十以學易，可以無大過矣。」

子所雅言，詩、書、執禮，皆雅言也。

葉公問孔子於子路，子路不對。子曰：「女奚不曰，其爲人也，發憤忘食，樂以忘憂，不知老之將至云爾。」

子曰：「我非生而知之者，好古，敏以求之者也。」

子不語怪、力、亂、神。

子曰：「三人行必有我師焉。擇其善者而從之，其不善者而改之。」

子曰：「天生德於予，桓魋其如予何？」

子曰：「二三子以我爲隱乎？吾無隱乎爾。吾無行而不與二三子者，是丘也。」

子以四教：文、行、忠、信。

子曰：「聖人，吾不得而見之矣；得見君子者，斯可矣。」子曰：「善人，吾不得而見之矣；得見有恆者，斯可矣。亡而爲有，虛而爲盈，約而爲泰，難乎有恆矣。」

子釣而不綱，弋不射宿。

子曰：「蓋有不知而作之者，我無是也。多聞擇其善者而從之，多見而識之，知之次也。」

互鄉難與言，童子見，門人惑。子曰：「與其進也，不與其退也，唯何甚！人潔己以進，與其潔也，不保其往也。」

子曰：「仁遠乎哉？我欲仁，斯仁至矣。」

陳司敗問昭公知禮乎？孔子曰：「知禮。」孔子退，揖巫馬期而進之，曰：「吾聞君子不黨，君子亦黨乎？君取於吳爲同姓，謂之吳孟子。君而知禮，孰不知禮？」巫馬期以告。子曰：「丘也幸，苟有過，人必知之。」

子與人歌而善，必使反之，而後和之。

子曰：「文，莫吾猶人也。躬行君子，則吾未之有得。」

子曰：「若聖與仁，則吾豈敢？抑爲之不厭，誨人不倦，則可謂云爾已矣。」公西華曰：「正唯弟子不能學也。」

子疾病，子路請禱。子曰：「有諸？」子路對曰：「有之。誄曰：『禱爾于上下神祇。』」子曰：「丘之禱久矣。」

子曰：「奢則不孫，儉則固。與其不孫也，寧固。」

子曰：「君子坦蕩蕩，小人長戚戚。」

子溫而厲，威而不猛，恭而安。

泰伯第八

子曰：「泰伯，其可謂至德也已矣！三以天下讓，民無得而稱焉。」

子曰：「恭而無禮則勞，愼而無禮則葸，勇而無禮則亂，直而無禮則絞。君子篤於親，則民興於仁；故舊不遺，則民不偷。」

曾子有疾，召門弟子曰：「啓予足！啓予手！詩云：『戰戰兢兢，如臨深淵，如履薄冰。』而今而後，吾知免夫！小子！」

曾子有疾，孟敬子問之。曾子言曰：「鳥之將死，其鳴也哀；人之將死，其言也善。君子所貴乎道者三：動容貌，斯遠暴慢矣；正顏色，斯近信矣；出辭氣，斯遠鄙倍矣。籩豆之事，則有司存。」

曾子曰：「以能問於不能，以多問於寡；有若無，實若虛，犯而不校，昔者吾友嘗從事於斯矣。」

曾子曰：「可以託六尺之孤，可以寄百里之命，臨大節而不可奪也。君子人與？君子人也。」

曾子曰：「士不可以不弘毅，任重而道遠。仁以爲己任，不亦重乎？死而後已，不亦遠乎？」

子曰：「興於詩，立於禮。成於樂。」

子曰：「民可使由之，不可使知之。」

子曰：「好勇疾貧，亂也。人而不仁，疾之已甚，亂也。」

子曰：「如有周公之才之美，使驕且吝，其餘不足觀也已。」

子曰：「三年學，不至於穀，不易得也。」

子曰：「篤信好學，守死善道。危邦不入，亂邦不居。天下有道則見，無道則隱。邦有道，貧且賤焉，恥也；邦無道，富且貴焉，恥也。」

子曰：「不在其位，不謀其政。」

子曰：「師摯之始，關雎之亂，洋洋乎！盈耳哉。」

子曰：「狂而不直，侗而不愿，悾悾而不信，吾不知之矣。」

子曰：「學如不及，猶恐失之。」

子曰：「巍巍乎！舜禹之有天下也，而不與焉。」

子曰：「大哉，堯之為君也！巍巍乎！唯天為大，唯堯則之。蕩蕩乎！民無能名焉。巍巍乎！其有成功也；煥乎，其有文章！」

舜有臣五人而天下治。武王曰：「予有亂臣十人。」孔子曰：「才難，不其然乎？唐虞之際，於斯為盛。有婦人焉，九人而已。三分天下有其二，以服事殷。周之德，其可謂至德也已矣。」

子曰：「禹，吾無間然矣。菲飲食，而致孝乎鬼神；惡衣服，而致美乎黻冕；卑宮室，而盡力乎溝洫。禹，吾無間然矣。」

子罕第九

子罕言利，與命，與仁。

達巷黨人曰：「大哉孔子！博學而無所成名。」子聞之，謂門弟子曰：「吾何執？執御乎？執射乎？吾執御矣。」

子曰：「麻冕，禮也；今也純，儉。吾從眾。拜下，禮也；今拜乎上，泰也。雖違眾，吾從下。」

子絕四：毋意，毋必，毋固，毋我。

子畏於匡。曰：「文王既沒，文不在茲乎？天之將喪斯文也，後死者不得與於斯文也；天之未喪斯文也，匡人其如予何？」

大宰問於子貢曰：「夫子聖者與？何其多能也？」子貢曰：「固天縱之將聖，又多能也。」子聞之，曰：「大宰知我乎？吾少也賤，故多能鄙事。君子多乎哉？不多也。」牢曰：「子云：『吾不試，故藝』。」

子曰：「吾有知乎哉？無知也。有鄙夫問於我，空空如也，我叩其兩端而竭焉。」

子曰：「鳳鳥不至，河不出圖，吾已矣夫！」

子見齊衰者、冕衣裳者與瞽者，見之，雖少必作；過之，必趨。

顏淵喟然歎曰：「仰之彌高，鑽之彌堅；瞻之在前，忽焉在後。夫子循循然善誘人，博我以文，約我以禮。欲罷不能，既竭吾才，如有所立卓爾。雖欲從之，末由也已。」

子疾病，子路使門人爲臣。病閒，曰：「久矣哉！由之行詐也，無臣而爲有臣。吾誰欺？欺天乎？且予與其死於臣之手也，無寧死於二三子之手乎？且予縱不得大葬，予死於道路乎？」

子貢曰：「有美玉於斯，韞匵而藏諸？求善賈而沽諸？」子曰：「沽之哉！沽之哉！我待賈者也。」

子欲居九夷。或曰：「陋，如之何！」子曰：「君子居之，何陋之有？」

子曰：「吾自衛反魯，然後樂正，雅頌各得其所。」

子曰：「出則事公卿，入則事父兄，喪事不敢不勉，不爲酒困，何有於我哉？」

子在川上，曰：「逝者如斯夫！不舍晝夜。」

子曰：「吾未見好德如好色者也。」

子曰：「譬如爲山，未成一簣，止，吾止也；譬如平地，雖覆一簣，進，吾往也。」

子曰：「語之而不惰者，其回也與！」

子謂顏淵，曰：「惜乎！吾見其進也，未見其止也。」

子曰；「苗而不秀者有矣夫！秀而不實者有矣夫！」

子曰：「後生可畏，焉知來者之不如今也？四十、五十而無聞焉，斯亦不足畏也已。」

子曰：「法語之言，能無從乎？改之爲貴。巽與之言，能無說乎？繹之爲貴。說而不繹，從而不改，吾末如之何也已矣。」

子曰：「主忠信，毋友不如己者，過則勿憚改。」

子曰：「三軍可奪帥也，匹夫不可奪志也。」

子曰：「衣敝縕袍，與衣狐貉者立，而不恥者，其由也與？『不忮不求，何用不臧？』」子路終身誦之。子曰：「是道也，何足以臧？」

子曰：「歲寒，然後知松柏之後彫也。」

子曰：「知者不惑，仁者不憂，勇者不懼。」

子曰：「可與共學，未可與適道；可與適道，未可與立；可與立，未可與權。」

「唐棣之華，偏其反而。豈不爾思？室是遠而。」子曰：「未之思也，夫何遠之有？」

鄉黨第十

孔子於鄉黨，恂恂如也，似不能言者。其在宗廟朝廷，便便言，唯謹爾。

朝，與下大夫言，侃侃如也；與上大夫言，誾誾如也。君在，踧踖如也，與與如也。

君召使擯，色勃如也，足躩如也。揖所與立，左右手。衣前後，襜如也。趨進，翼如也。賓退，必復命曰：「賓不顧矣。」

入公門，鞠躬如也，如不容。立不中門，行不履閾。過位，色勃如也，足躩如也，其言似不足者。攝齊升堂，鞠躬如也，屛氣似不息者。出，降一等，逞顏色，怡怡如也。沒階趨，翼如也。復其位，踧踖如也。

執圭，鞠躬如也，如不勝。上如揖，下如授。勃如戰色，足蹜蹜，如有循。享禮，有容色。私覿，愉愉如也。

君子不以紺緅飾。紅紫不以爲褻服。當暑，袗絺綌，必表而出之。緇衣羔裘，素衣麑裘，黃衣狐裘。褻裘長。短右袂。必有寢衣，長一身有半。狐貉之厚以居。去喪，無所不佩。非帷裳，必殺之。羔裘玄冠不以弔。吉月，必朝服而朝。

齊，必有明衣，布。齊，必變食，居必遷坐。

食不厭精，膾不厭細。食饐而餲，魚餒而肉敗，不食。色惡，不食。臭惡，不食。失飪，不食。不時，不食。割不正，不食。不得其醬，不食。肉雖多，不使勝食氣。惟酒無量，不及亂。沽酒市脯不食。不撤薑食。不多食。祭於公，不宿肉。祭肉不出三日。出三日，不食之矣。食不語，寢不言。雖疏食菜羹，瓜祭，必齊如也。

席不正，不坐。

鄉人飲酒，杖者出，斯出矣。鄉人儺，朝服而立於阼階。

問人於他邦，再拜而送之。康子饋藥，拜而受之。曰：「丘未達，不敢嘗。」

廄焚。子退朝，曰：「傷人乎？」不問馬。

君賜食，必正席先嘗之；君賜腥，必熟而薦之；君賜生，必畜之。侍食於君，君祭，先飯。疾，君視之，東首，加朝服，拖紳。君命召，不俟駕行矣。

入太廟，每事問。

朋友死，無所歸，曰：「於我殯。」朋友之饋，雖車馬，非祭肉，不拜。

寢不尸，居不容。見齊衰者，雖狎，必變。見冕者與瞽者，雖褻，必以貌。凶服者式之。式負版者。有盛饌，必變色而作。迅雷風烈，必變。

升車，必正立執綏。車中，不內顧，不疾言，不親指。

色斯舉矣，翔而後集。曰：「山梁雌雉，時哉！時哉！」子路共之，三嗅而作。

先進第十一

子曰：「先進於禮樂，野人也；後進於禮樂，君子也。如用之，則吾從先進。」

子曰：「從我於陳、蔡者，皆不及門也。」

德行：顏淵、閔子騫、冉伯牛、仲弓。言語：宰我、子貢。政事：冉有、季路。文學：

子游、子夏。

子曰：「回也非助我者也，於吾言無所不說。」

子曰：「孝哉閔子騫！人不間於其父母昆弟之言。」

南容三復白圭，孔子以其兄之子妻之。

季康子問：「弟子孰爲好學？」孔子對曰：「有顏回者好學，不幸短命死矣！今也則亡。」

顏淵死，顏路請子之車以爲之槨。子曰：「才不才，亦各言其子也。鯉也死，有棺而無槨。吾不徒行以爲之槨。以吾從大夫之後，不可徒行也。」

顏淵死。子曰：「噫！天喪予！天喪予！」

顏淵死，子哭之慟。從者曰：「子慟矣。」曰：「有慟乎？非夫人之爲慟而誰爲！」

顏淵死，門人欲厚葬之，子曰：「不可。」門人厚葬之。子曰：「回也視予猶父也，予不得視猶子也。非我也，夫二三子也。」

季路問事鬼神。子曰：「未能事人，焉能事鬼？」敢問死。曰：「未知生，焉知死？」

閔子侍側，誾誾如也；子路，行行如也；冉有、子貢，侃侃如也。子樂。「若由也，不得其死然。」

魯人爲長府。閔子騫曰：「仍舊貫，如之何？何必改作？」子曰：「夫人不言，言必有中。」

子曰：「由之瑟奚爲於丘之門？」門人不敬子路。子曰：「由也升堂矣，未入於室也。」

子貢問：「師與商也孰賢？」子曰：「師也過，商也不及。」曰：「然則師愈與？」子曰：「過猶不及。」

季氏富於周公，而求也爲之聚斂而附益之。子曰：「非吾徒也。小子鳴鼓而攻之，可也。」

柴也愚，參也魯，師也辟，由也喭。

子曰：「回也其庶乎，屢空。賜不受命，而貨殖焉，億則屢中。」

子張問善人之道。子曰：「不踐迹，亦不入於室。」

子曰：「論篤是與，君子者乎？色莊者乎？」

子路問：「聞斯行諸？」子曰：「有父兄在，如之何其聞斯行之？」冉有問：「聞斯行諸？」子曰：「聞斯行之。」公西華曰：「由也問聞斯行諸，子曰『有父兄在』；求也問聞斯行諸，子曰『聞斯行之』。赤也惑，敢問。」子曰：「求也退，故進之；由也兼人，故退之。」

子畏於匡，顏淵後。子曰：「吾以女爲死矣。」曰：「子在，回何敢死？」

季子然問：「仲由、冉求可謂大臣與？」子曰：「吾以子爲異之問，曾由與求之問。所謂大臣者，以道事君，不可則止。今由與求也，可謂具臣矣。」曰：「然則從之者與？」子曰：「弒父與君，亦不從也。」

子路使子羔爲費宰。子曰：「賊夫人之子。」子路曰：「有民人焉，有社稷焉。何必讀書，然後爲學？」子曰：「是故惡夫佞者。」

子路、曾晳、冉有、公西華侍坐。子曰：「以吾一日長乎爾，毋吾以也。居則曰：『不吾知也！』如或知爾，則何以哉？」子路率爾而對曰：「千乘之國，攝乎大國之間，加之以師旅，因之以饑饉；由也爲之，比及三年，可使有勇，且知方也。」夫子哂之。「求！爾何如？」對曰：「方六七十，如五六十，求也爲之，比及三年，可使足民。如其禮樂，以俟君子。」「赤！爾何如？」對曰：「非曰能之，願學焉。宗廟之事，如會同，端章甫，願爲小相焉。」「點！爾何如？」鼓瑟希，鏗爾，舍瑟而作。對曰：「異乎三子者之撰。」子曰：「何傷乎？亦各言其志也。」曰：「莫春者，春服既成。冠者五六人，童子六七人，浴乎沂，風乎舞雩，詠而歸。」夫子喟然歎曰：「吾與點也！」三子者出，曾晳後。曾晳曰：「夫三子者之言何如？」子曰：「亦各言其志也已矣。」曰：「夫子何哂由也？」曰：「爲國以禮，其言不讓，是故哂之。」「唯求則非邦也與？」「安見方六七十如五六十而非邦也者？」「唯赤則非邦也與？」「宗廟會同，非諸侯而何？赤也爲之小，孰能爲之大？」

顏淵第十二

顏淵問仁。子曰：「克己復禮爲仁。一日克己復禮，天下歸仁焉。爲仁由己，而由人乎哉？」顏淵曰：「請問其目。」子曰：「非禮勿視，非禮勿聽，非禮勿言，非禮勿動。」顏淵曰：「回雖不敏，請事斯語矣。」

仲弓問仁。子曰：「出門如見大賓，使民如承大祭。己所不欲，勿施於人。在邦無怨，在家無怨。」仲弓曰：「雍雖不敏，請事斯語矣。」

司馬牛問仁。子曰：「仁者其言也訒。」曰：「其言也訒，斯謂之仁已乎？」子曰：「爲之難，言之得無訒乎？」

司馬牛問君子。子曰：「君子不憂不懼。」曰：「不憂不懼，斯謂之君子已乎？」子曰：「內省不疚，夫何憂何懼？」

司馬牛憂曰：「人皆有兄弟，我獨亡。」子夏曰：「商聞之矣：死生有命，富貴在天。君子敬而無失，與人恭而有禮。四海之內，皆兄弟也。君子何患乎無兄弟也？」

子張問明。子曰：「浸潤之譖，膚受之愬，不行焉，可謂明也已矣。浸潤之譖，膚受之愬，不行焉，可謂遠也已矣。」

子貢問政。子曰：「足食，足兵，民信之矣。」子貢曰：「必不得已而去，於斯三者何死，民無信不立。」

先？」曰：「去兵。」子貢曰：「必不得已而去，於斯二者何先？」曰：「去食。自古皆有死，民無信不立。」

棘子成曰：「君子質而已矣，何以文爲？」子貢曰：「惜乎！夫子之說，君子也。駟不及舌。文猶質也，質猶文也。虎豹之鞟，猶犬羊之鞟。」

哀公問於有若曰：「年饑，用不足，如之何？」有若對曰：「盍徹乎？」曰：「二，吾猶不足，如之何其徹也？」對曰：「百姓足，君孰與不足？百姓不足，君孰與足？」

子張問崇德、辨惑。子曰：「主忠信，徙義，崇德也。愛之欲其生，惡之欲其死。既欲其生，又欲其死，是惑也。」

齊景公問政於孔子。孔子對曰：「君君，臣臣，父父，子子。」公曰：「善哉！信如君不君，臣不臣，父不父，子不子，雖有粟，吾得而食諸？」

子曰：「片言可以折獄者，其由也與？」子路無宿諾。

子曰：「聽訟，吾猶人也，必也使無訟乎！」

子張問政。子曰：「居之無倦，行之以忠。」

子曰：「博學於文，約之以禮，亦可以弗畔矣夫！」

子曰：「君子成人之美，不成人之惡。小人反是。」

季康子問政於孔子。孔子對曰：「政者，正也。子帥以正，孰敢不正？」

季康子患盜，問於孔子。孔子對曰：「苟子之不欲，雖賞之不竊。」

季康子問政於孔子曰：「如殺無道，以就有道，何如？」孔子對曰：「子爲政，焉用殺？子欲善，而民善矣。君子之德風，小人之德草。草上之風，必偃。」

子張問：「士何如斯可謂之達矣？」子曰：「何哉，爾所謂達者？」子張對曰：「在邦必聞，在家必聞。」子曰：「是聞也，非達也。夫達也者，質直而好義，察言而觀色，慮以下人。在邦必達，在家必達。夫聞也者，色取仁而行違，居之不疑。在邦必聞，在家必聞。」

樊遲從遊於舞雩之下，曰：「敢問崇德、脩慝、辨惑。」子曰：「善哉問！先事後得，非崇德與？攻其惡，無攻人之惡，非脩慝與？一朝之忿，忘其身，以及其親，非惑與？」

樊遲問仁。子曰：「愛人。」問知。子曰：「知人。」樊遲未達。子曰：「舉直錯諸枉，能使枉者直。」樊遲退，見子夏。曰：「鄉也吾見於夫子而問知，子曰：『舉直錯諸枉，能使枉者直。』何謂也？」子夏曰：「富哉言乎！舜有天下，選於眾，舉皋陶，不仁者遠矣。湯有天下，選於眾，舉伊尹，不仁者遠矣。」

子貢問友。子曰：「忠告而善道之，不可則止，無自辱焉。」

曾子曰：「君子以文會友，以友輔仁。」

子路第十三

子路問政。子曰：「先之，勞之。」請益。曰：「無倦。」

仲弓爲季氏宰，問政。子曰：「先有司，赦小過，舉賢才。」曰：「焉知賢才而舉之？」曰：「舉爾所知。爾所不知，人其舍諸？」

子路曰：「衛君待子而爲政，子將奚先？」子曰：「必也正名乎！」子路曰：「有是哉？子之迂也！奚其正？」子曰：「野哉由也！君子於其所不知，蓋闕如也。名不正，則言不順；言不順，則事不成；事不成，則禮樂不興；禮樂不興，則刑罰不中；刑罰不中，則民無所措手足。故君子名之，必可言也；言之，必可行也。君子於其言，無所苟而已矣。」

樊遲請學稼。子曰：「吾不如老農。」請學爲圃。曰：「吾不如老圃。」樊遲出。子曰：「小人哉，樊須也！上好禮，則民莫敢不敬；上好義，則民莫敢不服；上好信，則民莫敢不用情。夫如是，則四方之民襁負其子而至矣，焉用稼？」

子曰：「誦詩三百，授之以政，不達；使於四方，不能專對。雖多，亦奚以爲？」

子曰：「其身正，不令而行；其身不正，雖令不從。」

子曰：「魯、衛之政，兄弟也。」

子謂衛公子荊：「善居室。始有，曰：『苟合矣。』少有，曰：『苟完矣。』富有，曰：『苟美矣。』」

子適衛，冉有僕。子曰：「庶矣哉！」冉有曰：「既庶矣。又何加焉？」曰：「富之。」曰：「既富矣，又何加焉？」曰：「教之。」

子曰：「苟有用我者，期月而已可也，三年有成。」

子曰：「善人爲邦百年，亦可以勝殘去殺矣。誠哉是言也！」

子曰：「如有王者，必世而後仁。」

子曰：「苟正其身矣，於從政乎何有？不能正其身，如正人何？」

冉子退朝。子曰：「何晏也？」對曰：「有政。」子曰：「其事也。如有政，雖不吾以，吾其與聞之。」

定公問：「一言而可以興邦，有諸？」孔子對曰：「言不可以若是其幾也。人之言曰：『爲君難，爲臣不易。』如知爲君之難也，不幾乎一言而興邦乎？」曰：「一言而喪邦，有諸？」孔子對曰：「言不可以若是其幾也。人之言曰：『予無樂乎爲君，唯其言而莫予違也。』如其善而莫之違也，不亦善乎？如不善而莫之違也，不幾乎一言而喪邦乎？」

葉公問政。子曰：「近者說，遠者來。」

子夏爲莒父宰，問政。子曰：「無欲速，無見小利。欲速，則不達；見小利，則大事不成。」

葉公語孔子曰：「吾黨有直躬者，其父攘羊，而子證之。」孔子曰：「吾黨之直者異於是。父爲子隱，子爲父隱，直在其中矣。」

樊遲問仁。子曰：「居處恭，執事敬，與人忠。雖之夷狄，不可棄也。」

子貢問曰：「何如斯可謂之士矣？」子曰：「行己有恥，使於四方，不辱君命，可謂士矣。」曰：「敢問其次。」曰：「宗族稱孝焉，鄉黨稱弟焉。」曰：「敢問其次。」曰：「言必信，行必果，硜硜然小人哉！抑亦可以爲次矣。」曰：「今之從政者何如？」子曰：「噫！斗筲之人，何足算也。」

子曰：「不得中行而與之，必也狂狷乎！狂者進取，狷者有所不爲也。」

子曰：「南人有言曰：『人而無恆，不可以作巫醫。』善夫！」「不恆其德，或承之羞。」子曰：「不占而已矣。」

子曰：「君子和而不同，小人同而不和。」

子貢問曰：「鄉人皆好之，何如？」子曰：「未可也。」「鄉人皆惡之，何如？」子曰：「未可也。不如鄉人之善者好之，其不善者惡之。」

子曰：「君子易事而難說也：說之不以道，不說也；及其使人也，器之。小人難事而易說也：說之雖不以道，說也；及其使人也，求備焉。」

子曰：「君子泰而不驕，小人驕而不泰。」

子曰：「剛毅、木訥，近仁。」

子路問曰：「何如斯可謂之士矣？」子曰：「切切、偲偲、怡怡如也，可謂士矣。朋友切切、偲偲，兄弟怡怡。」

子曰：「善人教民七年，亦可以即戎矣。」

子曰：「以不教民戰，是謂棄之。」

憲問第十四

憲問恥。子曰：「邦有道，穀；邦無道，穀，恥也。」「克、伐、怨、欲不行焉，可以爲仁矣?」子曰：「可以爲難矣，仁則吾不知也。」

子曰：「士而懷居，不足以爲士矣。」

子曰：「邦有道，危言危行；邦無道，危行言孫。」

子曰：「有德者，必有言；有言者，不必有德。仁者，必有勇；勇者，不必有仁。」

南宮适問於孔子曰：「羿善射，奡盪舟，俱不得其死然；禹、稷躬稼，而有天下。」夫子不答，南宮适出。子曰：「君子哉若人！尙德哉若人！」

子曰：「君子而不仁者有矣夫，未有小人而仁者也。」

子曰：「愛之，能勿勞乎?忠焉，能勿誨乎?」

子曰：「爲命：裨諶草創之，世叔討論之，行人子羽脩飾之，東里子產潤色之。」

或問子產，子曰：「惠人也。」問子西，曰：「彼哉！彼哉！」問管仲，曰：「人也。

奪伯氏駢邑三百，飯疏食，沒齒無怨言。」

子曰：「貧而無怨難，富而無驕易。」

子曰：「孟公綽爲趙、魏老則優，不可以爲滕、薛大夫。」

子路問成人。子曰：「若臧武仲之知，公綽之不欲，卞莊子之勇，冉求之藝，文之以禮樂，亦可以爲成人矣。」曰：「今之成人者何必然？見利思義，見危授命，久要不忘平生之言，亦可以爲成人矣。」

子問公叔文子於公明賈曰：「信乎夫子不言、不笑、不取乎？」公明賈對曰：「以告者過也。夫子時然後言，人不厭其言；樂然後笑，人不厭其笑；義然後取，人不厭其取。」子曰：「其然，豈其然乎？」

子曰：「臧武仲以防，求爲後於魯，雖曰不要君，吾不信也。」

子曰：「晉文公譎而不正，齊桓公正而不譎。」

子路曰：「桓公殺公子糾，召忽死之，管仲不死。」曰：「未仁乎？」子曰：「桓公九合諸侯，不以兵車，管仲之力也。如其仁！如其仁！」

子貢曰：「管仲非仁者與？桓公殺公子糾，不能死，又相之。」子曰：「管仲相桓公，霸諸侯，一匡天下，民到于今受其賜。微管仲，吾其被髮左衽矣。豈若匹夫匹婦之爲諒也，自經於溝瀆而莫之知也。」

公叔文子之臣大夫僎，與文子同升諸公。子聞之曰：「可以爲文矣。」

子言衛靈公之無道也，康子曰：「夫如是，奚而不喪？」孔子曰：「仲叔圉治賓客，祝鮀治宗廟，王孫賈治軍旅。夫如是，奚其喪？」

子曰：「其言之不怍，則爲之也難。」

陳成子弑簡公。孔子沐浴而朝，告於哀公曰：「陳恆弑其君，請討之。」公曰：「告夫三子！」孔子曰：「以吾從大夫之後，不敢不告也。君曰『告夫三子』者。」之三子告，不可。孔子曰：「以吾從大夫之後，不敢不告也。」

子路問事君。子曰：「勿欺也，而犯之。」

子曰：「君子上達，小人下達。」

子曰：「古之學者爲己，今之學者爲人。」

蘧伯玉使人於孔子。孔子與之坐而問焉，曰：「夫子何爲？」對曰：「夫子欲寡其過而未能也。」使者出。子曰：「使乎！使乎！」

子曰：「不在其位，不謀其政。」曾子曰：「君子思不出其位。」

子曰：「君子恥其言而過其行。」

子曰：「君子道者三，我無能焉：仁者不憂，知者不惑，勇者不懼。」子貢曰：「夫子自道也。」

子貢方人。子曰：「賜也賢乎哉？夫我則不暇。」

子曰：「不患人之不己知，患其不能也。」

子曰：「不逆詐，不億不信。抑亦先覺者，是賢乎！」

微生畝謂孔子曰：「丘何爲是栖栖者與？無乃爲佞乎？」孔子曰：「非敢爲佞也，疾固也。」

子曰：「驥不稱其力，稱其德也。」

或曰：「以德報怨，何如？」子曰：「何以報德？以直報怨，以德報德。」

子曰：「莫我知也夫！」子貢曰：「何爲其莫知子也？」子曰：「不怨天，不尤人。下學而上達。知我者，其天乎！」

公伯寮愬子路於季孫。子服景伯以告，曰：「夫子固有惑志於公伯寮，吾力猶能肆諸市朝。」子曰：「道之將行也與？命也。道之將廢也與？命也。公伯寮其如命何！」

子曰：「賢者辟世，其次辟地，其次辟色，其次辟言。」子曰：「作者七人矣。」

子路宿於石門。晨門曰：「奚自？」子路曰：「自孔氏。」曰：「是知其不可而爲之者與？」

子擊磬於衛。有荷蕢而過孔氏之門者，曰：「有心哉！擊磬乎！」既而曰：「鄙哉！硜硜乎！莫己知也，斯己而已矣。深則厲，淺則揭。」子曰：「果哉！末之難矣。」

子張曰：「書云：『高宗諒陰，三年不言。』何謂也？」子曰：「何必高宗，古之人皆然。君薨，百官總己，以聽於冢宰三年。」

子曰：「上好禮，則民易使也。」

子路問君子。子曰：「脩己以敬。」曰：「如斯而已乎？」曰：「脩己以安人。」曰：「如斯而已乎？」曰：「脩己以安百姓。脩己以安百姓，堯舜其猶病諸！」

原壤夷俟。子曰：「幼而不孫弟，長而無述焉，老而不死，是爲賊！」以杖叩其脛。

闕黨童子將命。或問之曰：「益者與？」子曰：「吾見其居於位也，見其與先生並行也。非求益者也，欲速成者也。」

衛靈公第十五

衛靈公問陳於孔子。孔子對曰：「俎豆之事，則嘗聞之矣；軍旅之事，未之學也。」明日遂行。在陳絕糧，從者病，莫能興。子路慍見曰：「君子亦有窮乎？」子曰：「君子固窮，小人窮斯濫矣。」

子曰：「賜也，女以予爲多學而識之者與？」對曰：「然，非與？」曰：「非也，予一以貫之。」

子曰：「由！知德者鮮矣。」

子曰：「無爲而治者，其舜也與？夫何爲哉，恭己正南面而已矣。」

子張問行。子曰：「言忠信，行篤敬，雖蠻貊之邦行矣；言不忠信，行不篤敬，雖州里行乎哉？立，則見其參於前也；在輿，則見其倚於衡也。夫然後行。」子張書諸紳。

子曰：「直哉史魚！邦有道，如矢；邦無道，如矢。君子哉蘧伯玉！邦有道，則仕；邦無道，則可卷而懷之。」

子曰：「可與言而不與之言，失人；不可與言而與之言，失言。知者不失人，亦不失言。」

子曰：「志士仁人，無求生以害仁，有殺身以成仁。」

子貢問爲仁。子曰：「工欲善其事，必先利其器。居是邦也，事其大夫之賢者，友其士之仁者。」

顏淵問爲邦。子曰：「行夏之時，乘殷之輅，服周之冕，樂則韶舞。放鄭聲，遠佞人。鄭聲淫，佞人殆。」

子曰：「人無遠慮，必有近憂。」

子曰：「已矣乎！吾未見好德如好色者也。」

子曰：「臧文仲其竊位者與？知柳下惠之賢，而不與立也。」

子曰：「躬自厚而薄責於人，則遠怨矣。」

子曰：「不曰『如之何？如之何？』者，吾末如之何也已矣。」

子曰：「群居終日，言不及義，好行小慧，難矣哉！」

子曰：「君子義以爲質，禮以行之，孫以出之，信以成之。君子哉！」

子曰：「君子病無能焉，不病人之不己知也。」

子曰：「君子疾沒世而名不稱焉。」

子曰：「君子求諸己，小人求諸人。」

子曰：「君子矜而不爭，群而不黨。」

子曰：「君子不以言舉人，不以人廢言。」

子貢問曰：「有一言而可以終身行之者乎？」子曰：「其恕乎！己所不欲，勿施於人。」

子曰：「吾之於人也，誰毀誰譽？如有所譽者，其有所試矣。斯民也，三代之所以直道而行也。」

子曰：「吾猶及史之闕文也，有馬者借人乘之。今亡矣夫！」

子曰：「巧言亂德，小不忍則亂大謀。」

子曰：「眾惡之，必察焉；眾好之，必察焉。」

子曰：「人能弘道，非道弘人。」

子曰：「過而不改，是謂過矣。」

子曰：「吾嘗終日不食，終夜不寢，以思，無益，不如學也。」

子曰：「君子謀道不謀食。耕也，餒在其中矣；學也，祿在其中矣。君子憂道不憂貧。」

子曰：「知及之，仁不能守之；雖得之，必失之。知及之，仁能守之；不莊以涖之，則民不敬。知及之，仁能守之，莊以涖之；動之不以禮，未善也。」

子曰：「君子不可小知，而可大受也；小人不可大受，而可小知也。」

子曰：「民之於仁也，甚於水火。水火，吾見蹈而死者矣，未見蹈仁而死者也。」

子曰：「當仁不讓於師。」

子曰：「君子貞而不諒。」

子曰：「事君，敬其事而後其食。」

子曰：「有教無類。」

子曰：「道不同，不相爲謀。」

子曰：「辭，達而已矣。」

師冕見，及階，子曰：「階也。」及席，子曰：「席也。」皆坐，子告之曰：「某在斯，某在斯。」師冕出。子張問曰：「與師言之道與？」子曰：「然。固相師之道也。」

季氏第十六

季氏將伐顓臾。冉有、季路見於孔子曰：「季氏將有事於顓臾。」孔子曰：「求！無乃爾是過與？夫顓臾，昔者先王以爲東蒙主，且在邦域之中矣，是社稷之臣也。何以伐爲？」冉有曰：「夫子欲之，吾二臣者皆不欲也。」孔子曰：「求！周任有言曰：『陳力就列，不能者止。』危而不持，顛而不扶，則將焉用彼相矣？且爾言過矣。虎兕出於柙，龜玉毀於櫝中，是誰之過與？」冉有曰：「今夫顓臾，固而近於費。今不取，後世必爲子孫憂。」孔子曰：「求！君子疾夫舍曰欲之，而必爲之辭。丘也聞有國有家者，不患寡而患不均，不患貧而患不安。蓋均無貧，和無寡，安無傾。夫如是，故遠人不服則修文德以來之，既來之則安之。今由與求也，相夫子，遠人不服而不能來也；邦分崩離析而不能守也。而謀動干戈於邦內。吾恐季孫之憂，不在顓臾，而在蕭牆之內也。」

孔子曰：「天下有道，則禮樂征伐自天子出；天下無道，則禮樂征伐自諸侯出。自諸侯出，蓋十世希不失矣；自大夫出，五世希不失矣；陪臣執國命，三世希不失矣。天下有道，則政不在大夫。天下有道，則庶人不議。」

孔子曰：「祿之去公室，五世矣；政逮於大夫，四世矣；故夫三桓之子孫，微矣。」

孔子曰：「益者三友，損者三友。友直，友諒，友多聞，益矣。友便辟，友善柔，友便佞，損矣。」

孔子曰：「益者三樂，損者三樂。樂節禮樂，樂道人之善，樂多賢友，益矣。樂驕樂，樂佚遊，樂宴樂，損矣。」

孔子曰：「侍於君子有三愆：言未及之而言謂之躁，言及之而不言謂之隱，未見顏色而言謂之瞽。」

孔子曰：「君子有三戒：少之時，血氣未定，戒之在色；及其壯也，血氣方剛，戒之在鬬；及其老也，血氣既衰，戒之在得。」

孔子曰：「君子有三畏：畏天命，畏大人，畏聖人之言。小人不知天命而不畏也，狎大人，侮聖人之言。」

孔子曰：「生而知之者，上也；學而知之者，次也；困而學之，又其次也；困而不學，民斯爲下矣。」

孔子曰：「君子有九思：視思明，聽思聰，色思溫，貌思恭，言思忠，事思敬，疑思問，忿思難，見得思義。」

孔子曰：「見善如不及，見不善如探湯。吾見其人矣，吾聞其語矣。隱居以求其志，行義以達其道。吾聞其語矣，未見其人也。」

「誠不以富，亦祇以異。」齊景公有馬千駟，死之日，民無德而稱焉。伯夷、叔齊餓於首陽之下，民到于今稱之。其斯之謂與？

陳亢問於伯魚曰：「子亦有異聞乎？」對曰：「未也。嘗獨立，鯉趨而過庭。曰：『學詩乎？』對曰：『未也。』『不學詩，無以言。』鯉退而學詩。他日又獨立，鯉趨而過庭。曰：『學禮乎？』對曰：『未也。』『不學禮，無以立。』鯉退而學禮。聞斯二者。」陳亢退而喜曰：「問一得三，聞詩，聞禮，又聞君子之遠其子也。」

邦君之妻，君稱之曰夫人，夫人自稱曰小童，邦人稱之曰君夫人，稱諸異邦曰寡小君，異邦人稱之亦曰君夫人。

陽貨第十七

陽貨欲見孔子，孔子不見，歸孔子豚。孔子時其亡也，而往拜之，遇諸塗。謂孔子曰：「來！予與爾言。」曰：「懷其寶而迷其邦，可謂仁乎？」曰：「不可。」「好從事而亟失時，可謂知乎？」曰：「不可。」「日月逝矣，歲不我與。」孔子曰：「諾。吾將仕矣。」

子曰：「性相近也，習相遠也。」

子曰：「唯上知與下愚，不移。」

子之武城，聞弦歌之聲。夫子莞爾而笑，曰：「割雞焉用牛刀？」子游對曰：「昔者偃也聞諸夫子曰：『君子學道則愛人，小人學道則易使也。』」子曰：「二三子！偃之言是也。前言戲之耳。」

公山弗擾以費畔，召，子欲往。子路不說，曰：「末之也已，何必公山氏之之也。」子曰：「夫召我者而豈徒哉？如有用我者，吾其爲東周乎？」

子張問仁於孔子。孔子曰：「能行五者於天下，爲仁矣。」請問之。曰：「恭、寬、信、敏、惠。恭則不侮，寬則得衆，信則人任焉，敏則有功，惠則足以使人。」

佛肸召，子欲往。子路曰：「昔者由也聞諸夫子曰：『親於其身爲不善者，君子不入也。』佛肸以中牟畔，子之往也，如之何！」子曰：「然。有是言也。不曰堅乎，磨而不磷；不曰白乎，涅而不緇。吾豈匏瓜也哉？焉能繫而不食？」

子曰：「由也，女聞六言六蔽矣乎？」對曰：「未也。」「居！吾語女。好仁不好學，其蔽也愚；好知不好學，其蔽也蕩；好信不好學，其蔽也賊；好直不好學，其蔽也絞；好勇不好學，其蔽也亂；好剛不好學，其蔽也狂。」

子曰：「小子！何莫學夫詩？詩，可以興，可以觀，可以群，可以怨。邇之事父，遠之事君。多識於鳥獸草木之名。」

子謂伯魚曰：「女爲周南、召南矣乎？人而不爲周南、召南，其猶正牆面而立也與？」

子曰：「禮云禮云，玉帛云乎哉？樂云樂云，鐘鼓云乎哉？」

子曰：「色厲而內荏，譬諸小人，其猶穿窬之盜也與？」

子曰：「鄉原，德之賊也。」

子曰：「道聽而塗說，德之棄也。」

子曰：「鄙夫可與事君也與哉？其未得之也，患得之；既得之，患失之。苟患失之，無所不至矣。」

子曰：「古者民有三疾，今也或是之亡也。古之狂也肆，今之狂也蕩；古之矜也廉，今之矜也忿戾；古之愚也直，今之愚也詐而已矣。」

子曰：「巧言令色，鮮矣仁。」

子曰：「惡紫之奪朱也，惡鄭聲之亂雅樂也，惡利口之覆邦家者。」

子曰：「予欲無言。」子貢曰：「子如不言，則小子何述焉？」子曰：「天何言哉？四時行焉，百物生焉，天何言哉？」

孺悲欲見孔子，孔子辭以疾。將命者出戶，取瑟而歌。使之聞之。

宰我問：「三年之喪，期已久矣。君子三年不爲禮，禮必壞；三年不爲樂，樂必崩。舊穀既沒，新穀既升，鑽燧改火，期可已矣。」子曰：「食夫稻，衣夫錦，於女安乎？」曰：「安。」「女安則爲之！夫君子之居喪，食旨不甘，聞樂不樂，居處不安，故不爲也。今女安，則爲之！」宰我出。子曰：「予之不仁也！子生三年，然後免於父母之懷。夫三年之喪，天下之通喪也。予也有三年之愛於其父母乎？」

子曰：「飽食終日，無所用心，難矣哉！不有博弈者乎，爲之猶賢乎已。」

子路曰：「君子尚勇乎？」子曰：「君子義以爲上。君子有勇而無義爲亂，小人有勇而無義爲盜。」

子貢曰：「君子亦有惡乎？」子曰：「有惡：惡稱人之惡者，惡居下流而訕上者，惡勇而無禮者，惡果敢而窒者。」曰：「賜也亦有惡乎？」「惡徼以爲知者，惡不孫以爲勇者，惡訐以爲直者。」

子曰：「唯女子與小人爲難養也，近之則不孫，遠之則怨。」

子曰：「年四十而見惡焉，其終也已。」

微子第十八

微子去之，箕子爲之奴，比干諫而死。孔子曰：「殷有三仁焉。」

柳下惠爲士師，三黜。人曰：「子未可以去乎？」曰：「直道而事人，焉往而不三黜？枉道而事人，何必去父母之邦？」

齊景公待孔子，曰：「若季氏則吾不能，以季、孟之閒待之。」曰：「吾老矣，不能用也。」孔子行。

齊人歸女樂，季桓子受之。三日不朝，孔子行。

楚狂接輿歌而過孔子曰：「鳳兮！鳳兮！何德之衰？往者不可諫，來者猶可追。已而，已而！今之從政者殆而！」孔子下，欲與之言。趨而辟之，不得與之言。

長沮、桀溺耦而耕，孔子過之，使子路問津焉。長沮曰：「夫執輿者為誰？」子路曰：「為孔丘。」曰：「是魯孔丘與？」曰：「是也。」曰：「是知津矣。」問於桀溺，桀溺曰：「子為誰？」曰：「為仲由。」曰：「是魯孔丘之徒與？」對曰：「然。」曰：「滔滔者天下皆是也，而誰以易之？且而與其從辟人之士也，豈若從辟世之士哉？」耰而不輟。子路行以告。夫子憮然曰：「鳥獸不可與同群，吾非斯人之徒與而誰與？天下有道，丘不與易也。」

子路從而後，遇丈人，以杖荷蓧。子路問曰：「子見夫子乎？」丈人曰：「四體不勤，五穀不分，孰為夫子？」植其杖而芸。子路拱而立。止子路宿，殺雞為黍而食之，見其二子焉。明日，子路行以告。子曰：「隱者也。」使子路反見之。至則行矣。子路曰：「不仕無義。長幼之節，不可廢也；君臣之義，如之何其廢之？欲潔其身，而亂大倫。君子之仕也，行其義也。道之不行，已知之矣。」

逸民：伯夷、叔齊、虞仲、夷逸、朱張、柳下惠、少連。子曰：「不降其志，不辱其身，伯夷、叔齊與！」謂：「柳下惠、少連，降志辱身矣。言中倫，行中慮，其斯而已矣。」謂：「虞仲、夷逸，隱居放言。身中清，廢中權。我則異於是，無可無不可。」

大師摯適齊，亞飯干適楚，三飯繚適蔡，四飯缺適秦。鼓方叔入於河，播鼗武入於漢，少師陽、擊磬襄入於海。

周公謂魯公曰：「君子不施其親，不使大臣怨乎不以，故舊無大故，則不棄也。無求備於一人。」

周有八士：伯達、伯适、仲突、仲忽、叔夜、叔夏、季隨、季騧。

子張第十九

子張曰：「士見危致命，見得思義，祭思敬，喪思哀，其可已矣。」

子張曰：「執德不弘，信道不篤，焉能爲有？焉能爲亡？」

子夏之門人問交於子張。子張曰：「子夏云何？」對曰：「子夏曰：『可者與之，其不可者拒之。』」子張曰：「異乎吾所聞：君子尊賢而容眾，嘉善而矜不能。我之大賢與，於人何所不容？我之不賢與，人將拒我，如之何其拒人也？」

子夏曰：「雖小道，必有可觀者焉；致遠恐泥，是以君子不爲也。」

子夏曰：「日知其所亡，月無忘其所能，可謂好學也已矣。」

子夏曰：「博學而篤志，切問而近思，仁在其中矣。」

子夏曰：「百工居肆以成其事，君子學以致其道。」

子夏曰：「小人之過也必文。」

子夏曰：「君子有三變：望之儼然，即之也溫，聽其言也厲。」

子夏曰：「君子信而後勞其民，未信則以爲厲己也；信而後諫，未信則以爲謗己也。」

子夏曰：「大德不踰閑，小德出入可也。」

子游曰：「子夏之門人小子，當洒掃、應對、進退，則可矣。抑末也，本之則無。如之何？」子夏聞之曰：「噫！言游過矣！君子之道，孰先傳焉？孰後倦焉？譬諸草木，區以別矣。君子之道，焉可誣也？有始有卒者，其惟聖人乎！」

子夏曰：「仕而優則學，學而優則仕。」

子游曰：「喪致乎哀而止。」

子游曰：「吾友張也，為難能也。然而未仁。」

曾子曰：「堂堂乎張也，難與並為仁矣。」

曾子曰：「吾聞諸夫子：人未有自致者也，必也親喪乎！」

曾子曰：「吾聞諸夫子：孟莊子之孝也，其他可能也；其不改父之臣與父之政，是難能也。」

孟氏使陽膚為士師，問於曾子。曾子曰：「上失其道，民散久矣。如得其情，則哀矜而勿喜。」

子貢曰：「紂之不善，不如是之甚也。是以君子惡居下流，天下之惡皆歸焉。」

子貢曰：「君子之過也，如日月之食焉：過也，人皆見之；更也，人皆仰之。」

衛公孫朝問於子貢曰：「仲尼焉學？」子貢曰：「文武之道，未墜於地，在人。賢者識其大者，不賢者識其小者，莫不有文武之道焉。夫子焉不學？而亦何常師之有？」

叔孫武叔語大夫於朝，曰：「子貢賢於仲尼。」子服景伯以告子貢。子貢曰：「譬之宮牆，賜之牆也及肩，窺見室家之好。夫子之牆數仞，不得其門而入，不見宗廟之美，百官之富。得其門者或寡矣。夫子之云，不亦宜乎！」

叔孫武叔毀仲尼。子貢曰：「無以為也，仲尼不可毀也。他人之賢者，丘陵也，猶可踰也；仲尼，日月也，無得而踰焉。人雖欲自絕，其何傷於日月乎？多見其不知量也！」

陳子禽謂子貢曰：「子為恭也，仲尼豈賢於子乎？」子貢曰：「君子一言以為知，一言以為不知，言不可不愼也。夫子之不可及也，猶天之不可階而升也。夫子之得邦家者，所謂立之斯立，道之斯行，綏之斯來，動之斯和。其生也榮，其死也哀，如之何其可及也。」

堯曰第二十

堯曰：「咨！爾舜！天之曆數在爾躬。允執其中。四海困窮，天祿永終。」舜亦以命禹。曰：「予小子履，敢用玄牡，敢昭告于皇皇后帝：有罪不敢赦。帝臣不蔽，簡在帝心。朕躬有罪，無以萬方；萬方有罪，罪在朕躬。」周有大賚，善人是富。「雖有周親，不如仁人。百姓有過，在予一人。」謹權量，審法度，修廢官，四方之政行焉。興滅國，繼絕世，舉逸民，天下之民歸心焉。所重：民、食、喪、祭。寬則得眾，信則民任焉，敏則有功，公則說。

子張問於孔子曰：「何如斯可以從政矣？」子曰：「尊五美，屏四惡，斯可以從政矣。」子張曰：「何謂五美？」子曰：「君子惠而不費，勞而不怨，欲而不貪，泰而不驕，威而不猛。」子張曰：「何謂惠而不費？」子曰：「因民之所利而利之，斯不亦惠而不費乎？擇可勞而勞之，又誰怨？欲仁而得仁，又焉貪？君子無眾寡，無小大，無敢慢，斯不亦泰而不驕乎？君子正其衣冠，尊其瞻視，儼然人望而畏之，斯不亦威而不猛乎？」子張曰：「何謂四惡？」子曰：「不教而殺謂之虐；不戒視成謂之暴；慢令致期謂之賊；猶之與人也，出納之吝，謂之有司。」

子曰：「不知命，無以為君子也。不知禮，無以立也。不知言，無以知人也。」

《孟子》

〈梁惠王上〉

第一章

孟子見梁惠王。王曰：「叟，不遠千里而來，亦將有以利吾國乎？」孟子對曰：「王何必曰利？亦有仁義而已矣。王曰：『何以利吾國？』大夫曰：『何以利吾家？』士庶人曰：『何以利吾身？』上下交征利，而國危矣！萬乘之國弒其君者，必千乘之家；千乘之國，弒其君者，必百乘之家。萬取千焉，千取百焉，不爲不多矣；苟爲後義而先利，不奪不饜。未有仁而遺其親者也，未有義而後其君者也。王亦曰『仁義而已矣。』何必曰利？」

第二章

孟子見梁惠王。王立於沼上，顧鴻雁麋鹿，曰：「賢者亦樂此乎？」孟子對曰：「賢者而後樂此，不賢者雖有此，不樂也。詩云：『經始靈臺，經之營之，庶民攻之，不日成之。

經始勿亟，庶民子來。王在靈囿，麀鹿攸伏，麀鹿濯濯，白鳥鶴鶴。王在靈沼，於牣魚躍。』文王以民力爲臺、爲沼，而民歡樂之，謂其臺曰『靈臺』，謂其沼曰『靈沼』，樂其有麋鹿魚鱉。古之人與民偕樂，故能樂也。湯誓曰：『時日害喪，予及女偕亡。』民欲與之偕亡，雖有臺池鳥獸，豈能獨樂哉？」

第三章

梁惠王曰：「寡人之於國也，盡心焉耳矣！河內凶，則移其民於河東，移其粟於河內；河東凶亦然。察鄰國之政，無如寡人之用心者。鄰國之民不加少，寡人之民不加多，何也？」孟子對曰：「王好戰，請以戰喻。塡然鼓之，兵刃既接，棄甲曳兵而走。或百步而後止，或五十步而後止。以五十步笑百步，則何如？」曰：「不可。直不百步耳，是亦走也！」曰：「王如知此，則無望民之多於鄰國也。不違農時，穀不可勝食也；數罟不入洿池，魚鱉不可勝食也；斧斤以時入山林，材木不可勝用也。穀與魚鼈不可勝食，材木不可勝用，是使民養生喪死無憾也。養生喪死無憾，王道之始也。五畝之宅，樹之以桑，五十者可以衣帛矣；雞豚狗彘之畜，無失其時，七十者可以食肉矣；百畝之田，勿奪其時，數口之家可以無飢矣；謹庠序之教，申之以孝悌之義，頒白者不負戴於道路矣。七十者衣帛食肉，黎民不飢不寒，然而不王者，未之有也！狗彘食人食而不知檢，塗有餓莩而不知發；人死，則曰：『非我也，歲也。』是何異於刺人而殺之，曰：『非我也，兵也！』王無罪歲，斯天下之民至焉。」

第四章

梁惠王曰：「寡人願安承教。」孟子對曰：「殺人以梃與刃，有以異乎？」曰：「無以異也。」「以刃與政，有以異乎？」曰：「無以異也。」曰：「庖有肥肉，廄有肥馬，民有飢色，野有餓莩，此率獸而食人也。獸相食，且人惡之。為民父母，行政不免於率獸而食人。惡在其為民父母也？仲尼曰：『始作俑者，其無後乎！』為其象人而用之也。如之何其使斯民飢而死也？」

第五章

梁惠王曰：「晉國，天下莫強焉，叟之所知也。及寡人之身，東敗於齊，長子死焉；西喪地於秦七百里；南辱於楚：寡人恥之，願比死者一洒之，如之何則可？」孟子對曰：「地方百里而可以王。王如施仁政於民，省刑罰，薄稅斂，深耕易耨，壯者以暇日修其孝悌忠信，入以事其父兄，出以事其長上，可使制梃以撻秦楚之堅甲利兵矣！彼奪其民時，使不得耕耨以養其父母，父母凍餓，兄弟妻子離散。彼陷溺其民，王往而征之，夫誰與王敵？故曰：『仁者無敵。』王請勿疑。」

第六章

孟子見梁襄王。出，語人曰：「望之不似人君，就之而不見所畏焉。卒然問曰：『天下惡乎定？』吾對曰：『定于一。』『孰能一之？』對曰：『不嗜殺人者能一之。』『孰能與之？』對曰：『天下莫不與也。王知夫苗乎？七八月之間旱，則苗槁矣。天油然作雲，沛然下雨，則苗浡然興之矣。其如是，孰能禦之？今夫天下之人牧，未有不嗜殺人者也，如有不嗜殺人者，則天下之民皆引領而望之矣。誠如是也，民歸之，由水之就下，沛然誰能禦之？』」

第七章

齊宣王問曰：「齊桓、晉文之事，可得聞乎？」孟子對曰：「仲尼之徒無道桓、文之事者，是以後世無傳焉。臣未之聞也。無以，則王乎？」曰：「德何如，則可以王矣？」曰：「保民而王，莫之能禦也。」曰：「若寡人者，可以保民乎哉？」曰：「可。」曰：「何由知吾可也？」曰：「臣聞之胡齕曰：『王坐於堂上，有牽牛而過堂下者，王見之，曰：「牛何之？」對曰：「將以釁鐘。」王曰：「舍之！吾不忍其觳觫，若無罪而就死地。」對曰：「然則廢釁鐘與？」曰：「何可廢也？以羊易之！」』不識有諸？」曰：「有之。」曰：「是心足以王矣。百姓皆以王爲愛也，臣固知王之不忍也。」王曰：「然，誠有百姓者。齊國雖褊小，吾何愛一牛？即不忍其觳觫，若無罪而就死地，故以羊易之也。」曰：「王無異於百姓之以王爲愛也。以小易大，彼惡知之？王若隱其無罪而就死地，則牛、羊何擇焉？」王笑曰：「是誠何心哉？我非愛其財而易之以羊也，宜乎百姓之謂我愛也。」曰：「無傷也，是乃仁術也，見牛，未見羊也。君子之於禽獸也，見其生，不忍見其死；聞其聲，不忍食其肉。是以君子遠庖廚也。」王說曰：「詩云：『他人有心，予忖度之。』夫子之謂也。夫我乃行之，反而求之，不得吾心。夫子言之，於我心有戚戚焉。此心之所以合於王者，何也？」曰：「有復於王者曰：『吾力足以舉百鈞，而不足以舉一羽；明足以察秋毫之末，而不見輿薪。』則王許之乎？」曰：「否。」「今恩足以及禽獸，而功不至於百姓者，獨何與？然則一羽之不舉，爲不用力焉；輿薪之不見，爲不用明焉；百姓之不見保，爲不用恩焉。故王之不王，不爲也，非不能也。」曰：「不爲者與不能者之形何以異？」曰：「挾太山以超北海，語人曰：『我不能。』是誠不能也。爲長者折枝，語人曰：『我不能。』是不爲也，非不能也。故王之不王，非挾太山以超北海之類也；王之不王，是折枝之類也。老吾老，以及人之老；幼吾幼，以及人之幼。天下可運於掌。詩云：『刑於寡妻，至於兄弟，以御於家邦。』言舉斯心加諸彼而已。故推恩足以保四海，不推恩無以保妻子。古之人所以大過人者無他焉，善推其所爲而已矣。今恩足以及禽獸，而功不至於百姓者，獨何與？權，然後知輕重；度，然後知長短。物皆然，心爲甚。王請度之！抑王興甲兵，危士臣，構怨於諸侯，然後快於心與？」王曰：「否。吾何快於是？將以求吾所大欲也。」曰：「王之所大欲可得聞與？」王笑而不言。曰：「爲肥甘不足於口與？輕煖不足於體與？抑爲采色不足視於目與？聲音不足聽於耳與？便嬖不足使令於前與？王之諸臣皆足以供之，而王豈爲是哉？」曰：「否。吾不爲是也。」曰：「然則王之所大欲可知已。欲辟土地，朝秦楚，莅中國而撫四夷也。以若所爲求若所欲，猶緣木而求魚也。」王曰：「若是其甚與？」曰：「殆有甚焉。緣木求魚，雖不得魚，無後災。以若所爲，求若所欲，盡心力而爲之，後必有災。」曰：「可得聞與？」曰：「鄒人與楚人戰，則王以爲孰勝？」曰：「楚人勝。」曰：「然則小固不可以敵大，寡固不可以敵眾，弱固不可以敵彊。海內之地方千里者九，齊集有其一。以一服八，何以異於鄒敵楚哉！蓋亦反其本矣。今王發政施仁，使天下仕者皆欲立於王之朝，耕者皆欲耕於王之野，商賈皆欲藏於王之市，行旅皆欲出於王之塗，天下之欲疾其君者皆欲赴愬於王。其若是，孰能禦之！」王曰：「吾惛，不能進於是矣。願夫子輔吾志，明以教我。我雖不敏，請嘗試之。」曰：「無恒產而有恒心者，惟士爲能。若民，則無恒產，因無恒心。苟無恒心，放辟邪侈無不爲已。及陷於罪，然後從而刑之，是罔民也。焉有仁人在位，罔民而可爲也？是故明君制民之產，必使仰足以事父母，俯足以畜妻子，樂歲終身飽，凶年免於死亡。然後驅而之善，故民之從之也輕。今也制民之產，仰不足以事父母，俯不足以畜妻子，樂歲終身苦，凶年不免於死亡。此惟救死而恐不贍，奚暇治禮義哉？王欲行之，則盍反其本矣。五畝之宅，樹之以桑，五十者可以衣帛矣；雞豚狗彘之畜，無失其時，七十者可以食肉矣；百畝之田，勿奪其時，八口之家可以無飢矣；謹庠序之教，申之以孝悌之義，頒白者不負戴於道路矣。老者衣帛食肉，黎民不飢不寒，然而不王者，未之有也！」

〈梁惠王下〉

第一章

莊暴見孟子，曰：「暴見於王，王語暴以好樂，暴未有以對也。」曰：「好樂何如？」孟子曰：「王之好樂甚，則齊國其庶幾乎！」他日，見於王曰：「王嘗語莊子以好樂，有諸？」王變乎色，曰：「寡人非能好先王之樂也，直好世俗之樂耳。」曰：「王之好樂甚，則齊其庶幾乎！今之樂猶古之樂也。」曰：「可得聞與？」曰：「獨樂樂，與人樂樂，孰樂？」曰：「不若與人。」曰：「與少樂樂，與眾樂樂，孰樂？」曰：「不若與眾。」「臣請爲王言樂：今王鼓樂於此，百姓聞王鐘鼓之聲，管籥之音，舉疾首蹙頞而相告曰：『吾王之好鼓樂，夫何使我至於此極也？父子不相見，兄弟妻子離散。』今王田獵於此，百姓聞王車馬之音，見羽旄之美，舉疾首蹙頞而相告曰：『吾王之好田獵，夫何使我至於此極也？父子不相見，兄弟妻子離散。』此無他，不與民同樂也。今王鼓樂於此，百姓聞王鐘鼓之聲，管籥之音，舉欣欣然有喜色而相告曰：『吾王庶幾無疾病與？何以能鼓樂也？』今王田獵於此，百姓聞王車馬之音，見羽旄之美，舉欣欣然有喜色而相告曰：『吾王庶幾無疾病與？何以能田獵也？』此無他，與民同樂也。今王與百姓同樂，則王矣。」

第二章

齊宣王問曰：「文王之囿方七十里，有諸？」孟子對曰：「於傳有之。」曰：「若是其大乎？」曰：「民猶以爲小也。」曰：「寡人之囿方四十里，民猶以爲大，何也？」曰：「文王之囿方七十里，芻蕘者往焉，雉兔者往焉，與民同之。民以爲小，不亦宜乎？臣始至於境，問國之大禁，然後敢入。臣聞郊關之內有囿方四十里，殺其麋鹿者如殺人之罪。則是方四十里，爲阱於國中。民以爲大，不亦宜乎？」

第三章

齊宣王問曰：「交鄰國有道乎？」孟子對曰：「有。惟仁者爲能以大事小，是故湯事葛，文王事昆夷；惟智者爲能以小事大，故大王事獯鬻，句踐事吳。以大事小者，樂天者也；以小事大者，畏天者也。樂天者保天下，畏天者保其國。詩云：『畏天之威，于時保之。』」王曰：「大哉言矣！寡人有疾，寡人好勇。」對曰：「王請無好小勇。夫撫劍疾視曰：『彼惡敢當我哉！』此匹夫之勇，敵一人者也。王請大之！詩云：『王赫斯怒，爰整其旅，以遏徂莒，以篤周祜，以對于天下。』此文王之勇也。文王一怒而安天下之民。書曰：『天降下民，作之君，作之師。惟曰：其助上帝，寵之四方。有罪無罪，惟我在，天下曷敢有越厥志？』一人衡行於天下，武王恥之。此武王之勇也。而武王亦一怒而安天下之民。今王亦一怒而安天下之民，民惟恐王之不好勇也。」

第四章

齊宣王見孟子於雪宮。王曰：「賢者亦有此樂乎？」孟子對曰：「有。人不得，則非其上矣。不得而非其上者，非也；爲民上而不與民同樂者，亦非也。樂民之樂者，民亦樂其樂；憂民之憂者，民亦憂其憂。樂以天下，憂以天下，然而不王者，未之有也。昔者齊景公問於晏子，曰：『吾欲觀於轉附、朝儛，遵海而南，放於琅邪。吾何修而可以比於先王觀也？』晏子對曰：『善哉問也！天子適諸侯曰巡狩，巡狩者巡所守也；諸侯朝於天子曰述職，述職者述所職也。無非事者。春省耕而補不足，秋省斂而助不給。夏諺曰：「吾王不遊，吾何以休？吾王不豫，吾何以助？一遊一豫，爲諸侯度。」今也不然：師行而糧食，飢者弗食，勞者弗息。睊睊胥讒，民乃作慝。方命虐民，飲食若流。流連荒亡，爲諸侯憂。從流下而忘反謂之流，從流上而忘反謂之連，從獸無厭謂之荒，樂酒無厭謂之亡。先王無流連之樂，荒亡之行。惟君所行也。』景公說，大戒於國，出舍於郊。於是始興發補不足。召太師曰：『爲我作君臣相說之樂。』蓋徵招、角招是也。其詩曰：『畜君何尤？』畜君者，好君也。」

第五章

齊宣王問曰：「人皆謂我毀明堂。毀諸？已乎？」孟子對曰：「夫明堂者，王者之堂也。王欲行王政，則勿毀之矣。」王曰：「王政可得聞與？」對曰：「昔者文王之治岐也，耕者九一，仕者世祿，關市譏而不征，澤梁無禁，罪人不孥。老而無妻曰鰥，老而無夫曰寡，老而無子曰獨，幼而無父曰孤。此四者，天下之窮民而無告者。文王發政施仁，必先斯四者。詩云：『哿矣富人，哀此煢獨。』」王曰：「善哉言乎！」曰：「王如善之，則何爲不行？」王曰：「寡人有疾，寡人好貨。」對曰：「昔者公劉好貨，詩云：『乃積乃倉，乃裹餱糧，于橐于囊，思戢用光。弓矢斯張，干戈戚揚，爰方啓行。』故居者有積倉，行者有裹糧也；然後可以爰方啓行。王如好貨，與百姓同之，於王何有？」王曰：「寡人有疾，寡人好色。」對曰：「昔者大王好色，愛厥妃。詩云：『古公亶甫，來朝走馬，率西水滸，至於岐下。爰及姜女，聿來胥宇。』當是時也，內無怨女，外無曠夫；王如好色，與百姓同之，於王何有？」

第六章

孟子謂齊宣王曰：「王之臣，有託其妻子於其友，而之楚遊者。比其反也，則凍餒其妻子，則如之何？」王曰：「棄之。」曰：「士師不能治士，則如之何？」王曰：「已之。」曰：「四境之內不治，則如之何？」王顧左右而言他。

第七章

孟子見齊宣王曰：「所謂故國者，非謂有喬木之謂也，有世臣之謂也。王無親臣矣，昔者所進，今日不知其亡也。」王曰：「吾何以識其不才而舍之？」曰：「國君進賢，如不得已，將使卑踰尊，疏踰戚，可不慎與？左右皆曰賢，未可也；諸大夫皆曰賢，未可也；國人皆曰賢，然後察之；見賢焉，然後用之。左右皆曰不可，勿聽；諸大夫皆曰不可，勿聽；國人皆曰不可，然後察之；見不可焉，然後去之。左右皆曰可殺，勿聽；諸大夫皆曰可殺，勿聽；國人皆曰可殺，然後察之；見可殺焉，然後殺之。故曰，國人殺之也。如此，然後可以爲民父母。」

第八章

齊宣王問曰：「湯放桀，武王伐紂，有諸？」孟子對曰：「於傳有之。」曰：「臣弒其君，可乎？」曰：「賊仁者謂之賊，賊義者謂之殘，殘賊之人謂之一夫。聞誅一夫紂矣，未聞弒君也。」

第九章

孟子見齊宣王曰：「為巨室，則必使工師求大木。工師得大木，則王喜，以為能勝其任也。匠人斲而小之，則王怒，以為不勝其任矣。夫人幼而學之，壯而欲行之。王曰：『姑舍女所學而從我。』則何如？今有璞玉於此，雖萬鎰，必使玉人彫琢之。至於治國家，則曰：『姑舍女所學而從我。』則何以異於教玉人彫琢玉哉？」

第十章

齊人伐燕，勝之。宣王問曰：「或謂寡人勿取，或謂寡人取之。以萬乘之國伐萬乘之國，五旬而舉之，人力不至於此。不取，必有天殃。取之，何如？」孟子對曰：「取之而燕民悅，則取之。古之人有行之者，武王是也。取之而燕民不悅，則勿取。古之人有行之者，文王是也。以萬乘之國伐萬乘之國，簞食壺漿以迎王師，豈有他哉？避水火也。如水益深，如火益熱，亦運而已矣。」

第十一章

齊人伐燕，取之。諸侯將謀救燕。宣王曰：「諸侯多謀伐寡人者，何以待之？」孟子對曰：「臣聞七十里爲政於天下者，湯是也。未聞以千里畏人者也。書曰：『湯一征，自葛始。』天下信之。『東面而征，西夷怨；南面而征，北狄怨。曰：奚爲後我？』民望之，若大旱之望雲霓也。歸市者不止，耕者不變。誅其君而弔其民，若時雨降，民大悅。書曰：『徯我后，后來其蘇。』今燕虐其民，王往而征之，民以爲將拯己於水火之中也，簞食壺漿以迎王師。若殺其父兄，係累其子弟，毀其宗廟，遷其重器，如之何其可也？天下固畏齊之彊也。今又倍地而不行仁政，是動天下之兵也。王速出令，反其旄倪，止其重器，謀於燕眾，置君而後去之，則猶可及止也。」

第十二章

鄒與魯鬨。穆公問曰：「吾有司死者三十三人，而民莫之死也。誅之，則不可勝誅；不誅，則疾視其長上之死而不救。如之何則可也？」孟子對曰：「凶年饑歲，君之民老弱轉乎溝壑，壯者散而之四方者，幾千人矣；而君之倉廩實，府庫充，有司莫以告，是上慢而殘下也。曾子曰：『戒之戒之！出乎爾者，反乎爾者也。』夫民今而後得反之也，君無尤焉。君行仁政，斯民親其上，死其長矣。」

第十三章

滕文公問曰：「滕，小國也，間於齊、楚。事齊乎？事楚乎？」孟子對曰：「是謀非吾所能及也。無已，則有一焉：鑿斯池也，築斯城也，與民守之，效死而民弗去，則是可爲也。」

第十四章

滕文公問曰：「齊人將築薛，吾甚恐。如之何則可？」孟子對曰：「昔者大王居邠，狄人侵之，去之岐山之下居焉。非擇而取之，不得已也。苟爲善，後世子孫必有王者矣。君子創業垂統，爲可繼也。若夫成功，則天也。君如彼何哉？彊爲善而已矣。」

第十五章

滕文公問曰：「滕，小國也。竭力以事大國，則不得免焉。如之何則可？」孟子對曰：「昔者大王居邠，狄人侵之。事之以皮幣，不得免焉；事之以犬馬，不得免焉；事之以珠玉，不得免焉。乃屬其耆老而告之曰：『狄人之所欲者，吾土地也。吾聞之也：君子不以其所以養人者害人。二三子何患乎無君？我將去之。』去邠，踰梁山，邑於岐山之下居焉。邠人曰：

『仁人也，不可失也。』從之者如歸市。或曰：『世守也，非身之所能爲也，效死勿去。』君請擇於斯二者。」

第十六章

魯平公將出。嬖人臧倉者請曰：「他日君出，則必命有司所之。今乘輿已駕矣，有司未知所之。敢請。」公曰：「將見孟子。」曰：「何哉？君所爲輕身以先於匹夫者，以爲賢乎？禮義由賢者出。而孟子之後喪踰前喪。君無見焉！」公曰：「諾。」樂正子入見，曰：「君奚爲不見孟軻也？」曰：「或告寡人曰：『孟子之後喪踰前喪。』是以不往見也。」曰：「何哉，君所謂踰者？前以士，後以大夫；前以三鼎，而後以五鼎與？」曰：「否。謂棺槨衣衾之美也。」曰：「非所謂踰也，貧富不同也。」樂正子見孟子，曰：「克告於君，君爲來見也。嬖人有臧倉者沮君，君是以不果來也。」曰：「行，或使之；止，或尼之。行止，非人所能也。吾之不遇魯侯，天也。臧氏之子，焉能使予不遇哉？」

〈公孫丑上〉

第一章

公孫丑問曰：「夫子當路於齊，管仲、晏子之功，可復許乎？」孟子曰：「子誠齊人也，知管仲、晏子而已矣。或問乎曾西曰：『吾子與子路孰賢？』曾西蹵然曰：『吾先子之所畏也。』曰：『然則吾子與管仲孰賢？』曾西艴然不悅，曰：『爾何曾比予於管仲？管仲得君，如彼其專也；行乎國政，如彼其久也；功烈，如彼其卑也。爾何曾比予於是？』」曰：「管仲，曾西之所不為也，而子為我願之乎？」曰：「管仲以其君霸，晏子以其君顯。管仲、晏子猶不足為與？」曰：「以齊王，由反手也。」曰：「若是，則弟子之惑滋甚。且以文王之德，百年而後崩，猶未洽於天下。武王、周公繼之，然後大行。今言王若易然，則文王不足法與？」曰：「文王何可當也？由湯至於武丁，賢聖之君六七作，天下歸殷久矣，久則難變也。武丁朝諸侯有天下，猶運之掌也。紂之去武丁未久也，其故家遺俗，流風善政，猶有存者；又有微子、微仲、王子比干、箕子、膠鬲，皆賢人也，相與輔相之，故久而後失之也。尺地，莫非其有也；一民，莫非其臣也；然而文王猶方百里起，是以難也。齊人有言曰：『雖有智慧，不如乘勢；雖有鎡基，不如待時。』今時則易然也：夏后、殷、周之盛，地未有過千里者也，而齊有其地矣；雞鳴狗吠相聞，而達乎四境，而齊有其民矣。地不改辟矣，民不改聚矣，行仁政而王，莫之能禦也。且王者之不作，未有疏於此時者也；民之憔悴於虐政，未有甚於此時者也。飢者易為食，渴者易為飲。孔子曰：『德之流行，速於置郵而傳命。』當今之時，萬乘之國行仁政，民之悅之，猶解倒懸也。故事半古之人，功必倍之，惟此時為然。」

第二章

公孫丑問曰：「夫子加齊之卿相，得行道焉，雖由此霸王不異矣。如此，則動心否乎？」孟子曰：「否。我四十不動心。」曰：「若是，則夫子過孟賁遠矣。」曰：「是不難，告子先我不動心。」曰：「不動心有道乎？」曰：「有。北宮黝之養勇也，不膚撓，不目逃，思以一毫挫於人，若撻之於市朝。不受於褐寬博，亦不受於萬乘之君。視刺萬乘之君，若刺褐夫。無嚴諸侯，惡聲至，必反之。孟施舍之所養勇也，曰：『視不勝猶勝也。量敵而後進，慮勝而後會，是畏三軍者也。舍豈能爲必勝哉？能無懼而已矣。』孟施舍似曾子，北宮黝似子夏。夫二子之勇，未知其孰賢，然而孟施舍守約也。昔者曾子謂子襄曰：『子好勇乎？吾嘗聞大勇於夫子矣：自反而不縮，雖褐寬博，吾不惴焉？自反而縮，雖千萬人，吾往矣。』孟施舍之守氣，又不如曾子之守約也。」曰：「敢問夫子之不動心，與告子之不動心，可得聞與？」告子曰：『不得於言，勿求於心；不得於心，勿求於氣。』不得於心，勿求於氣，可；不得於言，勿求於心，不可。夫志，氣之帥也；氣，體之充也。夫志至焉，氣次焉。故曰：『持其志，無暴其氣。』」「既曰：『志至焉，氣次焉』，又曰：『持其志，無暴其氣』者，何也？」曰：「志壹則動氣，氣壹則動志也。今夫蹶者趨者，是氣也，而反動其心。」「敢問夫子惡乎長？」曰：「我知言，我善養吾浩然之氣。」「敢問何謂浩然之氣？」曰：

「難言也。其爲氣也，至大至剛，以直養而無害，則塞於天地之閒。其爲氣也，配義與道；無是，餒也。是集義所生者，非義襲而取之也。行有不慊於心，則餒矣。我故曰：『告子未嘗知義，以其外之也。』必有事焉而勿正，心勿忘，勿助長也。無若宋人然：宋人有閔其苗之不長而揠之者，芒芒然歸，謂其人曰：『今日病矣，予助苗長矣！』其子趨而往視之，苗則槁矣。天下之不助苗長者寡矣。以爲無益而舍之者，不耘苗者也；助之長者，揠苗者也。非徒無益，而又害之。」「何謂知言？」曰：「詖辭知其所蔽，淫辭知其所陷，邪辭知其所離，遁辭知其所窮。生於其心，害於其政；發於其政，害於其事。聖人復起，必從吾言矣。」「宰我、子貢善爲說辭，冉牛、閔子、顏淵善言德行。孔子兼之，曰：『我於辭命則不能也。』然則夫子既聖矣乎？」曰：「惡！是何言也！昔者子貢問於孔子曰：『夫子聖矣乎？』孔子曰：『聖則吾不能，我學不厭而教不倦也。』子貢曰：『學不厭，智也；教不倦，仁也。仁且智，夫子既聖矣！』夫聖，孔子不居，是何言也！」「昔者竊聞之：子夏、子游、子張，皆有聖人之一體，冉牛、閔子、顏淵，則具體而微。敢問所安？」曰：「姑舍是。」曰：「伯夷、伊尹何如？」曰：「不同道。非其君不事，非其民不使；治則進，亂則退，伯夷也。何事非君，何使非民；治亦進，亂亦進，伊尹也。可以仕則仕，可以止則止，可以久則久，可以速則速，孔子也。皆古聖人也。吾未能有行焉；乃所願，則學孔子也。」「伯夷、伊尹於孔子，若是班乎？」曰：「否。自有生民以來，未有孔子也。」曰：「然則有同與？」曰：

「有。得百里之地而君之，皆能以朝諸侯，有天下。行一不義、殺一不辜而得天下，皆不為也。是則同。」曰：「敢問其所以異？」曰：「宰我、子貢、有若，智足以知聖人，汙不至阿其所好。宰我曰：『以予觀於夫子，賢於堯、舜遠矣。』子貢曰：『見其禮而知其政，聞其樂而知其德。由百世之後，等百世之王，莫之能違也。自生民以來，未有夫子也。』有若曰：『豈惟民哉？麒麟之於走獸，鳳凰之於飛鳥，泰山之於丘垤，河海之於行潦，類也。聖人之於民，亦類也。出於其類，拔乎其萃，自生民以來，未有盛於孔子也。』」

第三章

孟子曰：「以力假仁者霸，霸必有大國；以德行仁者王，王不待大。湯以七十里，文王以百里。以力服人者，非心服也，力不贍也；以德服人者，中心悅而誠服也，如七十子之服孔子也。詩云：『自西自東，自南自北，無思不服。』此之謂也。」

第四章

孟子曰：「仁則榮，不仁則辱。今惡辱而居不仁，是猶惡濕而居下也。如惡之，莫如貴德而尊士，賢者在位，能者在職，國家閒暇，及是時，明其政刑，雖大國，必畏之矣。詩云：『迨天之未陰雨，徹彼桑土，綢繆牖戶。今此下民，或敢侮予？』孔子曰：『為此詩者，其知道乎！能治其國家，誰敢侮之！』今國家閒暇，及是時，般樂怠敖，是自求禍也。禍福無不自己求之者。詩云：『永言配命。自求多福。』太甲曰：『天作孽，猶可違；自作孽，不可活。』此之謂也。」

第五章

孟子曰：「尊賢使能，俊傑在位，則天下之士皆悅而願立於其朝矣；市，廛而不征，法而不廛，則天下之商皆悅而願藏於其市矣；關，譏而不征，則天下之旅皆悅而願出於其路矣；耕者，助而不稅，則天下之農皆悅而願耕於其野矣。廛，無夫里之布，則天下之民皆悅而願為之氓矣。信能行此五者，則鄰國之民仰之若父母矣。率其子弟，攻其父母，自有生民以來未有能濟者也。如此，則無敵於天下。無敵於天下者，天吏也。然而不王者，未之有也。」

第六章

孟子曰：「人皆有不忍人之心。先王有不忍人之心，斯有不忍人之政矣。以不忍人之心，行不忍人之政，治天下可運之掌上。所以謂人皆有不忍人之心者，今人乍見孺子將入於井，皆有怵惕惻隱之心。非所以內交於孺子之父母也，非所以要譽於鄉黨朋友也，非惡其聲而然也。由是觀之，無惻隱之心，非人也；無羞惡之心，非人也；無辭讓之心，非人也；無是非之心，非人也。惻隱之心，仁之端也；羞惡之心，義之端也；辭讓之心，禮之端也；是非之心，智之端也。人之有是四端也，猶其有四體也。有是四端而自謂不能者，自賊者也；謂其君不能者，賊其君者也。凡有四端於我者，知皆擴而充之矣，若火之始然，泉之始達。苟能充之，足以保四海；苟不充之，不足以事父母。」

第七章

孟子曰：「矢人豈不仁於函人哉？矢人唯恐不傷人，函人唯恐傷人。巫、匠亦然，故術不可不愼也。孔子曰：『里仁爲美。擇不處仁，焉得智？』夫仁，天之尊爵也，人之安宅也。莫之禦而不仁，是不智也。不仁、不智、無禮、無義，人役也。人役而恥爲役，由弓人而恥爲弓，矢人而恥爲矢也。如恥之，莫如爲仁。仁者如射，射者正己而後發，發而不中，不怨勝己者，反求諸己而已矣。」

第八章

孟子曰：「子路，人告之以有過，則喜。禹聞善言，則拜。大舜有大焉，善與人同。舍己從人，樂取於人以爲善。自耕稼、陶、漁以至爲帝，無非取於人者。取諸人以爲善，是與人爲善者也。故君子莫大乎與人爲善。」

第九章

孟子曰：「伯夷，非其君不事，非其友不友。不立於惡人之朝，不與惡人言。立於惡人之朝，與惡人言，如以朝衣、朝冠坐於塗炭。推惡惡之心，思與鄉人立，其冠不正，望望然去之，若將浼焉。是故諸侯雖有善其辭命而至者，不受也。不受也者，是亦不屑就已。柳下惠，不羞汙君，不卑小官。進不隱賢，必以其道。遺佚而不怨，阨窮而不憫。故曰：『爾爲爾，我爲我，雖袒裼裸裎於我側，爾焉能浼我哉？』故由由然與之偕而不自失焉，援而止之而止。援而止之而止者，是亦不屑去已。」孟子曰：「伯夷隘，柳下惠不恭。隘與不恭，君子不由也。」

〈公孫丑下〉

第一章

孟子曰：「天時不如地利，地利不如人和。三里之城，七里之郭，環而攻之而不勝。夫環而攻之，必有得天時者矣；然而不勝者，是天時不如地利也。城非不高也，池非不深也，兵革非不堅利也，米粟非不多也；委而去之，是地利不如人和也。故曰：域民不以封疆之界，固國不以山谿之險，威天下不以兵革之利。得道者多助，失道者寡助。寡助之至，親戚畔之；

多助之至，天下順之。以天下之所順，攻親戚之所畔；故君子有不戰，戰必勝矣。」

第二章

孟子將朝王。王使人來曰：「寡人如就見者也，有寒疾，不可以風。朝，將視朝，不識可使寡人得見乎？」對曰：「不幸而有疾，不能造朝。」明日，出弔於東郭氏。公孫丑曰：「昔者辭以病，今日弔，或者不可乎？」曰：「昔者疾，今日愈，如之何不弔？」王使人問疾，醫來。孟仲子對曰：「昔者有王命，有采薪之憂，不能造朝。今病小愈，趨造於朝，我不識能至否乎？」使數人要於路，曰：「請必無歸，而造於朝。」不得已而之景丑氏宿焉。景子曰：「內則父子，外則君臣，人之大倫也。父子主恩，君臣主敬。丑見王之敬子也，未見所以敬王也。」曰：「惡！是何言也！齊人無以仁義與王言者，豈以仁義爲不美也？其心曰：『是何足與言仁義也』云爾，則不敬莫大乎是。我非堯舜之道，不敢以陳於王前，故齊人莫如我敬王也。」景子曰：「否，非此之謂也。禮曰：『父召，無諾；君命召，不俟駕。』固將朝也，聞王命而遂不果，宜與夫禮若不相似然。」曰：「豈謂是與？曾子曰：『晉楚之富，不可及也。彼以其富，我以吾仁；彼以其爵，我以吾義，吾何慊乎哉？』夫豈不義而曾子言之？是或一道也。天下有達尊三：爵一，齒一，德一。朝廷莫如爵，鄉黨莫如齒，輔世長民莫如德。惡得有其一，以慢其二哉？故將大有爲之君，必有不召之臣。欲有謀焉，則就之。其尊德樂道，不如是，不足與有爲也。故湯之於伊尹，學焉而後臣之，故不勞而王；桓公之於管仲，學焉而後臣之，故不勞而霸。今天下地醜德齊，莫能相尙，無他，好臣其所教，而不好臣其所受教。湯之於伊尹，桓公之於管仲，則不敢召。管仲且猶不可召，而況不爲管仲者乎？」

第三章

陳臻問曰：「前日於齊，王餽兼金一百而不受；於宋，餽七十鎰而受；於薛，餽五十鎰而受。前日之不受是，則今日之受非也；今日之受是，則前日之不受非也。夫子必居一於此矣。」孟子曰：「皆是也。當在宋也，予將有遠行，行者必以贐，辭曰『餽贐』，予何爲不受？當在薛也，予有戒心，辭曰『聞戒』，故爲兵餽之，予何爲不受？若於齊，則未有處也。無處而餽之，是貨之也。焉有君子而可以貨取乎？」

第四章

孟子之平陸，謂其大夫曰：「子之持戟之士，一日而三失伍，則去之否乎？」曰：「不待三。」「然則子之失伍也亦多矣。凶年饑歲，子之民，老羸轉於溝壑，壯者散而之四方者，幾千人矣。」曰：「此非距心之所得爲也。」曰：「今有受人之牛羊而爲之牧之者，則必爲之求牧與芻矣。求牧與芻而不得，則反諸其人乎？抑亦立而視其死與？」曰：「此則距心之罪也。」他日，見於王，曰：「王之爲都者，臣知五人焉。知其罪者，惟孔距心。」爲王誦之。王曰：「此則寡人之罪也。」

第五章

孟子謂蚳鼃曰：「子之辭靈丘而請士師，似也，爲其可以言也。今既數月矣，未可以言與？」蚳鼃諫於王而不用，致爲臣而去。齊人曰：「所以爲蚳鼃，則善矣；所以自爲，則吾不知也。」公都子以告。曰：「吾聞之也：有官守者，不得其職則去；有言責者，不得其言則去。我無官守，我無言責也，則吾進退，豈不綽綽然有餘裕哉？」

第六章

孟子爲卿於齊，出弔於滕，王使蓋大夫王驩爲輔行。王驩朝暮見，反齊滕之路，未嘗與之言行事也。公孫丑曰：「齊卿之位，不爲小矣；齊滕之路，不爲近矣。反之而未嘗與言行事，何也？」曰：「夫既或治之，予何言哉？」

第七章

孟子自齊葬於魯，反於齊，止於嬴，充虞請曰：「前日不知虞之不肖，使虞敦匠事。嚴，虞不敢請。今願竊有請也，木若以美然。」曰：「古者棺槨無度，中古棺七寸，槨稱之，自天子達於庶人，非直爲觀美也，然後盡於人心。不得，不可以爲悅；無財，不可以爲悅。得之而有財，古之人皆用之，吾何爲獨不然？且比化者，無使土親膚，於人心獨無恔乎？吾聞之也：君子不以天下儉其親。」

第八章

沈同以其私問曰：「燕可伐與？」孟子曰：「可。子噲不得與人燕，子之不得受燕於子噲。有仕於此，而子悅之，不告於王而私與之吾子之祿爵；夫士也，亦無王命而私受之於子，則可乎？何以異於是？」齊人伐燕。或問曰：「勸齊伐燕，有諸？」曰：「未也。沈同問：『燕可伐與？』吾應之曰：『可。』彼然而伐之也。彼如曰：『孰可以伐之？』則將應之曰：『爲天吏，則可以伐之。』今有殺人者，或問之曰：『人可殺與？』則將應之曰：『可。』彼如曰：『孰可以殺之？』則將應之曰：『爲士師，則可以殺之。』今以燕伐燕，何爲勸之哉？」

第九章

燕人畔。王曰：「吾甚慚於孟子。」陳賈曰：「王無患焉。王自以為與周公，孰仁且智？」王曰：「惡！是何言也！」曰：「周公使管叔監殷，管叔以殷畔。知而使之，是不仁也；不知而使之，是不智也。仁智，周公未之盡也，而況於王乎？賈請見而解之。」見孟子，問曰：「周公，何人也？」曰：「古聖人也。」曰：「使管叔監殷，管叔以殷畔也，有諸？」曰：「然。」曰：「周公知其將畔而使之與？」曰：「不知也。」「然則聖人且有過與？」曰：「周公，弟也；管叔，兄也。周公之過，不亦宜乎？且古之君子，過則改之；今之君子，過則順之。古之君子，其過也，如日月之食，民皆見之；及其更也，民皆仰之。今之君子，豈徒順之，又從為之辭。」

第十章

孟子致為臣而歸。王就見孟子，曰：「前日，願見而不可得；得侍同朝，甚喜。今又棄寡人而歸，不識可以繼此而得見乎？」對曰：「不敢請耳，固所願也。」他日，王謂時子曰：「我欲中國而授孟子室，養弟子以萬鍾，使諸大夫國人皆有所矜式。子盍為我言之？」時子因陳子而以告孟子，陳子以時子之言告孟子。孟子曰：「然。夫時子惡知其不可也？如使予欲富，辭十萬而受萬，是為欲富乎？季孫曰：『異哉子叔疑！使己為政，不用，則亦已矣，又使其子弟為卿。人亦孰不欲富貴？而獨於富貴之中，有私龍斷焉。』古之為市也，以其所有易其所無者，有司者治之耳。有賤丈夫焉，必求龍斷而登之，以左右望而罔市利。人皆以為賤，故從而征之。征商，自此賤丈夫始矣。」

第十一章

孟子去齊，宿於晝。有欲為王留行者，坐而言。不應，隱几而臥。客不悅曰：「弟子齊宿而後敢言，夫子臥而不聽，請勿復敢見矣。」曰：「坐！我明語子。昔者魯繆公無人乎子思之側，則不能安子思；泄柳、申詳，無人乎繆公之側，則不能安其身。子為長者慮，而不及子思，子絕長者乎？長者絕子乎？」

第十二章

孟子去齊，尹士語人曰：「不識王之不可以為湯武，則是不明也；識其不可，然且至，則是干澤也。千里而見王，不遇故去，三宿而後出晝，是何濡滯也！士則茲不悅。」高子以告。曰：「夫尹士惡知予哉！千里而見王，是予所欲也；不遇故去，豈予所欲哉？予不得已也。予三宿而出晝，於予心猶以為速。王庶幾改之，王如改諸，則必反予。夫出晝，而王不予追也，予然後浩然有歸志。予雖然，豈舍王哉！王由足用為善，王如用予，則豈徒齊民安，天下之民舉安。王庶幾改之，予日望之！予豈若是小丈夫然哉？諫於其君而不受，則怒，悻悻悻然見於其面。去，則窮日之力而後宿哉？」尹士聞之，曰：「士，誠小人也。」

第十三章

孟子去齊。充虞路問曰：「夫子若有不豫色然。前日虞聞諸夫子曰：『君子不怨天，不尤人。』」曰：「彼一時，此一時也。五百年必有王者興，其間必有名世者。由周而來，七百有餘歲矣。以其數則過矣，以其時考之則可矣。夫天未欲平治天下也；如欲平治天下，當今之世，舍我其誰也？吾何為不豫哉？」

第十四章

孟子去齊，居休。公孫丑問曰：「仕而不受祿，古之道乎？」曰：「非也。於崇，吾得見王，退而有去志，不欲變，故不受也。繼而有師命，不可以請。久於齊，非我志也。」

〈滕文公上〉

第一章

滕文公為世子，將之楚，過宋而見孟子。孟子道性善，言必稱堯、舜。世子自楚反，復見孟子。孟子曰：「世子疑吾言乎？夫道一而已矣！成覸謂齊景公曰：『彼丈夫也，我丈夫也，吾何畏彼哉？』顏淵曰：『舜何人也？予何人也？有爲者亦若是。』公明儀曰：『文王，我師也，周公豈欺我哉！』今滕，絕長補短，將五十里也，猶可以爲善國。書曰：『若藥不瞑眩，厥疾不瘳。』」

第二章

滕定公薨。世子謂然友曰：「昔者孟子嘗與我言於宋，於心終不忘。今也不幸至於大故，吾欲使子問於孟子，然後行事。」然友之鄒，問於孟子。孟子曰：「不亦善乎！親喪固所自盡也。曾子曰：『生，事之以禮；死，葬之以禮，祭之以禮，可謂孝矣。』諸侯之禮，吾未之學也；雖然，吾嘗聞之矣。三年之喪，齊疏之服，飦粥之食，自天子達於庶人，三代共之。」然友反命，定爲三年之喪。父兄百官皆不欲，曰：「吾宗國魯先君莫之行，吾先君亦莫之行也，至於子之身而反之，不可。且志曰：『喪祭從先祖。』」曰：「吾有所受之也。」謂然友曰：「吾他日未嘗學問，好馳馬試劍。今也父兄百官不我足也，恐其不能盡於大事，子爲我問孟子。」然友復之鄒，問孟子。孟子曰：「然，不可以他求者也。孔子曰：『君薨，聽於冢宰。歠粥，面深墨，即位而哭，百官有司莫敢不哀，先之也。』上有好者，下必有甚焉者矣。『君子之德，風也；小人之德，草也。草尚之風必偃。』是在世子。」然友反命。世子曰：「然，是誠在我。」五月居廬，未有命戒。百官族人可，謂曰知。及至葬，四方來觀之，顏色之戚，哭泣之哀，弔者大悅。

第三章

滕文公問爲國。孟子曰：「民事不可緩也，詩云：『晝爾于茅，宵爾索綯；亟其乘屋，其始播百穀。』民之爲道也，有恆產者有恒心，無恆產者無恆心。茍無恆心，放辟邪侈，無不爲已。及陷乎罪，然後從而刑之，是罔民也。焉有仁人在位，罔民而可爲也？是故賢君必恭儉禮下，取於民有制。陽虎曰：『爲富不仁矣，爲仁不富矣。』夏后氏五十而貢，殷人七十而助，周人百畝而徹，其實皆什一也。徹者，徹也；助者，藉也。龍子曰：『治地莫善於助，莫不善於貢。貢者校數歲之中以爲常。樂歲，粒米狼戾，多取之而不爲虐，則寡取之；凶年，糞其田而不足，則必取盈焉。爲民父母，使民盻盻然，將終歲勤動，不得以養其父母，又稱貸而益之，使老稚轉乎溝壑，惡在其爲民父母也？』夫世祿，滕固行之矣。詩云：『雨我公田，遂及我私。』惟助爲有公田。由此觀之，雖周亦助也。設爲庠序學校以教之：庠者，養也；校者，教也；序者，射也。夏曰校，殷曰序，周曰庠，學則三代共之，皆所以明人倫也。人倫明於上，小民親於下。有王者起，必來取法，是爲王者師也。詩云：『周雖舊邦，其命惟新。』文王之謂也。子力行之，亦以新子之國。」使畢戰問井地。孟子曰：「子之君將行仁政，選擇而使子，子必勉之！夫仁政，必自經界始。經界不正，井地不鈞，穀祿不平。

是故暴君汙吏必慢其經界。經界既正，分田制祿可坐而定也。夫滕，壤地褊小，將爲君子焉，將爲野人焉。無君子莫治野人，無野人莫養君子。請野九一而助，國中什一使自賦。卿以下必有圭田，圭田五十畝。餘夫二十五畝。死徙無出鄉，鄉田同井，出入相友，守望相助，疾病相扶持，則百姓親睦。方里而井，井九百畝，其中爲公田。八家皆私百畝，同養公田。公事畢，然後敢治私事，所以別野人也。此其大略也。若夫潤澤之，則在君與子矣。」

第四章

有爲神農之言者許行，自楚之滕，踵門而告文公曰：「遠方之人聞君行仁政，願受一廛而爲氓。」文公與之處。其徒數十人，皆衣褐，捆屨、織席以爲食。陳良之徒陳相與其弟辛，負耒耜而自宋之滕，曰：「聞君行聖人之政，是亦聖人也，願爲聖人氓。」陳相見許行而大悅，盡棄其學而學焉。陳相見孟子，道許行之言，曰：「滕君，則誠賢君也，雖然，未聞道也。賢者與民並耕而食，饔飧而治。今也滕有倉廩府庫，則是厲民而以自養也，惡得賢？」孟子曰：「許子必種粟而後食乎？」曰：「然。」「許子必織布而後衣乎？」曰：「否，許子衣褐。」「許子冠乎？」曰：「冠。」曰：「奚冠？」曰：「冠素。」曰：「自織之與？」曰：「否，以粟易之。」曰：「許子奚爲不自織？」曰：「害於耕。」曰：「許子以釜甑爨，以鐵耕乎？」曰：「然。」「自爲之與？」曰：「否，以粟易之。」「以粟易械器者，不爲厲陶冶；陶冶亦以其械器易粟者，豈爲厲農夫哉？且許子何不爲陶冶，舍皆取諸其宮中而用之？何爲紛紛然與百工交易？何許子之不憚煩？」曰：「百工之事，固不可耕且爲也。」「然則治天下獨可耕且爲與？有大人之事，有小人之事。且一人之身，而百工之所爲備，如必自爲而後用之，是率天下而路也。故曰：或勞心，或勞力。勞心者治人，勞力者治於人。治於人者食人，治人者食於人。天下之通義也。當堯之時，天下猶未平，洪水橫流，氾濫於天下。草木暢茂，禽獸繁殖，五穀不登，禽獸偪人。獸蹄鳥跡之道，交於中國。堯獨憂之，舉舜而敷治焉。舜使益掌火，益烈山澤而焚之，禽獸逃匿。禹疏九河，瀹濟、漯，而注諸海；決汝、漢，排淮、泗，而注之江，然後中國可得而食也。當是時也，禹八年於外，三過其門而不入，雖欲耕，得乎？后稷教民稼穡，樹藝五穀，五穀熟而民人育。人之有道也，飽食、煖衣、逸居而無教，則近於禽獸。聖人有憂之，使契爲司徒，教以人倫：父子有親，君臣有義，夫婦有別，長幼有序，朋友有信。放勳曰：『勞之來之，匡之直之，輔之翼之，使自得之，又從而振德之。』聖人之憂民如此，而暇耕乎？堯以不得舜爲己憂，舜以不得禹、皋陶爲己憂。夫以百畝之不易爲己憂者，農夫也。分人以財謂之惠，教人以善謂之忠，爲天下得人者謂之仁。是故以天下與人易，爲天下得人難。孔子曰：『大哉堯之爲君！惟天爲大，惟堯則之，蕩蕩乎民無能名焉！君哉舜也！巍巍乎有天下而不與焉！』堯、舜之治天下，豈無所用其心哉？亦不用於耕耳。吾聞用夏變夷者，未聞變於夷者也。陳良，楚產也，悅周公、仲尼之道，北學於中國。北方之學者，未能或之先也。彼所謂豪傑之士也。子之兄弟事之數十年，師死而遂倍之。昔者孔子沒，三年之外，門人治任將歸，入揖於子貢，相嚮而哭，皆失聲，然後歸。子貢反，築室於場，獨居三年，然後歸。他日，子夏、子張、子游以有若似聖人，欲以所事孔子事之，彊曾子。曾子曰：『不可。江、漢以濯之，秋陽以暴之，皜皜乎不可尚已！』今也南蠻鴃舌之人，非先王之道，子倍子之師而學之，亦異於曾子矣。吾聞出於幽谷、遷于喬木者，未聞下喬木而入於幽谷者。魯頌曰：『戎、狄是膺，荊、舒是懲。』周公方且膺之，子是之學，亦為不善變矣。」「從許子之道，則市賈不貳，國中無偽。雖使五尺之童適市，莫之或欺。布帛長短同，則賈相若；麻縷絲絮輕重同，則賈相若；五穀多寡同，則賈相若；屨大小同，則賈相若。」曰：「夫物之不齊，物之情也。或相倍蓰，或相什伯，或相千萬。子比而同之，是亂天下也。巨屨小屨同賈，人豈為之哉？從許子之道，相率而為偽者也，惡能治國家？」

第五章

墨者夷之因徐辟而求見孟子。孟子曰：「吾固願見，今吾尚病，病癒，我且往見，夷子不來！」他日，又求見孟子。孟子曰：「吾今則可以見矣。不直，則道不見；我且直之。吾聞夷子墨者。墨之治喪也，以薄為其道也。夷子思以易天下，豈以為非是而不貴也？然而夷子葬其親厚，則是以所賤事親也！」徐子以告夷子。夷子曰：「儒者之道，古之人『若保赤子』，此言何謂也？之則以為愛無差等，施由親始。」徐子以告孟子，孟子曰：「夫夷子信以為人之親其兄之子，為若親其鄰之赤子乎？彼有取爾也。赤子匍匐將入井，非赤子之罪也。且天之生物也，使之一本，而夷子二本故也。蓋上世嘗有不葬其親者。其親死，則舉而委之於壑。他日過之，狐狸食之，蠅蚋姑嘬之。其顙有泚，睨而不視。夫泚也，非為人泚，中心達於面目。蓋歸，反虆梩而掩之。掩之誠是也，則孝子仁人之掩其親，亦必有道矣。」徐子以告夷子。夷子憮然為閒，曰：「命之矣。」

〈滕文公下〉

第一章

陳代曰：「不見諸侯，宜若小然；今一見之，大則以王，小則以霸。且志曰：『枉尺而直尋』，宜若可為也。」孟子曰：「昔齊景公田，招虞人以旌，不至，將殺之。志士不忘在溝壑，勇士不忘喪其元。孔子奚取焉？取非其招不往也。如不待其招而往，何哉？且夫枉尺而直尋者，以利言也。如以利，則枉尋直尺而利，亦可為與？昔者趙簡子使王良與嬖奚乘，終日而不獲一禽。嬖奚反命曰：『天下之賤工也。』或以告王良。良曰：『請復之。』彊而後可，一朝而獲十禽。嬖奚反命曰：『天下之良工也。』簡子曰：『我使掌與女乘。』謂王良。良不可，曰：『吾為之範我馳驅，終日不獲一；為之詭遇，一朝而獲十。詩云：「不失其馳，舍矢如破。」我不貫與小人乘，請辭。』御者且羞與射者比。比而得禽獸，雖若丘陵，弗為也。如枉道而從彼，何也？且子過矣，枉己者，未有能直人者也。」

第二章

景春曰：「公孫衍、張儀，豈不誠大丈夫哉？一怒而諸侯懼，安居而天下熄。」孟子曰：「是焉得為大丈夫乎？子未學禮乎？丈夫之冠也，父命之；女子之嫁也，母命之，往送之門，戒之曰：『往之女家，必敬必戒，無違夫子！』以順為正者，妾婦之道也。居天下之廣居，立天下之正位，行天下之大道。得志與民由之，不得志獨行其道。富貴不能淫，貧賤不能移，威武不能屈，此之謂大丈夫。」

第三章

周霄問曰：「古之君子仕乎？」孟子曰：「仕。傳曰：『孔子三月無君，則皇皇如也，出疆必載質。』公明儀曰：『古之人三月無君，則弔。』」「三月無君則弔，不以急乎？」曰：「士之失位也，猶諸侯之失國家也。禮曰：『諸侯耕助，以供粢盛；夫人蠶繅，以為衣服。犧牲不成，粢盛不潔，衣服不備，不敢以祭。惟士無田，則亦不祭。』牲殺、器皿、衣服不備，不敢以祭，則不敢以宴，亦不足弔乎？」「出疆必載質，何也？」曰：「士之仕也，猶農夫之耕也，農夫豈爲出疆舍其耒耜哉！」曰：「晉國亦仕國也，未嘗聞仕如此其急。仕如此其急也，君子之難仕，何也？」曰：「丈夫生而願爲之有室，女子生而願爲之有家。父母之心，人皆有之。不待父母之命、媒妁之言，鑽穴隙相窺，踰牆相從，則父母國人皆賤之。古之人未嘗不欲仕也，又惡不由其道。不由其道而往者，與鑽穴隙之類也。」

第四章

彭更問曰：「後車數十乘，從者數百人，以傳食於諸侯，不以泰乎？」孟子曰：「非其道，則一簞食不可受於人；如其道，則舜受堯之天下，不以爲泰，子以爲泰乎？」曰：「否。士無事而食，不可也。」曰：「子不通功易事，以羨補不足，則農有餘粟，女有餘布；子如通之，則梓匠輪輿皆得食於子。於此有人焉，入則孝，出則悌，守先王之道，以待後之學者，而不得食於子。子何尊梓匠輪輿而輕爲仁義者哉？」曰：「梓匠輪輿，其志將以求食也；君子之爲道也，其志亦將以求食與？」曰：「子何以其志爲哉？其有功於子，可食而食之矣。且子食志乎？食功乎？」曰：「食志。」曰：「有人於此，毀瓦畫墁，其志將以求食也，則子食之乎？」曰：「否。」曰：「然則子非食志也，食功也。」

第五章

萬章問曰：「宋，小國也。今將行王政，齊、楚惡而伐之，則如之何？」孟子曰：「湯居亳，與葛爲鄰，葛伯放而不祀。湯使人問之曰：『何爲不祀？』曰：『無以供犧牲也。』湯使遺之牛羊。葛伯食之，又不以祀。湯又使人問之曰：『何爲不祀？』曰：『無以供粢盛也。』湯使亳眾往爲之耕，老弱饋食。葛伯率其民，要其有酒食黍稻者奪之，不授者殺之。有童子以黍肉餉，殺而奪之。書曰：『葛伯仇餉。』此之謂也。爲其殺是童子而征之，四海之內皆曰：『非富天下也，爲匹夫匹婦復讎也。』『湯始征，自葛載』，十一征而無敵於天下。東面而征，西夷怨；南面而征，北狄怨，曰：『奚爲後我？』民之望之，若大旱之望雨也。歸市者弗止，芸者不變，誅其君，弔其民，如時雨降，民大悅。書曰：『徯我后，后來其無罰。』『有攸不惟臣，東征，綏厥士女，匪厥玄黃，紹我周王見休，惟臣附于大邑周。』其君子實玄黃于匪，以迎其君子，其小人簞食壺漿，以迎其小人，救民於水火之中，取其殘而已矣。太誓曰：『我武惟揚，侵于之疆，則取于殘，殺伐用張，于湯有光。』不行王政云爾。苟行王政，四海之內皆舉首而望之，欲以爲君。齊、楚雖大，何畏焉？」

第六章

孟子謂戴不勝曰：「子欲子之王之善與？我明告子。有楚大夫於此，欲其子之齊語也，則使齊人傅諸？使楚人傅諸？」曰：「使齊人傅之。」曰：「一齊人傅之，眾楚人咻之，雖日撻而求其齊也，不可得矣；引而置之莊嶽之間數年，雖日撻而求其楚，亦不可得矣。子謂薛居州，善士也，使之居於王所。在於王所者，長幼卑尊皆薛居州也，王誰與為不善？在王所者，長幼卑尊皆非薛居州也，王誰與為善？一薛居州，獨如宋王何？」

第七章

公孫丑問曰：「不見諸侯，何義？」孟子曰：「古者不為臣不見。段干木踰垣而辟之，泄柳閉門而不內，是皆已甚。迫，斯可以見矣。陽貨欲見孔子，而惡無禮。大夫有賜於士，不得受於其家，則往拜其門。陽貨矙孔子之亡也，而饋孔子蒸豚；孔子亦矙其亡也，而往拜之。當是時，陽貨先，豈得不見？曾子曰：『脅肩諂笑，病于夏畦。』子路曰：『未同而言，觀其色赧赧然，非由之所知也。』由是觀之，則君子之所養可知已矣。」

第八章

戴盈之曰：「什一，去關市之征，今茲未能。請輕之，以待來年，然後已，何如？」孟子曰：「今有人日攘其鄰之雞者，或告之曰：『是非君子之道。』曰：『請損之，月攘一雞，以待來年，然後已。』如知其非義，斯速已矣，何待來年？」

第九章

公都子曰：「外人皆稱夫子好辯，敢問何也？」孟子曰：「予豈好辯哉？予不得已也。天下之生久矣，一治一亂。當堯之時，水逆行，氾濫於中國，蛇龍居之，民無所定，下者為巢，上者為營窟。書曰：『洚水警余。』洚水者，洪水也。使禹治之，禹掘地而注之海，驅蛇龍而放之菹；水由地中行，江、淮、河、漢是也。險阻既遠，鳥獸之害人者消，然後人得平土而居之。堯、舜既沒，聖人之道衰，暴君代作，壞宮室以為汙池，民無所安息；棄田以為園囿，使民不得衣食。邪說暴行又作，園囿、汙池、沛澤多，而禽獸至。及紂之身，天下又大亂。周公相武王，誅紂伐奄，三年討其君，驅飛廉於海隅而戮之。滅國者五十，驅虎、豹、犀、象而遠之，天下大悅。書曰：『丕顯哉，文王謨！丕承哉，武王烈！佑啓我後人，咸以正無缺。』世衰道微，邪說暴行有作，臣弒其君者有之，子弒其父者有之。孔子懼，作春秋。春秋，天子之事也。是故孔子曰：『知我者，其惟春秋乎！罪我者，其惟春秋乎！』聖王不作，諸侯放恣，處士橫議，楊朱、墨翟之言盈天下。天下之言，不歸楊，則歸墨。楊氏為我，是無君也；墨氏兼愛，是無父也。無父無君，是禽獸也。公明儀曰：『庖有肥肉，廄有肥馬，民有飢色，野有餓莩，此率獸而食人也。』楊、墨之道不息，孔子之道不著，是邪說誣民，充塞仁義也。仁義充塞，則率獸食人，人將相食。吾爲此懼，閑先聖之道，距楊、墨，放淫辭，邪說者不得作。作於其心，害於其事；作於其事，害於其政。聖人復起，不易吾言矣。昔者禹抑洪水而天下平，周公兼夷狄、驅猛獸而百姓寧，孔子成春秋而亂臣賊子懼。詩云：『戎、狄是膺，荊、舒是懲，則莫我敢承。』無父無君，是周公所膺也。我亦欲正人心，息邪說，距詖行，放淫辭，以承三聖者；豈好辯哉？予不得已也。能言距楊、墨者，聖人之徒也。」

第十章

匡章曰：「陳仲子豈不誠廉士哉？居於陵，三日不食，耳無聞，目無見也。井上有李，螬食實者過半矣，匍匐往，將食之，三咽，然後耳有聞，目有見。」孟子曰：「於齊國之士，吾必以仲子爲巨擘焉。雖然，仲子惡能廉？充仲子之操，則蚓而後可者也。夫蚓，上食槁壤，下飲黃泉。仲子所居之室，伯夷之所築與？抑亦盜跖之所築與？所食之粟，伯夷之所樹與？抑亦盜跖之所樹與？是未可知也。」曰：「是何傷哉？彼身織屨，妻辟纑，以易之也。」曰：「仲子，齊之世家也。兄戴，蓋祿萬鍾，以兄之祿爲不義之祿而不食也，以兄之室爲不義之室而不居也，辟兄離母，處於於陵。他日歸，則有饋其兄生鵝者。己頻顣曰：『惡用是鶂鶂者爲哉？』他日，其母殺是鵝也，與之食之。其兄自外至，曰：『是鶂鶂之肉也。』出而哇之。以母則不食，以妻則食之；以兄之室則弗居，以於陵則居之。是尚為能充其類也乎？若仲子者，蚓而後充其操者也！」

〈離婁上〉

第一章

孟子曰：「離婁之明、公輸子之巧，不以規矩，不能成方員；師曠之聰，不以六律，不能正五音；堯、舜之道，不以仁政，不能平治天下。今有仁心、仁聞而民不被其澤，不可法於後世者，不行先王之道也。故曰：徒善不足以為政，徒法不能以自行。詩云：『不愆不忘，率由舊章。』遵先王之法而過者，未之有也。聖人既竭目力焉，繼之以規矩準繩，以為方員平直，不可勝用也；既竭耳力焉，繼之以六律，正五音，不可勝用也；既竭心思焉，繼之以不忍人之政，而仁覆天下矣。故曰：為高必因丘陵，為下必因川澤。為政不因先王之道，可謂智乎？是以惟仁者宜在高位。不仁而在高位，是播其惡於眾也。上無道揆也，下無法守也，朝不信道，工不信度，君子犯義，小人犯刑，國之所存者幸也。故曰：城郭不完，兵甲不多，非國之災也；田野不辟，貨財不聚，非國之害也。上無禮，下無學，賊民興，喪無日矣。詩云：『天之方蹶，無然泄泄。』泄泄，猶沓沓也。事君無義，進退無禮，言則非先王之道者，猶沓沓也。故曰：責難於君謂之恭，陳善閉邪謂之敬，吾君不能謂之賊。」

第二章

孟子曰：「規矩，方員之至也；聖人，人倫之至也。欲為君，盡君道；欲為臣，盡臣道。二者皆法堯、舜而已矣。不以舜之所以事堯事君，不敬其君者也；不以堯之所以治民治民，賊其民者也。孔子曰：『道二：仁與不仁而已矣。』暴其民甚，則身弒國亡；不甚，則身危國削。名之曰『幽』、『厲』，雖孝子慈孫，百世不能改也。詩云：『殷鑒不遠，在夏后之世。』此之謂也。」

第三章

孟子曰：「三代之得天下也以仁，其失天下也以不仁。國之所以廢興存亡者亦然。天子不仁，不保四海；諸侯不仁，不保社稷；卿大夫不仁，不保宗廟；士庶人不仁，不保四體。今惡死亡而樂不仁，是猶惡醉而強酒。」

第四章

孟子曰：「愛人不親，反其仁；治人不治，反其智；禮人不答，反其敬。行有不得者，皆反求諸己，其身正而天下歸之。詩云：『永言配命，自求多福。』」

第五章

孟子曰：「人有恆言，皆曰：『天下國家。』天下之本在國，國之本在家，家之本在身。」

第六章

孟子曰：「爲政不難，不得罪於巨室。巨室之所慕，一國慕之；一國之所慕，天下慕之；故沛然德教溢乎四海。」

第七章

孟子曰：「天下有道，小德役大德，小賢役大賢；天下無道，小役大，弱役強。斯二者，天也。順天者存，逆天者亡。齊景公曰：『既不能令，又不受命，是絕物也。』涕出而女於吳。今也小國師大國而恥受命焉，是猶弟子而恥受命於先師也。如恥之，莫若師文王。師文王，大國五年，小國七年，必爲政於天下矣。詩云：『商之孫子，其麗不億。上帝既命，侯于周服。侯服于周，天命靡常。殷士膚敏，裸將于京。』孔子曰：『仁不可爲眾也。夫國君好仁，天下無敵。』今也欲無敵於天下而不以仁，是猶執熱而不以濯也。詩云：『誰能執熱，逝不以濯？』」

第八章

孟子曰：「不仁者可與言哉？安其危而利其菑，樂其所以亡者。不仁而可與言，則何亡國敗家之有？有孺子歌曰：『滄浪之水清兮，可以濯我纓；滄浪之水濁兮，可以濯我足。』孔子曰：『小子聽之！清斯濯纓，濁斯濯足矣，自取之也。』夫人必自侮，然後人侮之；家必自毀，而後人毀之；國必自伐，而後人伐之。太甲曰：『天作孽，猶可違；自作孽，不可活。』此之謂也。」

第九章

孟子曰：「桀、紂之失天下也，失其民也；失其民者，失其心也。得天下有道：得其民，斯得天下矣；得其民有道：得其心，斯得民矣；得其心有道：所欲與之聚之，所惡勿施爾也。民之歸仁也，猶水之就下、獸之走壙也。故爲淵敺魚者，獺也；爲叢敺爵者，鸇也；爲湯、武敺民者，桀與紂也。今天下之君有好仁者，則諸侯皆爲之敺矣。雖欲無王，不可得已。今之欲王者，猶七年之病求三年之艾也。苟爲不畜，終身不得。苟不志於仁，終身憂辱，以陷於死亡。詩云：『其何能淑？載胥及溺』，此之謂也。」

第十章

孟子曰：「自暴者，不可與有言也；自棄者，不可與有爲也。言非禮義，謂之自暴也；吾身不能居仁由義，謂之自棄也。仁，人之安宅也；義，人之正路也。曠安宅而弗居，舍正路而不由，哀哉！」

第十一章

孟子曰：「道在爾而求諸遠，事在易而求諸難。人人親其親、長其長而天下平。」

第十二章

孟子曰：「居下位而不獲於上，民不可得而治也。獲於上有道：不信於友，弗獲於上矣。信於友有道：事親弗悅，弗信於友矣。悅親有道：反身不誠，不悅於親矣。誠身有道：不明乎善，不誠其身矣。是故誠者，天之道也；思誠者，人之道也。至誠而不動者，未之有也；不誠，未有能動者也。」

第十三章

孟子曰：「伯夷辟紂，居北海之濱，聞文王作，興曰：『盍歸乎來！吾聞西伯善養老者。』太公辟紂，居東海之濱，聞文王作，興曰：『盍歸乎來！吾聞西伯善養老者。』二老者，天下之大老也，而歸之，是天下之父歸之也。天下之父歸之，其子焉往？諸侯有行文王之政者，七年之內，必爲政於天下矣。」

第十四章

孟子曰：「求也爲季氏宰，無能改於其德，而賦粟倍他日。孔子曰：『求，非我徒也，小子鳴鼓而攻之可也。』由此觀之，君不行仁政而富之，皆棄於孔子者也。況於爲之強戰？爭地以戰，殺人盈野；爭城以戰，殺人盈城。此所謂率土地而食人肉，罪不容於死。故善戰者服上刑，連諸侯者次之，辟草萊、任土地者次之。」

第十五章

孟子曰：「存乎人者，莫良於眸子。眸子不能掩其惡。胸中正，則眸子瞭焉；胸中不正，則眸子眊焉。聽其言也，觀其眸子，人焉廋哉？」

第十六章

孟子曰：「恭者不侮人，儉者不奪人。侮奪人之君，惟恐不順焉，惡得為恭儉？恭儉豈可以聲音笑貌為哉？」

第十七章

淳于髡曰：「男女授受不親，禮與？」孟子曰：「禮也。」曰：「嫂溺，則援之以手乎？」曰：「嫂溺不援，是豺狼也。男女授受不親，禮也；嫂溺，援之以手者，權也。」曰：「今天下溺矣，夫子之不援，何也？」曰：「天下溺，援之以道；嫂溺，援之以手。子欲手援天下乎？」

第十八章

公孫丑曰：「君子之不教子，何也？」孟子曰：「勢不行也。教者必以正；以正不行，繼之以怒；繼之以怒，則反夷矣。『夫子教我以正，夫子未出於正也。』則是父子相夷也。父子相夷，則惡矣。古者易子而教之，父子之間不責善，責善則離，離則不祥莫大焉。」

第十九章

孟子曰：「事，孰為大？事親為大。守，孰為大？守身為大。不失其身而能事其親者，吾聞之矣；失其身而能事其親者，吾未之聞也。孰不為事？事親，事之本也；孰不為守？守身，守之本也。曾子養曾晳，必有酒肉。將徹，必請所與。問有餘？必曰：『有。』曾晳死，曾元養曾子，必有酒肉。將徹，不請所與。問有餘？曰：『亡矣。將以復進也。』此所謂養口體者也。若曾子，則可謂養志也。事親若曾子者，可也。」

第二十章

孟子曰：「人不足與適也，政不足閒也。惟大人為能格君心之非。君仁莫不仁，君義莫不義，君正莫不正。一正君而國定矣。」

第二十一章

孟子曰：「有不虞之譽，有求全之毀。」

第二十二章

孟子曰：「人之易其言也，無責耳矣。」

第二十三章

孟子曰：「人之患，在好為人師。」

第二十四章

樂正子從於子敖之齊。樂正子見孟子。孟子曰：「子亦來見我乎？」曰：「先生何為出此言也？」曰：「子來幾日矣？」曰：「昔者。」曰：「昔者，則我出此言也，不亦宜乎？」曰：「舍館未定。」曰：「子聞之也，舍館定，然後求見長者乎？」曰：「克有罪。」

第二十五章

孟子謂樂正子曰：「子之從於子敖來，徒餔啜也。我不意子學古之道，而以餔啜也。」

第二十六章

孟子曰：「不孝有三，無後為大。舜不告而娶，為無後也，君子以為猶告也。」

第二十七章

孟子曰：「仁之實，事親是也；義之實，從兄是也。智之實，知斯二者，弗去是也；禮之實，節文斯二者是也。樂之實，樂斯二者，樂則生矣；生則惡可已也。惡可已，則不知足之蹈之、手之舞之。」

第二十八章

孟子曰：「天下大悅而將歸己，視天下悅而歸己，猶草芥也，惟舜爲然。不得乎親，不可以爲人；不順乎親，不可以爲子。舜盡事親之道而瞽瞍厎豫，瞽瞍厎豫而天下化，瞽瞍厎豫而天下之爲父子者定，此之謂大孝。」

〈離婁下〉

第一章

孟子曰：「舜生於諸馮，遷於負夏，卒於鳴條，東夷之人也。文王生於岐周，卒於畢郢，西夷之人也。地之相去也，千有餘里；世之相後也，千有餘歲。得志行乎中國，若合符節。先聖後聖，其揆一也。」

第二章

子產聽鄭國之政，以其乘輿濟人於溱、洧。孟子曰：「惠而不知爲政。歲十一月徒杠成，十二月輿梁成，民未病涉也。君子平其政，行辟人可也，焉得人人而濟之？故爲政者，每人而悅之，日亦不足矣。」

第三章

孟子告齊宣王曰：「君之視臣如手足，則臣視君如腹心；君之視臣如犬馬，則臣視君如國人；君之視臣如土芥，則臣視君如寇讎。」王曰：「禮，爲舊臣有服，何如斯可爲服矣？」曰：「諫行言聽，膏澤下於民；有故而去，則君使人導之出疆，又先於其所往；去三年不反，然後收其田里。此之謂三有禮焉。如此，則爲之服矣。今也爲臣，諫則不行，言則不聽，膏澤不下於民；有故而去，則君搏執之，又極之於其所往；去之日，遂收其田里。此之謂寇讎。寇讎，何服之有？」

第四章

孟子曰：「無罪而殺士，則大夫可以去；無罪而戮民，則士可以徙。」

第五章

孟子曰：「君仁莫不仁，君義莫不義。」

第六章

孟子曰：「非禮之禮，非義之義，大人弗爲。」

第七章

孟子曰：「中也養不中，才也養不才，故人樂有賢父兄也。如中也棄不中，才也棄不才，則賢不肖之相去，其閒不能以寸。」

第八章

孟子曰：「人有不爲也，而後可以有爲。」

第九章

孟子曰：「言人之不善，當如後患何？」

第十章

孟子曰：「仲尼不爲已甚者。」

第十一章

孟子曰：「大人者，言不必信，行不必果，惟義所在。」

第十二章

孟子曰：「大人者，不失其赤子之心者也。」

第十三章

孟子曰：「養生者不足以當大事，惟送死可以當大事。」

第十四章

孟子曰：「君子深造之以道，欲其自得之也。自得之，則居之安；居之安，則資之深；資之深，則取之左右逢其原。故君子欲其自得之也。」

第十五章

孟子曰：「博學而詳說之，將以反說約也。」

第十六章

孟子曰：「以善服人者，未有能服人者也；以善養人，然後能服天下。天下不心服而王者，未之有也。」

第十七章

孟子曰：「言無實，不祥。不祥之實，蔽賢者當之。」

第十八章

徐子曰：「仲尼亟稱於水，曰：『水哉，水哉！』何取於水也？」孟子曰：「原泉混混，不舍晝夜。盈科而後進，放乎四海，有本者如是，是之取爾。苟為無本，七八月之閒雨集，溝澮皆盈；其涸也，可立而待也。故聲聞過情，君子恥之。」

第十九章

孟子曰：「人之所以異於禽獸者幾希，庶民去之，君子存之。舜明於庶物，察於人倫，由仁義行，非行仁義也。」

第二十章

孟子曰：「禹惡旨酒而好善言。湯執中，立賢無方。文王視民如傷，望道而未之見。武王不泄邇，不忘遠。周公思兼三王，以施四事；其有不合者，仰而思之，夜以繼日；幸而得之，坐以待旦。」

第二十一章

孟子曰：「王者之迹熄而詩亡，詩亡然後春秋作。晉之乘，楚之檮杌，魯之春秋，一也。其事則齊桓、晉文，其文則史。孔子曰：『其義則丘竊取之矣。』」

第二十二章

孟子曰：「君子之澤五世而斬；小人之澤五世而斬。予未得爲孔子徒也，予私淑諸人也。」

第二十三章

孟子曰：「可以取，可以無取，取，傷廉；可以與，可以無與，與，傷惠；可以死，可以無死，死，傷勇。」

第二十四章

逄蒙學射於羿，盡羿之道，思天下惟羿爲愈己，於是殺羿。孟子曰：「是亦羿有罪焉。公明儀曰：『宜若無罪焉。』曰薄乎云爾，惡得無罪？鄭人使子濯孺子侵衛，衛使庾公之斯追之。子濯孺子曰：『今日我疾作，不可以執弓，吾死矣夫！』問其僕曰：『追我者誰也？』其僕曰：『庾公之斯也。』曰：『吾生矣！』其僕曰：『庾公之斯，衛之善射者也，夫子曰：「吾生。」何謂也？』曰：『庾公之斯學射於尹公之他，尹公之他學射於我。夫尹公之他，端人也，其取友必端矣。』庾公之斯至，曰：『夫子何爲不執弓？』曰：『今日我疾作，不可以執弓。』曰：『小人學射於尹公之他，尹公之他學射於夫子。我不忍以夫子之道反害夫子。雖然，今日之事，君事也，我不敢廢。』抽矢扣輪，去其金，發乘矢而後反。」

第二十五章

孟子曰：「西子蒙不潔，則人皆掩鼻而過之。雖有惡人，齊戒沐浴，則可以祀上帝。」

第二十六章

孟子曰：「天下之言性也，則故而已矣。故者，以利爲本。所惡於智者，爲其鑿也。如智者若禹之行水也，則無惡於智矣。禹之行水也，行其所無事也。如智者亦行其所無事，則智亦大矣。天之高也，星辰之遠也，苟求其故，千歲之日至，可坐而致也。」

第二十七章

公行子有子之喪，右師往弔，入門，有進而與右師言者，有就右師之位而與右師言者。孟子不與右師言，右師不悅曰：「諸君子皆與驩言，孟子獨不與驩言，是簡驩也。」孟子聞之，曰：「禮，朝廷不歷位而相與言，不踰階而相揖也。我欲行禮，子敖以我爲簡，不亦異乎？」

第二十八章

孟子曰：「君子所以異於人者，以其存心也。君子以仁存心，以禮存心。仁者愛人，有禮者敬人。愛人者人恒愛之，敬人者人恒敬之。有人於此，其待我以橫逆，則君子必自反也：我必不仁也，必無禮也，此物奚宜至哉？其自反而仁矣，自反而有禮矣，其橫逆由是也，君子必自反也：我必不忠。自反而忠矣，其橫逆由是也，君子曰：『此亦妄人也已矣。如此則與禽獸奚擇哉？於禽獸又何難焉？』是故君子有終身之憂，無一朝之患也。乃若所憂則有之：

舜，人也；我，亦人也。舜爲法於天下，可傳於後世；我由未免爲鄉人也，是則可憂也。憂之如何？如舜而已矣。若夫君子所患則亡矣。非仁無爲也，非禮無行也。如有一朝之患，則君子不患矣。」

第二十九章

禹、稷當平世，三過其門而不入，孔子賢之。顏子當亂世，居於陋巷，一簞食，一瓢飲，人不堪其憂，顏子不改其樂，孔子賢之。孟子曰：「禹、稷、顏回同道。禹思天下有溺者，由己溺之也；稷思天下有飢者，由己飢之也；是以如是其急也。禹、稷、顏子，易地則皆然。今有同室之人鬭者，救之，雖被髮纓冠而救之，可也。鄉鄰有鬭者，被髮纓冠而往救之，則惑也，雖閉戶可也。」

第三十章

公都子曰：「匡章，通國皆稱不孝焉。夫子與之遊，又從而禮貌之，敢問何也？」孟子曰：「世俗所謂不孝者五：惰其四肢，不顧父母之養，一不孝也；博弈好飲酒，不顧父母之養，二不孝也；好貨財，私妻子，不顧父母之養，三不孝也；從耳目之欲，以爲父母戮，四不孝也；好勇鬭很，以危父母，五不孝也。章子有一於是乎？夫章子，子父責善而不相遇也。

責善，朋友之道也；父子責善，賊恩之大者。夫章子，豈不欲有夫妻子母之屬哉？爲得罪於父，不得近。出妻屛子，終身不養焉。其設心以爲不若是，是則罪之大者。是則章子已矣。」

第三十一章

曾子居武城，有越寇。或曰：「寇至，盍去諸？」曰：「無寓人於我室，毀傷其薪木。」寇退，則曰：「修我牆屋，我將反。」寇退，曾子反。左右曰：「待先生如此其忠且敬也。寇至，則先去以爲民望；寇退則反，殆於不可。」沈猶行曰：「是非汝所知也。昔沈猶有負芻之禍，從先生者七十人，未有與焉。」子思居於衛，有齊寇。或曰：「寇至，盍去諸？」子思曰：「如伋去，君誰與守？」孟子曰：「曾子、子思同道。曾子，師也，父兄也；子思，臣也，微也。曾子、子思，易地則皆然。」

第三十二章

儲子曰：「王使人瞯夫子，果有以異於人乎？」孟子曰：「何以異於人哉？堯、舜與人同耳。」

第三十三章

齊人有一妻一妾而處室者，其良人出，則必饜酒肉而後反。其妻問所與飲食者，則盡富貴也。其妻告其妾曰：「良人出，則必饜酒肉而後反；問其與飲食者，盡富貴也，而未嘗有顯者來，吾將瞷良人之所之也。」蚤起，施從良人之所之，徧國中無與立談者，卒之東郭墦閒，之祭者，乞其餘；不足，又顧而之他。此其爲饜足之道也。其妻歸，告其妾曰：「良人者，所仰望而終身也。今若此。」與其妾訕其良人，而相泣於中庭。而良人未之知也，施施從外來，驕其妻妾。由君子觀之，則人之所以求富貴利達者，其妻妾不羞也，而不相泣者，幾希矣。

〈萬章上〉

第一章

萬章問曰：「舜往于田，號泣于旻天。何爲其號泣也？」孟子曰：「怨慕也。」萬章曰：「『父母愛之，喜而不忘；父母惡之，勞而不怨。』然則舜怨乎？」曰：「長息問於公明高曰：『舜往于田，則吾既得聞命矣；號泣于旻天，于父母，則吾不知也。』公明高曰：『是非爾所知也。』夫公明高以孝子之心，爲不若是恝，我竭力耕田，共爲子職而已矣，父母之不我愛，於我何哉？帝使其子九男二女，百官牛羊倉廩備，以事舜於畎畝之中。天下之士多就之者，帝將胥天下而遷之焉。爲不順於父母，如窮人無所歸。天下之士悅之，人之所欲也，而不足以解憂；好色，人之所欲，妻帝之二女，而不足以解憂；富，人之所欲，富有天下，而不足以解憂；貴，人之所欲，貴爲天子，而不足以解憂。人悅之、好色、富貴，無足以解憂者，惟順於父母，可以解憂。人少，則慕父母；知好色，則慕少艾；有妻子，則慕妻子；仕則慕君，不得於君則熱中。大孝終身慕父母。五十而慕者，予於大舜見之矣。」

第二章

萬章問曰：「詩云：『娶妻如之何？必告父母。』信斯言也，宜莫如舜。舜之不告而娶，何也？」孟子曰：「告則不得娶，男女居室，人之大倫也。如告，則廢人之大倫，以懟父母，是以不告也。」萬章曰：「舜之不告而娶，則吾既得聞命矣；帝之妻舜而不告，何也？」曰：「帝亦知告焉則不得妻也。」萬章曰：「父母使舜完廩，捐階，瞽瞍焚廩。使浚井，出，從而揜之。象曰：『謨蓋都君咸我績。牛羊父母，倉廩父母，干戈朕，琴朕，弤朕，二嫂使治朕棲。』象往入舜宮，舜在牀琴，象曰：『鬱陶思君爾。』忸怩。舜曰：『惟茲臣庶，汝其于予治。』不識舜不知象之將殺己與？」曰：「奚而不知也？象憂亦憂，象喜亦喜。」曰：「然則舜僞喜者與？」曰：「否。昔者有饋生魚於鄭子產，子產使校人畜之池。校人烹之，反命曰：『始舍之，圉圉焉，少則洋洋焉，攸然而逝。』子產曰：『得其所哉！得其所哉！』校人出，曰：『孰謂子產智？予既烹而食之，曰：「得其所哉？得其所哉。」』故君子可欺以其方，難罔以非其道。彼以愛兄之道來，故誠信而喜之，奚僞焉？」

第三章

萬章問曰：「象日以殺舜爲事，立爲天子，則放之，何也？」孟子曰：「封之也，或曰放焉。」萬章曰：「舜流共工于幽州，放驩兜于崇山，殺三苗于三危，殛鯀于羽山，四罪而天下咸服，誅不仁也。象至不仁，封之有庳。有庳之人奚罪焉？仁人固如是乎？在他人則誅之，在弟則封之。」曰：「仁人之於弟也，不藏怒焉，不宿怨焉，親愛之而已矣。親之，欲其貴也；愛之，欲其富也。封之有庳，富貴之也。身爲天子，弟爲匹夫，可謂親愛之乎？」「敢問或曰放者，何謂也？」曰：「象不得有爲於其國，天子使吏治其國，而納其貢稅焉，故謂之放。豈得暴彼民哉？雖然，欲常常而見之，故源源而來。『不及貢，以政接於有庳』，此之謂也。」

第四章

咸丘蒙問曰：「語云：『盛德之士，君不得而臣，父不得而子。舜南面而立，堯帥諸侯北面而朝之，瞽瞍亦北面而朝之。舜見瞽瞍，其容有蹙。孔子曰：「於斯時也，天下殆哉，岌岌乎！」』不識此語誠然乎哉？」孟子曰：「否。此非君子之言，齊東野人之語也。堯老而舜攝也。堯典曰：『二十有八載，放勳乃徂落，百姓如喪考妣，三年，四海遏密八音。』孔子曰：『天無二日，民無二王。』舜既爲天子矣，又帥天下諸侯以爲堯三年喪，是二天子矣。」咸丘蒙曰：「舜之不臣堯，則吾既得聞命矣。詩云：『普天之下，莫非王土；率土之濱，莫非王臣。』而舜既爲天子矣，敢問瞽瞍之非臣，如何？」曰：「是詩也，非是之謂也；勞於王事，而不得養父母也。曰：『此莫非王事，我獨賢勞也。』故說詩者，不以文害辭，不以辭害志。以意逆志，是爲得之。如以辭而已矣，雲漢之詩曰：『周餘黎民，靡有孑遺。』信斯言也，是周無遺民也。孝子之至，莫大乎尊親；尊親之至，莫大乎以天下養。爲天子父，尊之至也；以天下養，養之至也。詩曰：『永言孝思，孝思維則。』此之謂也。書曰：『祇載見瞽瞍，夔夔齊栗，瞽瞍亦允若。』是爲父不得而子也。」

第五章

萬章曰：「堯以天下與舜，有諸？」孟子曰：「否。天子不能以天下與人。」「然則舜有天下也，孰與之？」曰：「天與之。」「天與之者，諄諄然命之乎？」曰：「否。天不言，以行與事示之而已矣。」曰：「以行與事示之者，如之何？」曰：「天子能薦人於天，不能使天與之天下；諸侯能薦人於天子，不能使天子與之諸侯；大夫能薦人於諸侯，不能使諸侯與之大夫。昔者堯薦舜於天而天受之，暴之於民而民受之，故曰：天不言，以行與事示之而已矣。」曰：「敢問薦之於天而天受之，暴之於民而民受之，如何？」曰：「使之主祭，而百神享之，是天受之；使之主事，而事治，百姓安之，是民受之也。天與之，人與之，故曰：天子不能以天下與人。舜相堯二十有八載，非人之所能爲也，天也。堯崩，三年之喪畢，舜避堯之子於南河之南。天下諸侯朝覲者，不之堯之子而之舜；訟獄者，不之堯之子而之舜；謳歌者，不謳歌堯之子而謳歌舜，故曰：天也。夫然後之中國，踐天子位焉。而居堯之宮，逼堯之子，是篡也，非天與也。太誓曰：『天視自我民視，天聽自我民聽。』此之謂也。」

第六章

萬章問曰：「人有言：『至於禹而德衰，不傳於賢，而傳於子。』有諸？」孟子曰：「否，不然也。天與賢，則與賢；天與子，則與子。昔者舜薦禹於天，十有七年，舜崩。三年之喪畢，禹避舜之子於陽城，天下之民從之，若堯崩之後，不從堯之子而從舜也。禹薦益於天，七年，禹崩，三年之喪畢，益避禹之子於箕山之陰。朝覲、訟獄者不之益而之啓，曰：『吾君之子也。』謳歌者不謳歌益而謳歌啓，曰：『吾君之子也。』丹朱之不肖，舜之子亦不肖。舜之相堯、禹之相舜也，歷年多，施澤於民久。啓賢，能敬承繼禹之道。益之相禹也，歷年少，施澤於民未久。舜、禹、益相去久遠，其子之賢不肖，皆天也，非人之所能爲也。莫之爲而爲者，天也；莫之致而至者，命也。匹夫而有天下者，德必若舜、禹，而又有天子薦之者，故仲尼不有天下。繼世以有天下，天之所廢，必若桀、紂者也，故益、伊尹、周公不有天下。伊尹相湯以王於天下，湯崩，太丁未立，外丙二年，仲壬四年。太甲顚覆湯之典刑，伊尹放之於桐。三年，太甲悔過，自怨自艾，於桐處仁遷義三年，以聽伊尹之訓己也，復歸於亳。周公之不有天下，猶益之於夏，伊尹之於殷也。孔子曰：『唐、虞禪，夏后、殷、周繼，其義一也。』」

第七章

萬章問曰：「人有言：『伊尹以割烹要湯。』有諸？」孟子曰：「否，不然。伊尹耕於有莘之野，而樂堯、舜之道焉。非其義也，非其道也，祿之以天下，弗顧也；繫馬千駟，弗視也。非其義也，非其道也，一介不以與人，一介不以取諸人。湯使人以幣聘之，囂囂然曰：『我何以湯之聘幣爲哉？我豈若處畎畝之中，由是以樂堯、舜之道哉？』湯三使往聘之，既而幡然改曰：『與我處畎畝之中，由是以樂堯、舜之道，吾豈若使是君爲堯、舜之君哉？吾豈若使是民爲堯、舜之民哉？吾豈若於吾身親見之哉？天之生此民也，使先知覺後知，使先覺覺後覺也。予，天民之先覺者也；予將以斯道覺斯民也，非予覺之，而誰也？』思天下之民，匹夫匹婦，有不被堯、舜之澤者，若己推而內之溝中。其自任以天下之重如此，故就湯而說之以伐夏救民。吾未聞枉己而正人者也，況辱己以正天下者乎？聖人之行不同也；或遠或近，或去或不去，歸潔其身而已矣。吾聞其以堯、舜之道要湯，未聞以割烹也。伊訓曰：『天誅造攻自牧宮，朕載自亳。』」

第八章

萬章問曰：「或謂孔子於衛主癰疽，於齊主侍人瘠環，有諸乎？」孟子曰：「否，不然也。好事者爲之也。於衛主顏讎由。彌子之妻，與子路之妻，兄弟也。彌子謂子路曰：『孔子主我，衛卿可得也。』子路以告，孔子曰：『有命。』孔子進以禮，退以義，得之不得曰『有命』。而主癰疽與侍人瘠環，是無義、無命也。孔子不悅於魯、衛，遭宋桓司馬將要而殺之，微服而過宋。是時孔子當阨，主司城貞子，爲陳侯周臣。吾聞觀近臣，以其所爲主；觀遠臣，以其所主。若孔子主癰疽與侍人瘠環，何以爲孔子？」

第九章

萬章問曰：「或曰：『百里奚自鬻於秦養牲者，五羊之皮，食牛，以要秦穆公。』信乎？」孟子曰：「否，不然。好事者爲之也。百里奚，虞人也。晉人以垂棘之璧與屈產之乘，假道於虞以伐虢，宮之奇諫。百里奚不諫，知虞公之不可諫而去，之秦，年已七十矣。曾不知以食牛干秦穆公之爲汙也，可謂智乎？不可諫而不諫，可謂不智乎？知虞公之將亡而先去之，不可謂不智也。時舉於秦，知穆公之可與有行也而相之，可謂不智乎？相秦而顯其君於天下，可傳於後世，不賢而能之乎？自鬻以成其君，鄉黨自好者不為，而謂賢者為之乎？」

〈萬章下〉

第一章

孟子曰：「伯夷，目不視惡色，耳不聽惡聲。非其君不事，非其民不使。治則進，亂則退。橫政之所出，橫民之所止，不忍居也。思與鄉人處，如以朝衣、朝冠坐於塗炭也。當紂之時，居北海之濱，以待天下之清也。故聞伯夷之風者，頑夫廉，懦夫有立志。伊尹曰：『何事非君？何使非民？』治亦進，亂亦進。曰：『天之生斯民也，使先知覺後知，使先覺覺後覺。予，天民之先覺者也；予將以此道覺此民也。』思天下之民，匹夫匹婦，有不被堯、舜之澤者，若己推而內之溝中，其自任以天下之重也。柳下惠不羞汙君，不辭小官。進不隱賢，必以其道。遺佚而不怨，阨窮而不憫。與鄉人處，由由然不忍去也。『爾為爾，我為我，雖袒裼裸裎於我側，爾焉能浼我哉？』故聞柳下惠之風者，鄙夫寬，薄夫敦。孔子之去齊，接淅而行；去魯，曰：『遲遲吾行也。』去父母國之道也。可以速而速，可以久而久，可以處而處，可以仕而仕，孔子也。」孟子曰：「伯夷，聖之清者也；伊尹，聖之任者也；柳下惠，聖之和者也；孔子，聖之時者也。孔子之謂集大成。集大成也者，金聲而玉振之也。金聲也者，始條理也；玉振之也者，終條理也。始條理者，智之事也；終條理者，聖之事也。智，譬則巧也；聖，譬則力也。由射於百步之外也，其至，爾力也；其中，非爾力也。」

第二章

北宮錡問曰：「周室班爵祿也，如之何？」孟子曰：「其詳不可得聞也。諸侯惡其害己也，而皆去其籍。然而軻也，嘗聞其略也。天子一位，公一位，侯一位，伯一位，子、男同一位，凡五等也。君一位，卿一位，大夫一位，上士一位，中士一位，下士一位，凡六等。天子之制，地方千里；公、侯皆方百里；伯，七十里，子、男，五十里，凡四等。不能五十里，不達於天子，附於諸侯，曰附庸。天子之卿受地視侯，大夫受地視伯，元士受地視子、男。大國地方百里，君十卿祿，卿祿四大夫，大夫倍上士，上士倍中士，中士倍下士，下士與庶人在官者同祿，祿足以代其耕也。次國地方七十里，君十卿祿，卿祿三大夫，大夫倍上士，上士倍中士，中士倍下士，下士與庶人在官者同祿，祿足以代其耕也。小國地方五十里，君十卿祿，卿祿二大夫，大夫倍上士，上士倍中士，中士倍下士，下士與庶人在官者同祿，祿足以代其耕也。耕者之所獲，一夫百畝。百畝之糞，上農夫食九人，上次食八人，中食七人，中次食六人，下食五人。庶人在官者，其祿以是爲差。」

第三章

萬章問曰：「敢問友。」孟子曰：「不挾長，不挾貴，不挾兄弟而友。友也者，友其德也，不可以有挾也。孟獻子，百乘之家也，有友五人焉：樂正裘、牧仲，其三人，則予忘之矣。獻子之與此五人者友也，無獻子之家者也。此五人者，亦有獻子之家，則不與之友矣。非惟百乘之家爲然也。雖小國之君亦有之。費惠公曰：『吾於子思，則師之矣；吾於顏般，則友之矣；王順、長息，則事我者也。』非惟小國之君爲然也，雖大國之君亦有之。晉平公之於亥唐也，入云則入，坐云則坐，食云則食。雖疏食菜羹，未嘗不飽，蓋不敢不飽也。然終於此而已矣。弗與共天位也，弗與治天職也，弗與食天祿也。士之尊賢者也，非王公之尊賢也。舜尚見帝，帝館甥于貳室，亦饗舜，迭爲賓主，是天子而友匹夫也。用下敬上，謂之貴貴；用上敬下，謂之尊賢。貴貴、尊賢，其義一也。」

第四章

萬章問曰：「敢問交際，何心也？」孟子曰：「恭也。」曰：「卻之卻之爲不恭，何哉？」曰：「尊者賜之，曰：『其所取之者，義乎？不義乎？』而後受之，以是爲不恭，故弗卻也。」曰：「請無以辭卻之，以心卻之，曰：『其取諸民之不義也。』而以他辭無受，不可乎？」曰：「其交也以道，其接也以禮，斯孔子受之矣。」萬章曰：「今有禦人於國門之外者，其交也以道，其餽也以禮，斯可受禦與？」曰：「不可。康誥曰：『殺越人于貨，閔不畏死，凡民罔不譈。』是不待教而誅者也。殷受夏，周受殷，所不辭也。於今爲烈，如之何其受之？」曰：「今之諸侯取之於民也，猶禦也。苟善其禮際矣，斯君子受之，敢問何說也？」曰：「子以爲有王者作，將比今之諸侯而誅之乎？其教之不改而後誅之乎？夫謂非其有而取之者盜也，充類至義之盡也。孔子之仕於魯也，魯人獵較，孔子亦獵較。獵較猶可，而況受其賜乎？」曰：「然則孔子之仕也，非事道與？」曰：「事道也。」「事道奚獵較也？」曰：「孔子先簿正祭器，不以四方之食供簿正。」曰：「奚不去也？」曰：「爲之兆也，兆足以行矣，而不行，而後去，是以未嘗有所終三年淹也。孔子有見行可之仕，有際可之仕，有公養之仕。於季桓子，見行可之仕也；於衛靈公，際可之仕也；於衛孝公，公養之仕也。」

第五章

孟子曰：「仕非爲貧也，而有時乎爲貧；娶妻非爲養也，而有時乎爲養。爲貧者，辭尊居卑，辭富居貧。辭尊居卑，辭富居貧，惡乎宜乎？抱關擊柝。孔子嘗爲委吏矣，曰：『會計當而已矣。』嘗爲乘田矣，曰：『牛羊茁壯長而已矣。』位卑而言高，罪也；立乎人之本朝，而道不行，恥也。」

第六章

萬章曰：「士之不託諸侯，何也？」孟子曰：「不敢也。諸侯失國，而後託於諸侯，禮也；士之託於諸侯，非禮也。」萬章曰：「君餽之粟，則受之乎？」曰：「受之。」「受之何義也？」曰：「君之於氓也，固周之。」曰：「周之則受，賜之則不受，何也？」曰：「不敢也。」曰：「敢問其不敢，何也？」曰：「抱關擊柝者，皆有常職以食於上。無常職而賜於上者，以爲不恭也。」曰：「君餽之，則受之，不識可常繼乎？」曰：「繆公之於子思也，亟問，亟餽鼎肉，子思不悅。於卒也，摽使者出諸大門之外，北面稽首再拜而不受，曰：『今而後知君之犬馬畜伋。』蓋自是臺無餽也。悅賢不能舉，又不能養也，可謂悅賢乎？」曰：「敢問國君欲養君子，如何斯可謂養矣？」曰：「以君命將之，再拜稽首而受。其後廩人繼粟，庖人繼肉，不以君命將之。子思以爲鼎肉使己僕僕爾亟拜也，非養君子之道也。堯之於舜也，使其子九男事之，二女女焉，百官牛羊倉廩備，以養舜於畎畝之中，後舉而加諸上位。故曰：王公之尊賢者也。」

第七章

萬章曰：「敢問不見諸侯，何義也？」孟子曰：「在國曰市井之臣，在野曰草莽之臣，皆謂庶人。庶人不傳質爲臣，不敢見於諸侯，禮也。」萬章曰：「庶人，召之役，則往役；君欲見之，召之，則不往見之，何也？」曰：「往役，義也；往見，不義也。且君之欲見之也，何爲也哉？」曰：「爲其多聞也，爲其賢也。」曰：「爲其多聞也，則天子不召師，而況諸侯乎？爲其賢也，則吾未聞欲見賢而召之也。繆公亟見於子思曰：『古千乘之國以友士，何如？』子思不悅，曰：『古之人有言：曰事之云乎，豈曰友之云乎？』子思之不悅也，豈不曰：『以位，則子，君也；我，臣也。何敢與君友也？以德，則子事我者也，奚可以與我友？』千乘之君求與之友而不可得也，而況可召與？齊景公田，招虞人以旌，不至，將殺之。『志士不忘在溝壑，勇士不忘喪其元。』孔子奚取焉？取非其招不往也。」曰：「敢問招虞人何以？」曰：「以皮冠。庶人以旃，士以旂，大夫以旌。以大夫之招招虞人，虞人死不敢往；以士之招招庶人，庶人豈敢往哉？況乎以不賢人之招招賢人乎？欲見賢人而不以其道，猶欲其入而閉之門也。夫義，路也；禮，門也。惟君子能由是路，出入是門也。詩云：『周道如底，其直如矢；君子所履，小人所視。』」萬章曰：「孔子，君命召，不俟駕而行。然則孔子非與？」曰：「孔子當仕有官職，而以其官召之也。」

第八章

孟子謂萬章曰：「一鄉之善士，斯友一鄉之善士；一國之善士，斯友一國之善士；天下之善士，斯友天下之善士。以友天下之善士為未足，又尚論古之人，頌其詩，讀其書，不知其人，可乎？是以論其世也，是尚友也。」

第九章

齊宣王問卿。孟子曰：「王何卿之問也？」王曰：「卿不同乎？」曰：「不同。有貴戚之卿，有異姓之卿。」王曰：「請問貴戚之卿。」曰：「君有大過則諫，反覆之而不聽，則易位。」王勃然變乎色。曰：「王勿異也。王問臣，臣不敢不以正對。」王色定，然後請問異姓之卿。曰：「君有過則諫，反覆之而不聽，則去。」

〈告子上〉

第一章

告子曰：「性，猶杞柳也；義，猶桮棬也。以人性為仁義，猶以杞柳為桮棬。」孟子曰：「子能順杞柳之性而以為桮棬乎？將戕賊杞柳而後以為桮棬也？如將戕賊杞柳而以為桮棬，則亦將戕賊人以為仁義與？率天下之人而禍仁義者，必子之言夫！」

第二章

告子曰：「性，猶湍水也，決諸東方則東流，決諸西方則西流。人性之無分於善、不善也，猶水之無分於東、西也。」孟子曰：「水信無分於東、西，無分於上、下乎？人性之善也，猶水之就下也。人無有不善，水無有不下。今夫水，搏而躍之，可使過顙；激而行之，可使在山。是豈水之性哉？其勢則然也。人之可使為不善，其性亦猶是也。」

第三章

告子曰：「生之謂性。」孟子曰：「生之謂性也，猶白之謂白與？」曰：「然。」「白羽之白也，猶白雪之白；白雪之白，猶白玉之白與？」曰：「然。」「然則犬之性，猶牛之性；牛之性，猶人之性與？」

第四章

告子曰：「食、色，性也。仁，內也，非外也；義，外也，非內也。」孟子曰：「何以謂仁內義外也？」曰：「彼長而我長之，非有長於我也；猶彼白而我白之，從其白於外也，故謂之外也。」曰：「（異於）白馬之白也，無以異於白人之白也；不識長馬之長也，無以異於長人之長與？且謂長者義乎？長之者義乎？」曰：「吾弟則愛之，秦人之弟則不愛也，是以我爲悅者也，故謂之內。長楚人之長，亦長吾之長，是以長爲悅者也，故謂之外也。」曰：「耆秦人之炙，無以異於耆吾炙。夫物則亦有然者也，然則耆炙亦有外與？」

第五章

孟季子問公都子曰：「何以謂義內也？」曰：「行吾敬，故謂之內也。」「鄉人長於伯兄一歲，則誰敬？」曰：「敬兄。」「酌則誰先？」曰：「先酌鄉人。」「所敬在此，所長在彼，果在外，非由內也。」公都子不能答，以告孟子。孟子曰：「敬叔父乎？敬弟乎？彼將曰：『敬叔父。』曰：『弟爲尸，則誰敬？』彼將曰：『敬弟。』子曰：『惡在其敬叔父也？』彼將曰：『在位故也。』子亦曰：『在位故也。庸敬在兄，斯須之敬在鄉人。』」季子聞之曰：「敬叔父則敬，敬弟則敬，果在外，非由內也。」公都子曰：「冬日則飲湯，夏日則飲水，然則飲食亦在外也？」

第六章

公都子曰：「告子曰：『性無善無不善也。』或曰：『性可以爲善，可以爲不善。是故文、武興，則民好善；幽、厲興，則民好暴。』或曰：『有性善，有性不善。是故以堯爲君而有象；以瞽瞍爲父而有舜；以紂爲兄之子且以爲君，而有微子啓、王子比干。』今曰『性善』，然則彼皆非與？」孟子曰：「乃若其情，則可以爲善矣，乃所謂善也。若夫爲不善，非才之罪也。惻隱之心，人皆有之；羞惡之心，人皆有之；恭敬之心，人皆有之；是非之心，人皆有之。惻隱之心，仁也；羞惡之心，義也；恭敬之心，禮也；是非之心，智也。仁義禮智，非由外鑠我也，我固有之也，弗思耳矣。故曰：『求則得之，舍則失之。』或相倍蓰而無算者，不能盡其才者也。詩曰：『天生烝民，有物有則。民之秉夷，好是懿德。』孔子曰：『爲此詩者，其知道乎！故有物必有則，民之秉夷也，故好是懿德。』」

第七章

孟子曰：「富歲，子弟多賴；凶歲，子弟多暴，非天之降才爾殊也，其所以陷溺其心者然也。今夫麰麥，播種而耰之，其地同，樹之時又同，浡然而生，至於日至之時，皆熟矣。雖有不同，則地有肥磽，雨露之養，人事之不齊也。故凡同類者，舉相似也，何獨至於人而疑之？聖人，與我同類者。故龍子曰：『不知足而爲屨，我知其不爲蕢也。』屨之相似，天下之足同也。口之於味，有同耆也。易牙先得我口之所耆者也。如使口之於味也，其性與人殊，若犬馬之與我不同類也，則天下何耆皆從易牙之於味也？至於味，天下期於易牙，是天下之口相似也。惟耳亦然。至於聲，天下期於師曠，是天下之耳相似也。惟目亦然。至於子都，天下莫不知其姣也。不知子都之姣者，無目者也。故曰：口之於味也，有同耆焉；耳之於聲也，有同聽焉；目之於色也，有同美焉。至於心，獨無所同然乎？心之所同然者何也？謂理也，義也。聖人先得我心之所同然耳。故理義之悅我心，猶芻豢之悅我口。」

第八章

孟子曰：「牛山之木嘗美矣，以其郊於大國也，斧斤伐之，可以爲美乎？是其日夜之所息，雨露之所潤，非無萌蘗之生焉，牛羊又從而牧之，是以若彼濯濯也。人見其濯濯也，以爲未嘗有材焉，此豈山之性也哉？雖存乎人者，豈無仁義之心哉？其所以放其良心者，亦猶斧斤之於木也，旦旦而伐之，可以爲美乎？其日夜之所息，平旦之氣，其好惡與人相近也者幾希，則其旦晝之所爲，有梏亡之矣。梏之反覆，則其夜氣不足以存；夜氣不足以存，則其違禽獸不遠矣。人見其禽獸也，而以爲未嘗有才焉者，是豈人之情也哉？故苟得其養，無物不長；苟失其養，無物不消。孔子曰：『操則存，舍則亡；出入無時，莫知其鄉。』惟心之謂與？」

第九章

孟子曰：「無或乎王之不智也，雖有天下易生之物也，一日暴之，十日寒之，未有能生者也。吾見亦罕矣，吾退而寒之者至矣。吾如有萌焉何哉？今夫弈之爲數，小數也；不專心致志，則不得也。弈秋，通國之善弈者也。使弈秋誨二人弈，其一人專心致志，惟弈秋之爲聽。一人雖聽之，一心以爲有鴻鵠將至，思援弓繳而射之，雖與之俱學，弗若之矣。爲是其智弗若與？曰：非然也。」

第十章

孟子曰：「魚，我所欲也；熊掌，亦我所欲也。二者不可得兼，舍魚而取熊掌者也。生，亦我所欲也；義，亦我所欲也。二者不可得兼，舍生而取義者也。生亦我所欲，所欲有甚於生者，故不爲苟得也；死亦我所惡，所惡有甚於死者，故患有所不辟也。如使人之所欲莫甚於生，則凡可以得生者，何不用也？使人之所惡莫甚於死者，則凡可以辟患者，何不爲也？由是則生而有不用也，由是則可以辟患而有不爲也。是故所欲有甚於生者，所惡有甚於死者，非獨賢者有是心也，人皆有之，賢者能勿喪耳。一簞食，一豆羹，得之則生，弗得則死。嘑爾而與之，行道之人弗受；蹴爾而與之，乞人不屑也。萬鍾則不辨禮義而受之。萬鍾於我何加焉？爲宮室之美、妻妾之奉、所識窮乏者得我與？鄉爲身死而不受，今爲宮室之美爲之；鄉爲身死而不受，今爲妻妾之奉爲之；鄉爲身死而不受，今爲所識窮乏者得我而爲之，是亦不可以已乎？此之謂失其本心。」

第十一章

孟子曰：「仁，人心也；義，人路也。舍其路而弗由，放其心而不知求，哀哉！人有雞犬放，則知求之；有放心而不知求。學問之道無他，求其放心而已矣。」

第十二章

孟子曰：「今有無名之指屈而不信，非疾痛害事也，如有能信之者，則不遠秦、楚之路，爲指之不若人也。指不若人，則知惡之；心不若人，則不知惡，此之謂不知類也。」

第十三章

孟子曰：「拱把之桐梓，人苟欲生之，皆知所以養之者。至於身，而不知所以養之者，豈愛身不若桐梓哉？弗思甚也。」

第十四章

孟子曰：「人之於身也，兼所愛。兼所愛，則兼所養也。無尺寸之膚不愛焉，則無尺寸之膚不養也。所以考其善、不善者，豈有他哉？於己取之而已矣。體有貴、賤，有小、大。

無以小害大，無以賤害貴。養其小者爲小人，養其大者爲大人。今有場師，舍其梧檟，養其樲棘，則爲賤場師焉。養其一指而失其肩背，而不知也，則爲狼疾人也。飲食之人，則人賤之矣，爲其養小以失大也。飲食之人無有失也，則口腹豈適爲尺寸之膚哉？」

第十五章

公都子問曰：「鈞是人也，或爲大人，或爲小人，何也？」孟子曰：「從其大體爲大人，從其小體爲小人。」曰：「鈞是人也，或從其大體，或從其小體，何也？」曰：「耳目之官不思，而蔽於物，物交物，則引之而已矣。心之官則思，思則得之，不思則不得也。此天之所與我者。先立乎其大者，則其小者弗能奪也。此爲大人而已矣。」

第十六章

孟子曰：「有天爵者，有人爵者。仁、義、忠、信，樂善不倦，此天爵也；公、卿、大夫，此人爵也。古之人修其天爵，而人爵從之。今之人修其天爵，以要人爵；既得人爵，而棄其天爵，則惑之甚者也，終亦必亡而已矣。」

第十七章

孟子曰：「欲貴者，人之同心也。人人有貴於己者，弗思耳。人之所貴者，非良貴也。趙孟之所貴，趙孟能賤之。詩云：『既醉以酒，既飽以德。』言飽乎仁義也，所以不願人之膏粱之味也；令聞廣譽施於身，所以不願人之文繡也。」

第十八章

孟子曰：「仁之勝不仁也，猶水勝火。今之爲仁者，猶以一杯水，救一車薪之火也；不熄，則謂之水不勝火，此又與於不仁之甚者也，亦終必亡而已矣。」

第十九章

孟子曰：「五穀者，種之美者也；苟爲不熟，不如荑稗。夫仁亦在乎熟之而已矣。」

第二十章

孟子曰：「羿之教人射，必志於彀；學者亦必志於彀。大匠誨人，必以規矩；學者亦必以規矩。」

〈告子下〉

第一章

任人有問屋廬子曰：「禮與食孰重？」曰：「禮重。」「色與禮孰重？」曰：「禮重。」曰：「以禮食，則飢而死；不以禮食，則得食，必以禮乎？親迎，則不得妻；不親迎，則得妻，必親迎乎？」屋廬子不能對，明日之鄒，以告孟子。孟子曰：「於答是也何有？不揣其本而齊其末，方寸之木可使高於岑樓。金重於羽者，豈謂一鉤金與一輿羽之謂哉？取食之重者，與禮之輕者而比之，奚翅食重？取色之重者，與禮之輕者而比之，奚翅色重？往應之曰：『紾兄之臂而奪之食，則得食；不紾，則不得食，則將紾之乎？踰東家牆而摟其處子，則得妻；不摟，則不得妻，則將摟之乎？』」

第二章

曹交問曰：「人皆可以爲堯、舜，有諸？」孟子曰：「然。」「交聞文王十尺，湯九尺，今交九尺四寸以長，食粟而已，如何則可？」曰：「奚有於是？亦爲之而已矣。有人於此，力不能勝一匹雛，則爲無力人矣；今曰舉百鈞，則爲有力人矣。然則舉烏獲之任，是亦爲烏獲而已矣。夫人豈以不勝爲患哉？弗爲耳。徐行後長者謂之弟，疾行先長者謂之不弟。夫徐行者，豈人所不能哉？所不爲也。堯舜之道，孝弟而已矣。子服堯之服，誦堯之言，行堯之行，是堯而已矣；子服桀之服，誦桀之言，行桀之行，是桀而已矣。」曰：「交得見於鄒君，可以假館，願留而受業於門。」曰：「夫道若大路然，豈難知哉？人病不求耳。子歸而求之，有餘師。」

第三章

公孫丑問曰：「高子曰：『小弁，小人之詩也。』」孟子曰：「何以言之？」曰：「怨。」曰：「固哉，高叟之爲詩也！有人於此，越人關弓而射之，則己談笑而道之；無他，疏之也。其兄關弓而射之，則己垂涕泣而道之；無他，戚之也。小弁之怨，親親也。親親，仁也。固矣夫，高叟之爲詩也！」曰：「凱風何以不怨？」曰：「凱風，親之過小者也；小弁，親之過大者也。親之過大而不怨，是愈疏也；親之過小而怨，是不可磯也。愈疏，不孝也；不可磯，亦不孝也。孔子曰：『舜其至孝矣，五十而慕。』」

第四章

宋牼將之楚，孟子遇於石丘。曰：「先生將何之？」曰：「吾聞秦、楚構兵，我將見楚王說而罷之。楚王不悅，我將見秦王說而罷之。二王我將有所遇焉。」曰：「軻也請無問其詳，願聞其指。說之將何如？」曰：「我將言其不利也。」曰：「先生之志則大矣，先生之號則不可。先生以利說秦、楚之王，秦、楚之王悅於利，以罷三軍之師，是三軍之士樂罷而悅於利也。爲人臣者懷利以事其君，爲人子者懷利以事其父，爲人弟者懷利以事其兄。是君臣、父子、兄弟終去仁義，懷利以相接，然而不亡者，未之有也。先生以仁義說秦、楚之王，秦、楚之王悅於仁義，而罷三軍之師，是三軍之士樂罷而悅於仁義也。爲人臣者懷仁義以事其君，爲人子者懷仁義以事其父，爲人弟者懷仁義以事其兄，是君臣、父子、兄弟去利，懷仁義以相接也。然而不王者，未之有也。何必曰利？」

第五章

孟子居鄒，季任爲任處守，以幣交，受之而不報。處於平陸，儲子爲相，以幣交，受之而不報。他日由鄒之任，見季子；由平陸之齊，不見儲子。屋廬子喜曰：「連得閒矣。」問曰：「夫子之任見季子，之齊不見儲子，爲其爲相與？」曰：「非也。書曰：『享多儀，儀不及物曰不享，惟不役志于享。』爲其不成享也。」屋廬子悅。或問之。屋廬子曰：「季子不得之鄒，儲子得之平陸。」

第六章

淳于髡曰：「先名實者，爲人也；後名實者，自爲也。夫子在三卿之中，名實未加於上下而去之，仁者固如此乎？」孟子曰：「居下位，不以賢事不肖者，伯夷也；五就湯，五就桀者，伊尹也；不惡汙君，不辭小官者，柳下惠也。三子者不同道，其趨一也。一者何也？曰：仁也。君子亦仁而已矣，何必同？」曰：「魯繆公之時，公儀子爲政，子柳、子思爲臣，魯之削也滋甚。若是乎賢者之無益於國也！」曰：「虞不用百里奚而亡，秦穆公用之而霸。不用賢則亡，削何可得與？」曰：「昔者王豹處於淇，而河西善謳；緜駒處於高唐，而齊右善歌；華周、杞梁之妻善哭其夫，而變國俗。有諸內，必形諸外。爲其事而無其功者，髡未嘗睹之也。是故無賢者也，有則髡必識之。」曰：「孔子爲魯司寇，不用，從而祭，燔肉不至，不稅冕而行。不知者以爲爲肉也，其知者以爲爲無禮也。乃孔子則欲以微罪行，不欲爲苟去。君子之所爲，眾人固不識也。」

第七章

孟子曰：「五霸者，三王之罪人也；今之諸侯，五霸之罪人也；今之大夫，今之諸侯之罪人也。天子適諸侯曰巡狩，諸侯朝於天子曰述職。春省耕而補不足，秋省斂而助不給。入其疆，土地辟，田野治，養老尊賢，俊傑在位，則有慶，慶以地。入其疆，土地荒蕪，遺老失賢，掊克在位，則有讓。一不朝，則貶其爵；再不朝，則削其地；三不朝，則六師移之。是故天子討而不伐，諸侯伐而不討。五霸者，摟諸侯以伐諸侯者也，故曰：五霸者，三王之罪人也。五霸，桓公爲盛。葵丘之會諸侯，束牲、載書而不歃血。初命曰：『誅不孝，無易樹子，無以妾爲妻。』再命曰：『尊賢育才，以彰有德。』三命曰：『敬老慈幼，無忘賓旅。』四命曰：『士無世官，官事無攝，取士必得，無專殺大夫。』五命曰：『無曲防，無遏糴，無有封而不告。』曰：『凡我同盟之人，既盟之後，言歸于好。』今之諸侯，皆犯此五禁，故曰：今之諸侯，五霸之罪人也。長君之惡其罪小，逢君之惡其罪大。今之大夫，皆逢君之惡，故曰：今之大夫，今之諸侯之罪人也。」

第八章

魯欲使愼子爲將軍。孟子曰：「不教民而用之，謂之殃民。殃民者，不容於堯、舜之世。一戰勝齊，遂有南陽，然且不可。」愼子勃然不悅曰：「此則滑釐所不識也。」曰：「吾明告子。天子之地方千里；不千里，不足以待諸侯。諸侯之地方百里；不百里，不足以守宗廟之典籍。周公之封於魯，爲方百里也；地非不足，而儉於百里。太公之封於齊也，亦爲方百里也；地非不足也，而儉於百里。今魯方百里者五，子以爲有王者作，則魯在所損乎？在所益乎？徒取諸彼以與此，然且仁者不爲，況於殺人以求之乎？君子之事君也，務引其君以當道，志於仁而已。」

第九章

孟子曰：「今之事君者曰：『我能爲君辟土地，充府庫。』今之所謂良臣，古之所謂民賊也。君不鄉道，不志於仁，而求富之，是富桀也。『我能爲君約與國，戰必克。』今之所謂良臣，古之所謂民賊也。君不鄉道，不志於仁，而求爲之強戰，是輔桀也。由今之道，無變今之俗，雖與之天下，不能一朝居也。」

第十章

白圭曰：「吾欲二十而取一，何如？」孟子曰：「子之道，貉道也。萬室之國，一人陶，則可乎？」曰：「不可，器不足用也。」曰：「夫貉，五穀不生，惟黍生之。無城郭、宮室、宗廟、祭祀之禮，無諸侯幣帛饔飧，無百官有司，故二十取一而足也。今居中國，去人倫，無君子，如之何其可也？陶以寡，且不可以爲國，況無君子乎？欲輕之於堯、舜之道者，大貉小貉也；欲重之於堯、舜之道者，大桀小桀也。」

第十一章

白圭曰：「丹之治水也，愈於禹。」孟子曰：「子過矣。禹之治水，水之道也。是故禹以四海爲壑，今吾子以鄰國爲壑。水逆行，謂之洚水。洚水者，洪水也，仁人之所惡也。吾子過矣。」

第十二章

孟子曰：「君子不亮，惡乎執？」

第十三章

魯欲使樂正子爲政。孟子曰：「吾聞之，喜而不寐。」公孫丑曰：「樂正子強乎？」曰：「否。」「有知慮乎？」曰：「否。」「多聞識乎？」曰：「否。」「然則奚爲喜而不寐？」曰：「其爲人也好善。」「好善足乎？」曰：「好善優於天下，而況魯國乎？夫苟好善，則四海之內，皆將輕千里而來告之以善。夫苟不好善，則人將曰：『訑訑，予既已知之矣。』訑訑之聲音顏色，距人於千里之外。士止於千里之外，則讒諂面諛之人至矣。與讒諂面諛之人居，國欲治，可得乎？」

第十四章

陳子曰：「古之君子，何如則仕？」孟子曰：「所就三，所去三。迎之致敬以有禮，言將行其言也，則就之；禮貌未衰，言弗行也，則去之。其次，雖未行其言也，迎之致敬以有禮，則就之；禮貌衰，則去之。其下，朝不食，夕不食，飢餓不能出門戶。君聞之，曰：『吾大者不能行其道，又不能從其言也，使飢餓於我土地，吾恥之。』周之，亦可受也，免死而已矣。」

第十五章

孟子曰：「舜發於畎畝之中，傅說舉於版築之閒，膠鬲舉於魚鹽之中，管夷吾舉於士，孫叔敖舉於海，百里奚舉於市。故天將降大任於是人也，必先苦其心志，勞其筋骨，餓其體膚，空乏其身，行拂亂其所爲，所以動心忍性，曾益其所不能。人恒過，然後能改；困於心，衡於慮，而後作；徵於色，發於聲，而後喻。入則無法家拂士，出則無敵國外患者，國恒亡。然後知生於憂患而死於安樂也。」

第十六章

孟子曰：「教亦多術矣，予不屑之教誨也者，是亦教誨之而已矣。」

〈盡心上〉

第一章

孟子曰：「盡其心者，知其性也。知其性則知天矣。存其心，養其性，所以事天也。殀壽不貳，修身以俟之，所以立命也。」

第二章

孟子曰：「莫非命也，順受其正。是故知命者，不立乎巖牆之下。盡其道而死者，正命也。桎梏死者，非正命也。」

第三章

孟子曰：「求則得之，舍則失之，是求有益於得也，求在我者也。求之有道，得之有命，是求無益於得也，求在外者也。」

第四章

孟子曰：「萬物皆備於我矣。反身而誠，樂莫大焉。強恕而行，求仁莫近焉。」

第五章

孟子曰：「行之而不著焉，習矣而不察焉，終身由之而不知其道者，眾也。」

第六章

孟子曰：「人不可以無恥。無恥之恥，無恥矣。」

第七章

孟子曰：「恥之於人大矣。爲機變之巧者，無所用恥焉。不恥不若人，何若人有？」

第八章

孟子曰：「古之賢王好善而忘勢，古之賢士何獨不然？樂其道而忘人之勢。故王公不致敬盡禮，則不得亟見之。見且由不得亟，而況得而臣之乎？」

第九章

孟子謂宋句踐曰：「子好遊乎？吾語子遊。人知之，亦囂囂；人不知，亦囂囂。」曰：「何如斯可以囂囂矣？」曰：「尊德樂義，則可以囂囂矣。故士窮不失義，達不離道。窮不失義，故士得己焉；達不離道，故民不失望焉。古之人，得志，澤加於民；不得志，脩身見於世。窮則獨善其身，達則兼善天下。」

第十章

孟子曰：「待文王而後興者，凡民也。若夫豪傑之士，雖無文王猶興。」

第十一章

孟子曰：「附之以韓魏之家，如其自視欿然，則過人遠矣。」

第十二章

孟子曰：「以佚道使民，雖勞不怨；以生道殺民，雖死不怨殺者。」

第十三章

孟子曰：「霸者之民，驩虞如也；王者之民，皞皞如也。殺之而不怨，利之而不庸，民日遷善而不知為之者。夫君子所過者化，所存者神，上下與天地同流，豈曰小補之哉？」

第十四章

孟子曰：「仁言，不如仁聲之入人深也。善政，不如善教之得民也。善政民畏之，善教民愛之；善政得民財，善教得民心。」

第十五章

孟子曰：「人之所不學而能者，其良能也；所不慮而知者，其良知也。孩提之童，無不知愛其親者；及其長也，無不知敬其兄也。親親，仁也；敬長，義也。無他，達之天下也。」

第十六章

孟子曰：「舜之居深山之中，與木石居，與鹿豕遊，其所以異於深山之野人者幾希。及其聞一善言，見一善行，若決江河，沛然莫之能禦也。」

第十七章

孟子曰：「無爲其所不爲，無欲其所不欲，如此而已矣。」

第十八章

孟子曰：「人之有德慧術知者，恒存乎疢疾。獨孤臣孽子，其操心也危，其慮患也深，故達。」

第十九章

孟子曰：「有事君人者，事是君則爲容悅者也。有安社稷臣者，以安社稷爲悅者也。有天民者，達可行於天下而後行之者也。有大人者，正己而物正者也。」

第二十章

孟子曰：「君子有三樂，而王天下不與存焉。父母俱存，兄弟無故，一樂也。仰不愧於天，俯不怍於人，二樂也。得天下英才而教育之，三樂也。君子有三樂，而王天下不與存焉。」

第二十一章

孟子曰：「廣土眾民，君子欲之，所樂不存焉。中天下而立，定四海之民，君子樂之，所性不存焉。君子所性，雖大行不加焉，雖窮居不損焉，分定故也。君子所性，仁義禮智根於心。其生色也，睟然見於面，盎於背，施於四體，四體不言而喻。」

第二十二章

孟子曰：「伯夷辟紂，居北海之濱，聞文王作，興曰：『盍歸乎來！吾聞西伯善養老者。』太公辟紂，居東海之濱，聞文王作，興曰：『盍歸乎來！吾聞西伯善養老者。』天下有善養老，則仁人以爲己歸矣。五畝之宅，樹牆下以桑，匹婦蠶之，則老者足以衣帛矣。五母雞，二母彘，無失其時，老者足以無失肉矣。百畝之田，匹夫耕之，八口之家足以無飢矣。所謂西伯善養老者，制其田里，教之樹畜，導其妻子，使養其老。五十非帛不煖，七十非肉不飽。不煖不飽，謂之凍餒。文王之民，無凍餒之老者，此之謂也。」

第二十三章

孟子曰：「易其田疇，薄其稅斂，民可使富也。食之以時，用之以禮，財不可勝用也。民非水火不生活，昏暮叩人之門戶，求水火，無弗與者，至足矣。聖人治天下，使有菽粟如水火。菽粟如水火，而民焉有不仁者乎？」

第二十四章

孟子曰：「孔子登東山而小魯，登太山而小天下。故觀於海者難爲水，遊於聖人之門者難爲言。觀水有術，必觀其瀾，日月有明，容光必照焉。流水之爲物也，不盈科不行；君子之志於道也，不成章不達。」

第二十五章

孟子曰：「雞鳴而起，孳孳爲善者，舜之徒也。雞鳴而起，孳孳爲利者，蹠之徒也。欲知舜與蹠之分，無他，利與善之間也。」

第二十六章

孟子曰：「楊子取爲我，拔一毛而利天下，不爲也。墨子兼愛，摩頂放踵利天下爲之。子莫執中，執中爲近之，執中無權，猶執一也。所惡執一者，爲其賊道也，舉一而廢百也。」

第二十七章

孟子曰：「飢者甘食，渴者甘飲，是未得飲食之正也，飢渴害之也。豈惟口腹有飢渴之害？人心亦皆有害。人能無以飢渴之害爲心害，則不及人不爲憂矣。」

第二十八章

孟子曰：「柳下惠不以三公易其介。」

第二十九章

孟子曰：「有爲者辟若掘井，掘井九軔而不及泉，猶爲棄井也。」

第三十章

孟子曰：「堯舜，性之也；湯武，身之也；五霸，假之也。久假而不歸，惡知其非有也。」

第三十一章

公孫丑曰：「伊尹曰：『予不狎于不順。』放太甲于桐，民大悅。太甲賢，又反之，民大悅。賢者之爲人臣也，其君不賢，則固可放與？」孟子曰：「有伊尹之志，則可；無伊尹之志，則簒也。」

第三十二章

公孫丑曰：「詩曰：『不素餐兮』，君子之不耕而食，何也？」孟子曰：「君子居是國也，其君用之，則安富尊榮；其子弟從之，則孝、弟、忠、信。『不素餐兮』，孰大於是？」

第三十三章

王子墊問曰：「士何事？」孟子曰：「尚志。」曰：「何謂尚志？」曰：「仁義而已矣。殺一無罪，非仁也；非其有而取之，非義也。居惡在？仁是也；路惡在？義是也。居仁由義，大人之事備矣。」

第三十四章

孟子曰：「仲子，不義與之齊國而弗受，人皆信之，是舍簞食、豆羹之義也。人莫大焉亡親戚、君臣、上下。以其小者信其大者，奚可哉？」

第三十五章

桃應問曰：「舜爲天子，皋陶爲士，瞽瞍殺人，則如之何？」孟子曰：「執之而已矣。」「然則舜不禁與？」曰：「夫舜惡得而禁之？夫有所受之也。」「然則舜如之何？」曰：「舜視棄天下，猶棄敝蹝也。竊負而逃，遵海濱而處，終身訢然，樂而忘天下。」

第三十六章

孟子自范之齊，望見齊王之子。喟然歎曰：「居移氣，養移體，大哉居乎！夫非盡人之子與？」孟子曰：「王子宮室、車馬、衣服多與人同，而王子若彼者，其居使之然也；況居天下之廣居者乎？魯君之宋，呼於垤澤之門。守者曰：『此非吾君也，何其聲之似我君也？』此無他，居相似也。」

第三十七章

孟子曰：「食而弗愛，豕交之也；愛而不敬，獸畜之也。恭敬者，幣之未將者也。恭敬而無實，君子不可虛拘。」

第三十八章

孟子曰：「形色，天性也；惟聖人，然後可以踐形。」

第三十九章

齊宣王欲短喪。公孫丑曰：「爲期之喪，猶愈於已乎？」孟子曰：「是猶或紾其兄之臂，子謂之姑徐徐云爾，亦教之孝、弟而已矣。」王子有其母死者，其傅爲之請數月之喪。公孫丑曰：「若此者，何如也？」曰：「是欲終之而不可得也，雖加一日愈於已。謂夫莫之禁而弗爲者也。」

第四十章

孟子曰：「君子之所以教者五：有如時雨化之者，有成德者，有達財者，有答問者，有私淑艾者。此五者，君子之所以教也。」

第四十一章

公孫丑曰：「道則高矣，美矣，宜若登天然，似不可及也。何不使彼爲可幾及，而日孳孳也？」孟子曰：「大匠不爲拙工改廢繩墨，羿不爲拙射變其彀率。君子引而不發，躍如也。中道而立，能者從之。」

第四十二章

孟子曰：「天下有道，以道殉身；天下無道，以身殉道。未聞以道殉乎人者也。」

第四十三章

公都子曰：「滕更之在門也，若在所禮。而不答，何也？」孟子曰：「挾貴而問，挾賢而問，挾長而問，挾有勳勞而問，挾故而問，皆所不答也。滕更有二焉。」

第四十四章

孟子曰：「於不可已而已者，無所不已；於所厚者薄，無所不薄也。其進銳者，其退速。」

第四十五章

孟子曰：「君子之於物也，愛之而弗仁；於民也，仁之而弗親。親親而仁民，仁民而愛物。」

第四十六章

孟子曰：「知者無不知也，當務之爲急；仁者無不愛也，急親賢之爲務。堯、舜之知而不徧物，急先務也；堯、舜之仁不徧愛人，急親賢也。不能三年之喪，而緦、小功之察；放飯、流歠，而問無齒決，是之謂不知務。」

〈盡心下〉

第一章

孟子曰：「不仁哉，梁惠王也！仁者以其所愛及其所不愛，不仁者以其所不愛及其所愛。」公孫丑曰：「何謂也？」「梁惠王以土地之故，糜爛其民而戰之，大敗，將復之，恐不能勝，故驅其所愛子弟以殉之，是之謂以其所不愛及其所愛也。」

第二章

孟子曰：「春秋無義戰。彼善於此，則有之矣。征者上伐下也，敵國不相征也。」

第三章

孟子曰：「盡信書，則不如無書。吾於武成，取二三策而已矣。仁人無敵於天下。以至仁伐至不仁，而何其血之流杵也？」

第四章

孟子曰：「有人曰：『我善爲陳，我善爲戰。』大罪也。國君好仁，天下無敵焉。南面而征北狄怨，東面而征西夷怨。曰：『奚爲後我？』武王之伐殷也，革車三百兩，虎賁三千人。王曰：『無畏！寧爾也，非敵百姓也。』若崩厥角稽首。征之爲言正也，各欲正己也，焉用戰？」

第五章

孟子曰：「梓匠輪輿能與人規矩，不能使人巧。」

第六章

孟子曰：「舜之飯糗茹草也，若將終身焉；及其爲天子也，被袗衣，鼓琴，二女果，若固有之。」

第七章

孟子曰：「吾今而後知殺人親之重也：殺人之父，人亦殺其父；殺人之兄，人亦殺其兄。然則非自殺之也，一間耳。」

第八章

孟子曰：「古之爲關也，將以禦暴。今之爲關也，將以爲暴。」

第九章

孟子曰：「身不行道，不行於妻、子；使人不以道，不能行於妻、子。」

第十章

孟子曰：「周于利者，凶年不能殺；周于德者，邪世不能亂。」

第十一章

孟子曰：「好名之人，能讓千乘之國；苟非其人，簞食、豆羹見於色。」

第十二章

孟子曰：「不信仁、賢，則國空虛。無禮、義，則上下亂。無政事，則財用不足。」

第十三章

孟子曰：「不仁而得國者，有之矣；不仁而得天下，未之有也。」

第十四章

孟子曰：「民爲貴，社稷次之，君爲輕。是故得乎丘民而爲天子，得乎天子爲諸侯，得乎諸侯爲大夫。諸侯危社稷，則變置。犧牲既成，粢盛既潔，祭祀以時，然而旱乾水溢，則變置社稷。」

第十五章

孟子曰：「聖人，百世之師也，伯夷、柳下惠是也。故聞伯夷之風者，頑夫廉，懦夫有立志；聞柳下惠之風者，薄夫敦，鄙夫寬。奮乎百世之上。百世之下，聞者莫不興起也。非聖人而能若是乎？而況於親炙之者乎？」

第十六章

孟子曰：「仁也者，人也。合而言之，道也。」

第十七章

孟子曰：「孔子之去魯，曰：『遲遲吾行也。』去父母國之道也。去齊，接淅而行，去他國之道也。」

第十八章

孟子曰：「君子之戹於陳、蔡之閒，無上下之交也。」

第十九章

貉稽曰：「稽大不理於口。」孟子曰：「無傷也。士憎茲多口。詩云：『憂心悄悄，慍于羣小。』孔子也。『肆不殄厥慍，亦不隕厥問。』文王也。」

第二十章

孟子曰：「賢者以其昭昭，使人昭昭；今以其昏昏，使人昭昭。」

第二十一章

孟子謂高子曰：「山徑之蹊閒，介然用之而成路。爲閒不用，則茅塞之矣。今茅塞子之心矣。」

第二十二章

高子曰：「禹之聲，尚文王之聲。」孟子曰：「何以言之？」曰：「以追蠡。」曰：「是奚足哉？城門之軌，兩馬之力與？」

第二十三章

齊饑。陳臻曰：「國人皆以夫子將復爲發棠，殆不可復。」孟子曰：「是爲馮婦也。晉人有馮婦者，善搏虎，卒爲善士。則之野，有眾逐虎。虎負嵎，莫之敢攖。望見馮婦，趨而迎之。馮婦攘臂下車。眾皆悅之，其爲士者笑之。」

第二十四章

孟子曰：「口之於味也，目之於色也，耳之於聲也，鼻之於臭也，四肢之於安佚也，性也，有命焉，君子不謂性也。仁之於父子也，義之於君臣也，禮之於賓主也，智之於賢者也，聖人之於天道也，命也，有性焉，君子不謂命也。」

第二十五章

浩生不害問曰：「樂正子，何人也？」孟子曰：「善人也，信人也。」「何謂善？何謂信？」曰：「可欲之謂善，有諸己之謂信。充實之謂美，充實而有光輝之謂大，大而化之之謂聖，聖而不可知之之謂神。樂正子，二之中，四之下也。」

第二十六章

孟子曰：「逃墨必歸於楊，逃楊必歸於儒。歸，斯受之而已矣。今之與楊、墨辯者，如追放豚，既入其苙，又從而招之。」

第二十七章

孟子曰：「有布縷之征，粟米之征，力役之征。君子用其一，緩其二。用其二，而民有殍；用其三，而父子離。」

第二十八章

孟子曰：「諸侯之寶三：土地，人民，政事。寶珠玉者，殃必及身。」

第二十九章

盆成括仕於齊。孟子曰：「死矣盆成括！」盆成括見殺。門人問曰：「夫子何以知其將見殺？」曰：「其爲人也小有才，未聞君子之大道也，則足以殺其軀而已矣。」

第三十章

孟子之滕，館於上宮。有業屨於牖上，館人求之弗得。或問之曰：「若是乎從者之廋也？」曰：「子以是爲竊屨來與？」曰：「殆非也。夫子之設科也，往者不追，來者不拒。苟以是心至，斯受之而已矣。」

第三十一章

孟子曰：「人皆有所不忍，達之於其所忍，仁也；人皆有所不爲，達之於其所爲，義也。人能充無欲害人之心，而仁不可勝用也；人能充無穿窬之心，而義不可勝用也。人能充無受爾汝之實，無所往而不爲義也。士未可以言而言，是以言餂之也；可以言而不言，是以不言餂之也，是皆穿窬之類也。」

第三十二章

孟子曰：「言近而指遠者，善言也；守約而施博者，善道也。君子之言也，不下帶而道存焉。君子之守，修其身而天下平。人病舍其田而芸人之田，所求於人者重，而所以自任者輕。」

第三十三章

孟子曰：「堯、舜，性者也；湯武，反之也。動容周旋中禮者，盛德之至也；哭死而哀，非爲生者也；經德不回，非以干祿也；言語必信，非以正行也。君子行法，以俟命而已矣。」

第三十四章

孟子曰：「說大人，則藐之，勿視其巍巍然。堂高數仞，榱題數尺，我得志弗爲也；食前方丈，侍妾數百人，我得志弗爲也；般樂飲酒，驅騁田獵，後車千乘，我得志弗爲也。在彼者，皆我所不爲也；在我者，皆古之制也，吾何畏彼哉？」

第三十五章

孟子曰：「養心莫善於寡欲。其爲人也寡欲，雖有不存焉者，寡矣；其爲人也多欲，雖有存焉者，寡矣。」

第三十六章

曾晳嗜羊棗，而曾子不忍食羊棗。公孫丑問曰：「膾炙與羊棗孰美？」孟子曰：「膾炙哉！」公孫丑曰：「然則曾子何爲食膾炙而不食羊棗？」曰：「膾炙所同也，羊棗所獨也。諱名不諱姓，姓所同也，名所獨也。」

第三十七章

萬章問曰：「孔子在陳曰：『盍歸乎來！吾黨之士狂簡，進取，不忘其初。』孔子在陳，何思魯之狂士？」孟子曰：「孔子曰：『不得中道而與之，必也狂獧乎！狂者進取，獧者有所不爲也。』孔子豈不欲中道哉？不可必得，故思其次也。」「敢問何如斯可謂狂矣？」曰：「如琴張、曾晳、牧皮者，孔子之所謂狂矣。」「何以謂之狂也？」曰：「其志嘐嘐然，曰：『古之人！古之人！』夷考其行而不掩焉者也。狂者又不可得，欲得不屑、不潔之士而與之，是獧也，是又其次也。孔子曰：『過我門而不入我室，我不憾焉者，其惟鄉原乎！鄉原，德之賊也。』」曰：「何如斯可謂之鄉原矣？」曰：「『何以是嘐嘐也？言不顧行，行不顧言，則曰：古之人！古之人！行何爲踽踽涼涼？生斯世也，爲斯世也，善斯可矣。』閹然媚於世也者，是鄉原也。」萬子曰：「一鄉皆稱原人焉，無所往而不爲原人，孔子以爲德之賊，何哉？」曰：「非之無舉也，刺之無刺也；同乎流俗，合乎汙世；居之似忠信，行之似廉潔；眾皆悅之，自以為是，而不可與入堯、舜之道，故曰德之賊也。孔子曰：『惡似而非者：惡莠，恐其亂苗也；惡佞，恐其亂義也；惡利口，恐其亂信也；惡鄭聲，恐其亂樂也；惡紫，恐其亂朱也；惡鄉原，恐其亂德也。』君子反經而已矣。經正，則庶民興；庶民興，斯無邪慝矣。」

第三十八章

孟子曰：「由堯、舜至於湯，五百有餘歲，若禹、皋陶，則見而知之；若湯，則聞而知之。由湯至於文王，五百有餘歲，若伊尹、萊朱則見而知之；若文王，則聞而知之。由文王至於孔子，五百有餘歲，若太公望、散宜生，則見而知之；若孔子，則聞而知之。由孔子而來至於今，百有餘歲，去聖人之世，若此其未遠也；近聖人之居，若此其甚也，然而無有乎爾，則亦無有乎爾。」

古本《中庸》新校本

述聖 孔伋（子思）作
朱高正 點校

首章 道、慎獨、致中和

天命之謂性，率性之謂道，脩道之謂教。道也者，不可須臾離也；可離非道也。是故君子戒慎乎其所不睹，恐懼乎其所不聞。莫見乎隱，莫顯乎微，故君子慎其獨也。喜怒哀樂之未發，謂之中；發而皆中節，謂之和。中也者，天下之大本也；和也者，天下之達道也。致中和，天地位焉，萬物育焉。（1）①

第二章 誠能成己、成物，至誠如神

自誠明，謂之性；自明誠，謂之教。誠則明矣，明則誠矣。（21）誠者，自成也，而道自道也。誠者，物之終始，不誠無物，是故君子誠之爲貴。誠者，非自成己而已也，所以成物也。成己，仁也；成物，知也。性之德也，合外內之道也，故時措之宜也。（25）誠者，天之道也；誠之者，人之道也。誠者不勉而中，不思而得，從容中道，聖人也；誠之者，擇善而固執之者也。（20·10中）②唯天下至誠，爲能盡其性；能盡其性，則能盡人之性；能盡人之性，則能盡物之性；能盡物之性，則可以贊天地之化育；可以贊天地之化育，則可以與天地參矣。（22）其次致曲。曲能有誠，誠則形，形則著，著則明，明則動，動則變，變則化，唯天下至誠爲能化。（23）至誠之道，可以前知：國家將興，必有禎祥；國家將亡，必有妖孽。見乎蓍龜，動乎四體。禍福將至：善，必先知之；不善，必先知之。故至誠如神。（24）

第三章　天地之道至誠無息，博厚、高明、悠久

子曰：「鬼神之爲德，其盛矣乎！視之而弗見，聽之而弗聞，體物而不可遺。使天下之人，齊明盛服，以承祭祀。洋洋乎！如在其上，如在其左右。詩曰：『神之格思，不可度思，矧可射思。』夫微之顯，誠之不可揜如此夫！」（16）天地之道：博也，厚也，高也，明也，悠也，久也。（26·4）博厚，所以載物也；高明，所以覆物也；悠久，所以成物也。（26·2）故至誠無息，不息則久，久則徵，徵則悠遠，悠遠則博厚，博厚則高明。（26·1）博厚配地，高明配天，悠久無疆。如此者，不見而章，不動而變，無爲而成。天地之道，可一言而盡也，其爲物不貳，則其生物不測。（26·3）今夫天，斯昭昭之多，及其無窮也，日月星辰繫焉，萬物覆焉。今夫地，一撮土之多，及其廣厚，載華嶽而不重，振河海而不洩，

萬物載焉。今夫山，一卷石之多，及其廣大，草木生之，禽獸居之，寶藏興焉。今夫水，一勺之多，及其不測，黿、鼉、蛟、龍、魚、鼈生焉，貨財殖焉。詩云：「維天之命，於穆不已。」蓋曰：天之所以爲天也。「於乎不顯！文王之德之純！」蓋曰：文王之所以爲文也，純亦不已。（26‧5）故曰：苟不至德，至道不凝焉。故君子尊德性而道問學，致廣大而盡精微，極高明而道中庸。溫故而知新，敦厚以崇禮。（27‧2）

第四章 回之仁、舜之知、由之勇，擇乎中庸，學問思辨行

仲尼曰：「君子中庸，小人反中庸。君子之中庸也，君子而時中；小人之反中庸也，小人而無忌憚也。」（2）子曰：「中庸其至矣乎！民鮮能久矣。」（3）子曰：「索隱行怪，後世有述焉，吾弗爲之矣。君子遵道而行，半塗而廢，吾弗能已矣。君子依乎中庸，遯世不見知而不悔，唯聖者能之。」（11）子曰：「回之爲人也，擇乎中庸，得一善，則拳拳服膺而弗失之矣。」（8）子曰：「人皆曰：『予知』，驅而納諸罟擭陷阱之中而莫之知辟也。人皆曰：『予知』，擇乎中庸而不能期月守也。」（7）子曰：「舜其大知也與！舜好問而好察邇言，隱惡而揚善，執其兩端，用其中於民，其斯以爲舜乎！」（6）子曰：「天下國家可均也，爵祿可辭也，白刃可蹈也，中庸不可能也。」（9）子路問強。子曰：「南方之強與？北方之強與？抑而強與？寬柔以教，不報無道，南方之強也，君子居之。衽金革，死

而不厭，北方之強也，而強者居之。故君子和而不流，強哉矯！中立而不倚，強哉矯！國有道，不變塞焉，強哉矯！國無道，至死不變，強哉矯！」。（10）子曰：「力行近乎仁，好學近乎知，知恥近乎勇。（20．5）博學之，審問之，愼思之，明辨之，篤行之。有弗學，學之弗能，弗措也；有弗問，問之弗知，弗措也；有弗思，思之弗得，弗措也；有弗辨，辨之弗明，弗措也；有弗行，行之弗篤，弗措也。人一能之，己百之；人十能之，己千之。果能此道矣，雖愚必明，雖柔必強。」（20．11）凡事豫則立，不豫則廢；言前定，則不跲；事前定，則不困；行前定，則不疚；道前定，則不窮。（20．8）或生而知之，或學而知之，或困而知之，及其知之，一也；或安而行之，或利而行之，或勉強而行之，及其成功，一也。（20．4）

第五章　庸德之行，庸言之謹，鳶飛魚躍

子曰：「道其不行矣夫！」（5）子曰：「道之不行也，我知之矣。知者過之，愚者不及也。道之不明也，我知之矣。賢者過之，不肖者不及也。人莫不飲食也，鮮能知味也。」（4）子曰：「道不遠人，人之爲道而遠人，不可以爲道。詩云：『伐柯，伐柯，其則不遠。』執柯以伐柯，睨而視之，猶以爲遠。故君子以人治人，改而止。忠恕違道不遠，施諸己而不願，亦勿施於人。君子之道四，丘未能一焉。所求乎子以事父，未能也；所求乎臣以

事君，未能也；所求乎弟以事兄，未能也；所求乎朋友先施之，未能也。庸德之行，庸言之謹；有所不足，不敢不勉；有餘，不敢盡。言顧行，行顧言，君子胡不慥慥爾！」（13）君子之道，辟如行遠必自邇，辟如登高必自卑。詩曰：「妻子好合，如鼓琴瑟；兄弟既翕，和樂且耽；宜爾室家，樂爾妻帑。」子曰：「父母其順矣乎！」（15）君子之道，費而隱。夫婦之愚，可以與知焉；及其至也，雖聖人亦有所不知焉。夫婦之不肖，可以能行焉；及其至也，雖聖人亦有所不能焉。天地之大也，人猶有所憾。故君子語大，天下莫能載焉；語小，天下莫能破焉。詩云：「鳶飛戾天，魚躍于淵。」言其上下察也。君子之道，造端乎夫婦，及其至也，察乎天地。（12）君子素其位而行，不願乎其外。素富貴，行乎富貴；素貧賤，行乎貧賤；素夷狄，行乎夷狄；素患難，行乎患難。故君子無入而不自得焉。在上位，不陵下；在下位，不援上。正己而不求於人，則無怨。上不怨天，下不尤人。故君子居易以俟命，小人行險以儌幸。子曰：「射有似乎君子，失諸正鵠，反求諸其身。」（14）子曰：「愚而好自用，賤而好自專，生乎今之世，反古之道。如此者，烖及其身者也。」（28・1）是故居上不驕，爲下不倍。國有道，其言足以興；國無道，其默足以容。詩曰：「既明且哲，以保其身」，其此之謂與！（27・3）

第六章　大德者必受命，舜、文、武、周公，其達孝矣乎！

子曰：「舜其大孝也與！德爲聖人，尊爲天子，富有四海之內。宗廟饗之，子孫保之。故大德必得其位，必得其祿，必得其名，必得其壽。故天之生物，必因其材而篤焉。故栽者培之，傾者覆之。詩曰：『嘉樂君子，憲憲令德，宜民宜人，受祿于天；保佑命之，自天申之。』故大德者必受命。」（17）子曰：「無憂者，其惟文王乎！以王季爲父，以武王爲子，父作之，子述之。」（18・1）子曰：「武王、周公，其達孝矣乎！夫孝者，善繼人之志、善述人之事者也。（19・1）武王纘大王、王季、文王之緒，壹戎衣，而有天下，身不失天下之顯名。尊爲天子，富有四海之內。宗廟饗之，子孫保之。武王末，授命周公。成文、武之德，追王大王、王季，上祀先公以天子之禮。斯禮也，達乎諸侯、大夫及士、庶人。父爲大夫，子爲士，葬以大夫，祭以士。父爲士，子爲大夫，葬以士，祭以大夫。期之喪，達乎大夫；三年之喪，達乎天子；父母之喪，無貴賤一也。（18・2）春、秋修其祖廟，陳其宗器，設其裳衣，薦其時食。（19・2）踐其位，行其禮，奏其樂；敬其所尊，愛其所親；事死如事生，事亡如事存，孝之至也。（19・4）宗廟之禮，所以序昭穆也；序爵，所以辨貴賤也；序事，所以辨賢也；旅酬下爲上，所以逮賤也；燕毛，所以序齒也（19・3）；郊社之禮，所以祀上帝也；宗廟之禮，所以祀乎其先也。明乎郊社之禮、禘嘗之義，治國其如示諸掌乎！」（19・5）

第七章　君子之道，本諸身，徵諸庶民，故君子不可不勤於脩身

大哉聖人之道！洋洋乎！發育萬物，峻極于天。優優大哉！禮儀三百，威儀三千，待其人而後行。（27・1）非天子，不議禮，不制度，不考文。（28・2）雖有其位，苟無其德，不敢作禮樂焉；雖有其德，苟無其位，亦不敢作禮樂焉。（28・4）上焉者，雖善無徵，無徵不信，不信民弗從。下焉者，雖善不尊，不尊不信，不信民弗從。（29・2）今天下，車同軌，書同文，行同倫。（28・3）子曰：「吾說夏禮，杞不足徵也；吾學殷禮，有宋存焉；吾學周禮，今用之，吾從周。」（28・5）故君子之道，本諸身，徵諸庶民，考諸三王而不繆，建諸天地而不悖，質諸鬼神而無疑，百世以俟聖人而不惑。質諸鬼神而無疑，知天也；百世以俟聖人而不惑，知人也。（29・3）故君子不可以不修身；思修身，不可以不事親；思事親，不可以不知人；思知人，不可以不知天。（20・2）是故君子，動而世爲天下道，行而世爲天下法，言而世爲天下則。遠之則有望，近之則不厭。詩曰：「在彼無惡，在此無射，庶幾夙夜，以永終譽。」君子未有不如此而蚤有譽於天下者也。（29・4）

第八章　明善誠身，達德有三，凡為天下國家有九經

哀公問政。子曰：「文、武之政，布在方策。其人存，則其政舉；其人亡，則其政息。

人道敏政，地道敏樹。夫政也者，蒲盧也。故爲政在人，取人以身，修身以道，修道以仁。仁者人也，親親爲大；義者宜也，尊賢爲大。親親之殺，尊賢之等，禮所生也。（20・1）王天下有三重焉，其寡過矣乎！（29・1）天下之達道五，所以行之者三。曰：君臣也，父子也，夫婦也，昆弟也，朋友之交也。五者，天下之達道也。知、仁、勇三者，天下之達德也。（20・3）知斯三者，則知所以修身；知所以修身，則知所以治人；知所以治人，則知所以治天下國家矣。凡爲天下國家有九經，曰：修身也，尊賢也，親親也，敬大臣也，體群臣也，子庶民也，來百工也，柔遠人也，懷諸侯也。修身則道立，尊賢則不惑，親親則諸父昆弟不怨，敬大臣則不眩，體群臣則士之報禮重，子庶民則百姓勸，來百工則財用足，柔遠人則四方歸之，懷諸侯則天下畏之。齊明盛服，非禮不動，所以修身也；去讒遠色，賤貨而貴德，所以勸賢也；尊其位，重其祿，同其好惡，所以勸親親也；官盛任使，所以勸大臣也；忠信重祿，所以勸士也；時使薄斂，所以勸百姓也；日省月試，既稟稱事，所以勸百工也；送往迎來，嘉善而矜不能，所以柔遠人也；繼絕世，舉廢國，治亂持危，朝聘以時，厚往而薄來，所以懷諸侯也。（20・6）在下位，不獲乎上，民不可得而治矣；獲乎上有道，不信乎朋友，不獲乎上矣；信乎朋友有道，不順乎親，不信乎朋友矣；順乎親有道，反諸身不誠，不順乎親矣；誠身有道，不明乎善，不誠乎身矣。（20・9）凡爲天下國家有九經，所以行之者，一也。」（20・7）

第九章　至聖配天地，至誠達天德；詩曰：「衣錦尚絅」，「上天之載，無聲無臭」

仲尼祖述堯舜，憲章文武，上律天時，下襲水土。辟如天地無不持載，無不覆幬；辟如四時之錯行，如日月之代明。萬物並育而不相害，道並行而不相悖。小德川流，大德敦化，此天地之所以爲大也。（30）唯天下至聖，爲能聰明睿知，足以有臨也；寬裕溫柔，足以有容也；發強剛毅，足以有執也；齊莊中正，足以有敬也；文理密察，足以有別也。溥博淵泉，而時出之。溥博如天，淵泉如淵。見而民莫不敬，言而民莫不信，行而民莫不說。是以聲名洋溢乎中國，施及蠻貊，舟車所至，人力所通，天之所覆，地之所載，日月所照，霜露所隊，凡有血氣者，莫不尊親，故曰配天。（31）唯天下至誠，爲能經綸天下之大經，立天下之大本，知天地之化育。夫焉有所倚？肫肫其仁，淵淵其淵，浩浩其天，苟不固聰明聖知達天德者，其孰能知之？（32）詩曰：「衣錦尚絅。」惡其文之著也。故君子之道，闇然而日章；小人之道，的然而日亡。故君子之道，淡而不厭，簡而文，溫而理；知遠之近，知風之自，知微之顯，可與入德矣。詩云：「潛雖伏矣，亦孔之昭。」故君子內省不疚，無惡於志。君子之所不可及者，其唯人之所不見乎！詩曰：「相在爾室，尚不愧于屋漏。」故君子不動而敬，不言而信。詩曰：「奏假無言，時靡有爭。」是故君子不賞而民勸，不怒而民威於鈇鉞。

詩曰：「不顯惟德！百辟其刑之。」是故君子篤恭而天下平。詩云：「予懷明德，不大聲以色。」子曰：「聲色之於以化民，末也。」詩曰：「德輶如毛」，毛猶有倫。「上天之載，無聲無臭」，至矣！（33）

① 括弧內的阿拉伯數字爲朱熹所定《中庸章句》通行本的章次。

② 括弧內的「20・10」爲通行本的第二十章第十段，下面「26・1」「26・2」與「26・3」則爲第二十六章第一、二、三段，其餘類推。

廣　告　回　信
臺灣北區郵政管理局登記證
台北廣字第6450號
免　貼　郵　票

100台北市重慶南路一段37號

臺灣商務印書館　收

對摺寄回，謝謝！

傳統現代　並翼而翔

Flying with the wings of tradtion and modernity.

讀者回函卡

感謝您對本館的支持，為加強對您的服務，請填妥此卡，免付郵資寄回，可隨時收到本館最新出版訊息，及享受各種優惠。

■ 姓名：＿＿＿＿＿＿＿＿　性別：□ 男　□ 女

■ 出生日期：＿＿＿年＿＿＿月＿＿＿日

■ 職業：□學生　□公務(含軍警)　□家管　□服務　□金融　□製造
□資訊　□大眾傳播　□自由業　□農漁牧　□退休　□其他

■ 學歷：□高中以下（含高中）□大專　□研究所（含以上）

■ 地址：＿＿＿＿＿＿＿＿

■ 電話：(H)＿＿＿＿＿＿　(O)＿＿＿＿＿＿

■ E-mail：＿＿＿＿＿＿＿＿

■ 購買書名：＿＿＿＿＿＿＿＿

■ 您從何處得知本書？
□網路　□DM廣告　□報紙廣告　□報紙專欄　□傳單
□書店　□親友介紹　□電視廣播　□雜誌廣告　□其他

■ 您喜歡閱讀哪一類別的書籍？
□哲學．宗教　□藝術．心靈　□人文．科普　□商業．投資
□社會．文化　□親子．學習　□生活．休閒　□醫學．養生
□文學．小說　□歷史．傳記

■ 您對本書的意見？（A/滿意　B/尚可　C/須改進）
內容＿＿＿＿編輯＿＿＿＿校對＿＿＿＿翻譯＿＿＿＿
封面設計＿＿＿＿價格＿＿＿＿其他＿＿＿＿

■ 您的建議：＿＿＿＿＿＿＿＿

※ 歡迎您隨時至本館網路書店發表書評及留下任何意見

臺灣商務印書館 The Commercial Press, Ltd.

台北市100重慶南路一段三十七號　電話：(02)23115538
讀者服務專線：0800056196　傳真：(02)23710274
郵撥：0000165-1號　E-mail：ecptw@cptw.com.tw
網路書店網址：http://www.cptw.com.tw　部落格：http://blog.yam.com/ecptw
臉書：http://facebook.com/ecptw

[redacted]